新疆文物考古研究所丛刊之四

新疆昌吉回族自治州考古调查与发掘

新疆文物考古研究所　编著

文物出版社

封面设计　周小玮
责任印制　陈　杰
责任编辑　窦旭耀

图书在版编目（CIP）数据

新疆昌吉回族自治州考古调查与发掘／新疆文物考古研究所
编著．—北京：文物出版社，2015.1

ISBN 978 - 7 - 5010 - 4170 - 1

Ⅰ.①新…　Ⅱ.①新…　Ⅲ.考古调查 - 发掘报告 - 昌吉回族
自治州　Ⅳ.①K872.452.5

中国版本图书馆 CIP 数据核字（2014）第 273972 号

新疆昌吉回族自治州考古调查与发掘

新疆文物考古研究所　编著

＊

文 物 出 版 社 出 版 发 行

北京市东直门内北小街 2 号楼

http：//www.wenwu.com

E-mail：web@ wenwu.com

北京宝蕾元科技发展有限责任公司制版

北 京 鹏 润 伟 业 印 刷 有 限 公 司 印 刷

新 华 书 店 经 销

889×1194　1/16　印张：19.75

2015 年 1 月第 1 版　2015 年 1 月第 1 次印刷

ISBN 978 - 7 - 5010 - 4170 - 1　定价：280.00 元

前　言

昌吉回族自治州（以下简称昌吉州）位于新疆维吾尔自治区中部，地处天山中、东段北麓，准噶尔盆地南缘，东邻乌鲁木齐和哈密地区，西与石河子市相接，南与吐鲁番、巴音郭楞蒙古自治州相连，北与阿勒泰、塔城地区接壤；地势南高北低，呈阶梯状，南部为绵延千里的天山山脉，中部为开阔优良的冲积平原，北部为浩瀚无垠的沙漠盆地。昌吉州辖昌吉市、阜康市、玛纳斯县、呼图壁县、吉木萨尔县、奇台县、木垒哈萨克自治县等 5 县 2 市。

昌吉州早期是北方草原游牧民族的生息之地，后成为举世闻名的"丝绸之路"新北道通往中亚、欧洲诸国的必经之域。无论是雪山巍峨、森林茂密、水草丰美的南部山区，还是禾菽弥望、棉海千里的中部平原和粗犷神奇的北部大漠，都能找到先民生活烙印，彰显出昌吉州的悠久历史和绚烂文化。经第三次全国文物普查，昌吉州共有不可移动文物点 642 个，文物资源数量众多，种类丰富。木垒县发现的细石器，与哈密、吐鲁番等地发现的同类遗存有着极大相似性，说明远在旧石器时代史前人类就在这里生息繁衍；奇台、阜康、吉木萨尔等县市出土或采集的具有南西伯利亚青铜文化特征的刻划纹陶器、石雕人像等遗物，则显示了距今 4000～3000 年昌吉州青铜时代史前人类活动的足迹；早期铁器时代的文化遗存遍布昌吉州全境，带有强烈的游牧文化特点，受到周边文化的影响，表现出复杂的文化因素，不仅有来自哈密地区、吐鲁番盆地的影响，同时还可见到属于中原地区东周、秦汉和蒙古高原匈奴时代的文化因素。

文献资料显示，春秋战国至秦汉时期，史载的"车师后国"、"山北六国"其分布区域大体属于现昌吉州。汉宣帝神爵二年（公元前 60 年）西域都护府建立，归其管辖。东汉时期，汉政府设立的戊己校尉，即在今之奇台县境内。公元 3 世纪初至 6 世纪中叶，今昌吉州境内先后为高车、柔然、蠕蠕、突厥、西突厥铁勒部等游牧部族的属地。唐贞观十四年（640 年），唐朝于可汗浮图城（今北庭故城）置庭州为天山北麓中央政权置州之始；显庆三年（658 年）设金山都护府；长安二年（702 年）置北庭都护府，统辖天山以北诸游牧部落；公元 866 年，北庭成为高昌回鹘汗国的夏都，又称别失八里；宋绍兴二年（1132 年），北庭为西辽管辖；1251 年，蒙哥汗在吉木萨尔设立别失八里行尚书省，管理天山南北，成为当时天山南北政治、经济、军事、文化的中心；公元 14 世纪，归属东察合台汗国；公元 15 世纪，蒙古瓦剌部攻占别失八里及准噶尔盆地东部；明代属四卫拉特的和硕特部游牧地，后为准噶尔台吉游牧地。清初为准噶勒丹多尔济游牧地。光绪十年（1884 年），新疆建省，今昌吉州归镇迪道、迪化府。

昌吉州的文物工作肇始于 20 世纪 30 年代的中瑞西北科学考察团，考古学家黄文弼先生考察了昌吉古城和芦草沟古城，新中国成立后至 20 世纪末，新疆文物管理委员会、中国社会科学院考古研究所、新疆维吾尔自治区考古队、新疆文物考古研究所等单位先后对木垒细石器遗址、奇台疏勒城遗址、木垒四道沟原始村落遗址、北庭西寺遗址、北庭故城遗址、奇台毛纺厂、呼图壁涝坝湾子墓群、康家石门子岩画、吉木萨尔大龙口墓葬、阜康市南泉墓葬等进行了考古调查或发掘。进入 21 世纪，尤其是 2010 年 6 月，新疆维吾尔自治区党委、人民政府为加快推进新疆牧区跨越式发展，改善牧民生产生活条件、实现牧民增收致富，实行"定居兴牧"水利工程项目。为保障惠民、利民工程顺利实施，新疆文物考古研究所先后组织 32 支考古队伍，200 多人次，对伊犁、阿勒泰、巴州、昌吉州、哈密等 8 个地州 25 个县（市）涉及的 25 处"定居兴牧"工程进行了抢救性考古发掘，共计发掘墓葬 1300 多座，遗址 4000 多平方米。其中昌吉州涉及多处墓地和遗址的考古发掘，如木垒县三眼泉水库的建设，发掘了干沟遗址（225 平方米）和墓地（63 座）；吉木萨尔县二工河水库的建设发掘墓葬 44 座；昌吉市努尔加水库发掘墓葬 53 座；阜康白杨河水库发掘墓葬 46 座；呼图壁县石门子水电工程发掘墓葬 56 座等。通过这些科学的考古发掘，获取了一批科学翔实的考古学资料，为研究本地区历史文化发展、交流和当时人类的生产生活状况、人群的移动迁徙等提供了新的研究资料。

　　本报告主要汇辑了新疆文物考古研究所配合"定居兴牧"工程在昌吉州的考古发掘收获以及近年来昌吉州境内基本建设中的考古发掘清理成果，报告内容丰富，上至青铜时代的遗址，下至隋唐时期的游牧文化墓葬遗存，近至清代博格达山庙遗址，这些资料的发表全面反映了昌吉州近年来的考古工作，对研究天山北麓的历史文化意义重大。

　　本报告的汇辑、整理主要由新疆文物考古研究所阮秋荣负责。由于各报告执笔者不同，编写考古发掘简报、报告的体例难以统一，尤其是早年发表的部分考古简报，基本保持原貌，编者仅对线图、图版稍作适当清绘修改（此项工作由新疆文物考古研究所张杰完成，在此表示感谢）。由于编者水平有限，难免疏漏之处，敬请谅解和指正！

2014 年 6 月 10 日

目　录

图版目录

图版目录

目　录

木垒县干沟遗址发掘报告

新疆文物考古研究所

为配合新疆维吾尔自治区"定居兴牧"工程之一——木垒县三眼泉水库的建设，2011 年 4~5 月，新疆文物考古研究所对位于水库淹没区内的干沟遗址进行考古发掘，共计遗址面积 225 平方米，墓葬 62 座，殉马坑 1 座。现将此次发掘报告如下：

干沟遗址位于木垒县照壁山乡河坝沿村东百余米处，北距县城约 11 公里（图一）。地理位置：N43°42′54.86″、E90°19′51.63″，海拔 1510 米。墓葬一部分位于遗址区内，另一部分位于遗址北、东部二三级台地上，部分墓葬打破了遗址。

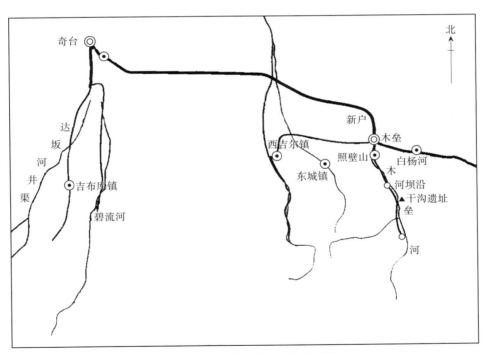

图一　木垒县干沟遗址位置示意图

木垒河属于天山山脉北麓的一条山前河谷。遗址地处木垒河东岸二、三级台地上。台地呈南北狭长带状分布，地势东高西低，坡度较大。地表生长有牧草等低矮植被，地面散布少量陶片、细石器等遗物。

一　遗　址

遗址采用探方法发掘，共布 5×5 平方米探方 9 个，发掘遗址面积 225 平方米（图二；图版二，1）。

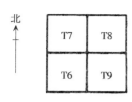

（一）地层堆积

遗址地层堆积厚 150～160 厘米，可分 5 层。下面以 T1、T4 北壁剖面为例予以说明（图三）。

第①层：表土层。黑褐色土，厚约 5～10 厘米。地表生长有茂密的牧草，土质疏松，颗粒较大，内含少量石块。

第②层：墓葬封堆。厚约 10～50 厘米。由卵石和土混合堆积而成。土质较硬，内含少量兽骨和夹砂灰陶片。墓葬开口于该层下。

第③层：黄褐色土，厚约 5～60 厘米。土质疏松较细腻，内含陶片、细石器、动物骨骼等遗物。H1、H2 开口于该层下。

第④层：灰褐色土，厚约 35～55 厘米。土质较硬，内含大量白色斑点。底部有一层居住面。

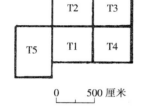

图二　T1～T9 平面图

第⑤层：灰黑色土，厚约 25 厘米。土质疏松，内含石器和动物骨骼。底部有一层居住面。

第⑤层以下为生土。

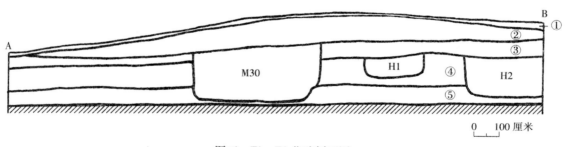

图三　T1、T4 北壁剖面图

（二）遗迹

主要有居住面 2 个、墙基 2 条、灶 1 座、灰坑 7 个、柱洞 1 个、红烧土面 1 处。此外地面上散布少量陶片、石器、石料及动物骨骼等遗物。

1. 居住面

2 个。分布于 T1～T9 中。厚 2～6 厘米。土色呈黄褐色颗粒状，土质较硬，局部见用火痕迹。

J1，位于第④层底部，南部被 M30 墓室打破。由于未全部发掘，分布范围及形制不明。现存墙基 2 条、灶 1 座、灰坑 7 个、柱洞 1 个（图四、图五；图版一）；J2，位于 T1～T5 第⑤层底部。由于

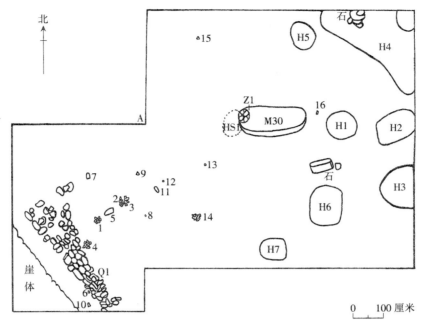

图四　J1 平面图（T1～T5）

未发掘，形制不明。

2. 墙基

2 条。用卵石垒砌而成。Q1，位于 T1～T5 第④层下。呈西北—东南向，长约 450、宽约 100、残高约 30 厘米；Q2，位于 T6～T9 第④层下。呈东西走向，长约 700、宽约 120、残高约 20 厘米（图版三，1）。

3. 灶

1 座（ZK1）。位于 T6 内，开口于第③层下。平面呈圆形，直径约 30 厘米。由卵石堆放而成。地面上有火烧痕迹，呈红色。附近散落零星动物骨骼（图版二，2）。

4. 灰坑

7 个。均开口于第③层下，H2 打破第④、⑤层，其余打破第④层。平面形状分为椭圆形、长方形及不规则形几种，其中椭圆形居多。坑深一般几十厘米。坑壁粗糙，坑内堆积较杂乱，填土中混杂有陶片、兽骨、石器等包含物。

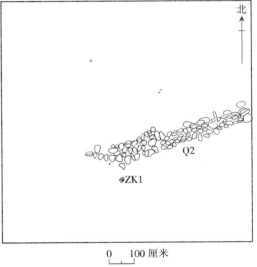

图五　J1 平面图（T6～T9）

H2 位于 T3、T4 内。平面呈椭圆形，长径 130、短径 106、深 70 厘米。坑底东、西两端放置几块石头，中间铺一层陶片，个别陶片表面有烟炱痕迹。填土中含有陶片、细石器等遗物。陶片多为夹砂红陶，部分器表涂有红彩，其中 1 件颈部有附加堆纹。

H4 位于 T3 东北部。平面呈不规则形，深 55 厘米。填土中出土陶罐、骨镞、牛角各 1 件。

H6 位于 T4 西部。平面呈圆角长方形，长 140、宽 100、深 30 厘米。坑口上有 3 块卵石立放。填土呈黑褐色，土质疏松，出土夹砂红陶片 1 件，器表有烟炱痕迹。坑底有零星木炭。

5. 柱洞

1 个（Z1）。位于 T2 东南部。上部被 M30 打破，向下打破生土。直径 35、深 105 厘米。底部放置 5 块卵石作为柱础石（图四）。

6. 红烧土面

1 处（HS1）。位于 J1 内，东部被 M30 打破。平面呈椭圆形，表面发红，局部有灰烬堆积。长径85、短径 65 厘米。

（三）遗物

共计 729 件。主要有石、陶、骨器以及动物骨骼等。其中陶器占绝大多数。

1. 石器

81 件。用自然砾石为原料加工而成。可以分为打制石器和磨制石器两类。打制石器数量较多，种类丰富。加工方法为交互打击，个别石器上有火烧痕迹。器型主要有石核、砍砸器、刮削器、石斧、石核石器、石片和石料等；磨制石器加工较精细，主要有石杵、饼状石器、石磨盘等。

石核　5 件。分为二式。表面均有压剥石片后的痕迹。Ⅰ式，圆锥体。北区 C：35，底边长 12.4厘米（图六，12）。Ⅱ式，不规则形。南区 C：1，长 7.1 厘米。

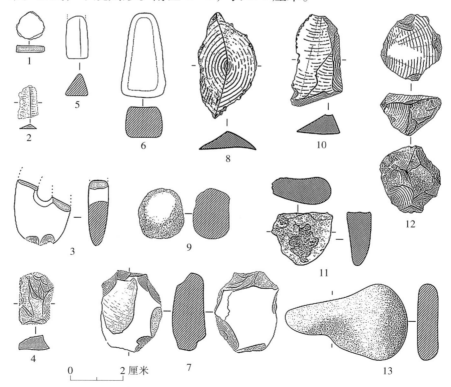

图六　石器

1. 饼状石器（T2③：4）　　2、8. 小石片（北区 C：31、北区 C：24）　　3. 石斧（T2③：1）　　4. 刮削器（北区 C：29）

5、6. 石杵（H3：5、T5④：10）　　7. 大石料（H5：3）　　9、13. 砍砸器（T7③：1、北区 C：30）

10. 大石片（北区 C：4）　　11. 石磨盘（北区 C：3）　　12. 石核（北区 C：35）

砍砸器　9件。可分三式。Ⅰ式，不规则形。未经加工直接使用，底端有明显敲砸痕。H4：16，长10.6、宽7、厚3.3厘米。Ⅱ式，球状体。顶面较光滑，球体一周有凸凹不平的砸痕。T7③：1，直径6.5厘米（图六，9）。Ⅲ式，自然形成未经加工，顶端有类似柄状突出便于把持，末端有使用敲砸的痕迹。北区C：30，长24厘米（图六，13；图版五，3）。

刮削器　3件。用小石片单面加工而成，也包括一些有使用痕迹的石片。形体小、轻、薄。刃小而锋利。可用来刮削棍棒，也可用来刮、割兽皮兽肉等。南区C：2，表面有压剥痕迹，石片一侧进行加工，刃部呈锯齿状。长约5.1、厚约1.2厘米；北区C：29，表面有压剥痕迹，一侧单面加工出刃部，锯齿状较锋利。长约4.5厘米（图六，4）；T2③：2，指甲盖形，石片台面其他部位均单面加工，刃口锐利呈锯齿状。直径约3.2厘米。

石斧　1件（T2③：1）。已残断成一半。系用自然砾石加工制成，一端圆钝。中间有一半圆形孔洞，洞内壁光滑，磨痕明显。半径约2.6厘米。石斧残长11.5、宽10厘米（图六，3）。

石核石器　5件。对石核进行第二次加工后当做石器使用。器表有压剥痕，并在一侧及四周分布有凹点较密的砸痕，使用痕迹明显。可分为二式。Ⅰ式，形制近似圆形。T8③：6，直径约10厘米；Ⅱ式，略呈三角形，一端圆钝，另一端有砸痕。T5④：6，底边长15厘米。

石片料　35件。是加工石器后剩下的原料或废料。可分为大石料、小石片和大石片3种。

大石料　3件。不规则形。均为自然形成的砾石，表面粗糙，硬度较大。H5：3，长13.5厘米（图六，7）。

小石片　22件。是制作石器时剥落下来的废石片。大多形状不规则，个体较小。器表上均有打击点、打击台面、放射线、锥疤等，部分石片表面不甚清楚。北区C：31，长方形，长5.1、宽3.5厘米（图六，2；图版六，6）；北区C：24，不规则形。长6厘米（图六，8；图版六，5）。

大石片　10件。制作石器的原料。体形较大，形状不规则，表面有打击痕迹。北区C：4，长方形。长约11.7、宽约8.1厘米（图六，10；图版六，1）。

石杵　5件。圆柱体。顶端圆弧、末端宽平。T5④：10，截面呈长方形。长14.6厘米（图六，6；图版五，2）；H3：5，一端已残断，截面呈三角形。长8.4厘米（图六，5）。

饼状石器　1件（T2③：4）。圆饼状。正反两面均为自然形成。周边有压剥痕迹。直径5.2厘米（图六，1）。

石磨盘　17件。可分两式。Ⅰ式，马鞍形。表面略微下陷，上有深浅不一的凹痕，两端上翘。北区C：3，只残留一小部分，平面略呈三角形。顶端圆钝。长14.5厘米（图六，11）。Ⅱ式，长条形。T3③：7，长17.6、宽10、厚2.8厘米。

2. 陶器

577件。近500件为没有任何特征的器腹残片，器物口沿、器耳和器底所占比例较少。陶器以夹砂红陶为主，夹砂灰陶次之。手制，较粗糙，器壁厚薄不均。多素面，少纹饰。纹饰主要有戳刺纹（图七，7）、附加堆纹（图七，8；图版四，2）、弦纹（图七，6）和红色彩条纹等。器型主要有高领罐、敛口罐、敛口深腹罐、束颈罐等。部分陶器表面有烟炱痕迹，有的已被完全烧黑，当为实用器。

高领罐　数量较多。侈口，高束领，鼓腹。T5④：3，外壁有烟炱。残高6.3厘米（图七，2；图版四，3）。

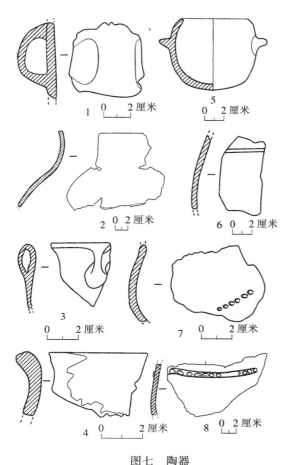

图七　陶器

1. 器耳（T3③：1）　2. 高领罐（T5④：3）　3、4. 束颈罐
（T8③：7、T8③：3）　5. 敛口罐（T3③：2）　6. 弦纹
（T5④：4）　7. 戳刺纹（H2：21）　8. 附加堆纹（H2：22）

敛口罐　敛口。T3③：2，残，可复原。圆沿，鼓腹，圜底。腹最大径处有两只对称的乳钉状錾耳。口径7、高8厘米（图七，5）。

敛口深腹罐　敛口，宽平沿，深腹。T3③：4，口径5.3、高5厘米。

束颈罐　侈口，圆唇，束颈，鼓腹。T8③：7，颈肩部有一只小耳。残高4.2厘米（图七，3；图版四，5）；T8③：3，夹粗砂红褐陶。器壁较厚。口径4.6、高3.2厘米（图七，4）。

器耳　21件。可分为宽带耳、錾耳两种。宽带耳多位于颈肩部和腹部。T3③：1，耳位于腹部，较宽，较厚大。残高9.6厘米（图七，1）。

器底　5件。有平底和圜底两种。

3. 铜器

铜泡　28件（T6③：1）。出土时锈蚀粘接成一堆。圆形，正面微凸，背面有桥形纽。直径3.9厘米（图八；图版四，1）。

4. 动物骨骼

以羊骨等形体较小的动物骨骼为主，另有大型动物的角以及食肉类动物下颌骨等。羊骨主要有羊头、下颌骨、肋骨、脊椎骨、肩胛骨、腿骨、距骨等。个别骨头表面有切割痕，切割面光滑平整，系锋利的金属工具切割而成。

5. 骨器

2件。

骨镞　1件（H4：2）。铤已残断。表面磨制光滑。三棱形，截面呈三角形。残长5.7厘米（图九，1）。

骨器　1件（H3：1）。表面较粗糙，顶端有明显划痕。残长5.6厘米（图九，2；图版五，1）。

二　墓葬

墓葬呈现大分散小片集中的特征，在南北长约500、宽200米的范围内有5处墓葬分布相对较集中。此次共发掘墓葬62座，出土遗物109件。

（一）墓葬形制

部分墓葬地表有封堆标志。封堆由卵石、山石和土混合堆积而成。平面多呈圆形或椭圆形，大者直径1560、高55厘米；小者直径200、高20厘米。按墓室形制可将其分为竖穴土坑墓、竖穴石棺

图八 铜泡（T6③：1）

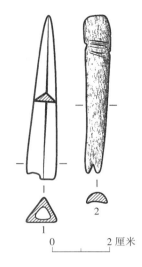

0   2 厘米

图九 骨器
1. 骨镞（H4：2） 2. 骨器（H3：1）

墓和竖穴偏室墓三种类型。其中竖穴土坑墓 34 座、竖穴石棺墓 10 座、竖穴偏室墓 3 座，另有 15 座墓葬封堆下无墓室。墓室填土均为黄色纯净土。土质较硬，内含少量砂石。葬式均为单人葬。其中竖穴土坑墓和竖穴石棺墓多为二次葬，竖穴偏室墓则以一次葬为主（图版七，1、2）。

1. 竖穴土坑墓

34 座。地表有土石封堆，平面略呈圆（椭圆）形。墓室形制为圆角长方形竖穴。墓向以西向为主，部分北偏东。墓主人骨骼多零散不完整，葬式以二次葬为主，一次葬和二次扰乱葬较少。随葬品匮乏，陶器等放置于墓室西北角上，小件装饰品多出自人骨附近。器类主要有陶、铜、铁和骨器等，部分墓葬出羊距骨等动物骨骼。

M05

东北邻 M04。地表有封堆。平面略呈椭圆形，长径 675、短径 600、高 50 厘米。

墓室形制为圆形竖穴。墓室直径 150、深 100 厘米。墓向 234°。墓底葬 1 人，骨骼保存较差，只残存 1 个头骨、1 根股骨和几根脚趾骨。为成年人，性别不明。葬式为二次葬。

墓室东南部填土中出土单耳罐 1（图一〇；图版八，1）。

M31

南邻 M35，东北邻 M32。墓葬打破一处早期居住遗址。地表有封堆。平面略呈圆形，直径 750、高 30 厘米（图一一）。

墓室形制为圆角长方形竖穴。墓室长 170、宽 104、深 106 厘米。墓向 282°。填土为灰褐色土，内含少量石子，并有 1 件骨镞、少量陶片和动物骨骼等遗物。这些应是从被打破遗址中混入的。土质较疏松。墓底葬 1 人，骨骼保存不完整，只残留少量股骨、胫骨、腓骨、脚趾骨及几根脊椎骨等。为成年人，性别不明。葬式为二次葬。人骨左臂外侧出土单耳彩陶罐 1、彩陶豆 1 和羊距骨 1，墓室东北壁下部属于遗址的文化层中出土马鞍形石磨盘 1、陶片 1（图一二；图版九，3）。

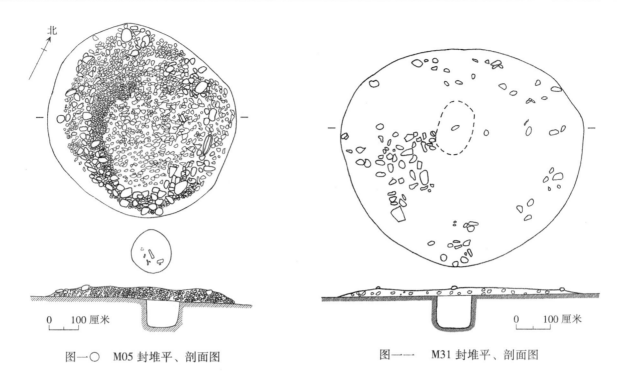

图一〇　M05 封堆平、剖面图　　　　　　　　图一一　M31 封堆平、剖面图

M35

位于台地边缘，北邻 M31。地表有封堆。平面略呈圆形，直径约 160、高约 15 厘米。

墓室形制为圆角长方形竖穴。墓室长 190、宽 75、深 67 厘米。墓向 255°。填土为黄色纯净土，内含零星人骨和残陶片，土质较硬。墓底葬 1 人。骨骼不完整。头骨缺失，其余部位均在正常生理位置。仰身直肢，足向西。为成年男性。葬式为二次扰乱葬。

墓主人右侧脊椎骨旁随葬铜泡 1，股骨旁随葬残陶罐 1（图一三；图版一〇，1）。

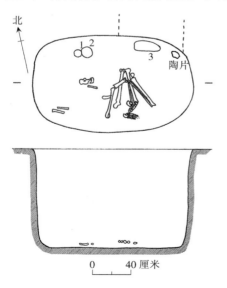

图一二　M31 墓室平、剖面图
1. 单耳彩陶罐　2. 单耳彩陶豆　3. 石磨盘

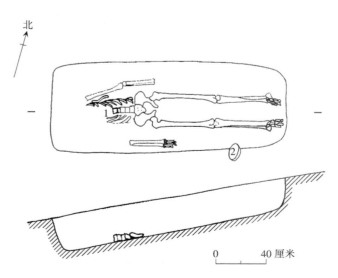

图一三　M35 墓室平、剖面图
1. 铜泡　2. 陶罐

M44

位于 M42 北部。地表有封堆，西端低洼处石头较密集。平面略呈椭圆形。长径 380、短径 300、高 30 厘米。

墓室形制为圆角长方形竖穴。墓室长 210、宽 147、深 136 厘米。墓向 22°。填土为黄色沙砾土，内含少量卵石，土质较硬，距墓口深 130 厘米处填土中出土铁器 1 件。墓底葬 1 人，骨骼保存较好。头向北，面向西南，双手置于身体两侧。为成年男性。葬式为仰身直肢一次葬。两侧股骨上均有皮革碎片，可能为皮靴。人骨左侧旁一块泥土上有红色箭杆痕迹，箭杆已残朽不存。

墓主人右股骨内侧出土铁刀 1，在人骨下有少量桦树皮，与 M43 类似（图一四；图版一二，1）。

M45

位于 M44 之南。地表有封堆，石块分布稀疏。

平面略呈圆形，直径 300、高 20 厘米。

墓室形制为圆角长方形竖穴。墓室长 136、宽 118、深 62 厘米。墓向 280°。填土为黄色土，内含少量石块，土质较硬。距墓口 40 厘米处出土料珠 1 件。墓底葬一人。骨骼保存较好。头向西，面向上。为未成年人。葬式为仰身直肢一次葬。

墓主人左侧耳部随葬耳环 1，右侧胫骨旁随葬铜环 1，左、右指骨旁各随葬铜器 1（图一五）。

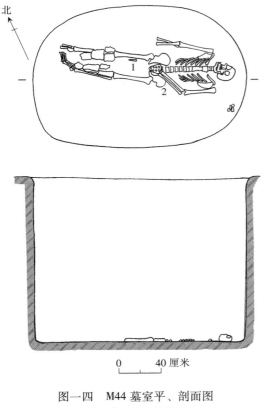

图一四　M44 墓室平、剖面图
1. 铁刀　2. 铁器

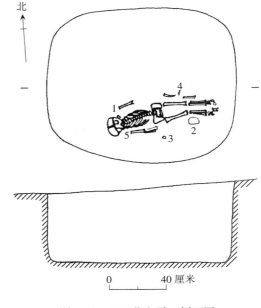

图一五　M45 墓室平、剖面图
1、2. 铜耳环　3、4. 铜器　5. 料珠

M47

位于台地内侧山梁上。地表有封堆，中部稍有凹陷。封堆平面略呈圆形，直径 450、高 25 厘米。

墓室形制为圆角长方形竖穴，四壁内收呈口大底小状。墓口长 254、宽 168 厘米，墓底长 210、宽 76 厘米，墓深 160 厘米。墓向 20°。填土为黄色纯净土，内含少量石块，土质较硬。墓底葬一人，人骨凌乱不完整，只残留股骨、胫骨、腓骨、髋骨和骶骨等。为成年人，性别不明。葬式为二次葬。

墓主人髋骨旁随葬铜镜残片 1，残铁器 1（图一六）。

M53

位于三级台地内侧，西邻 M51。地表有封堆，由卵石和土混合堆积而成。西、南两端石头较密集。平面略呈圆形，直径 870、高 40 厘米（图一七）。

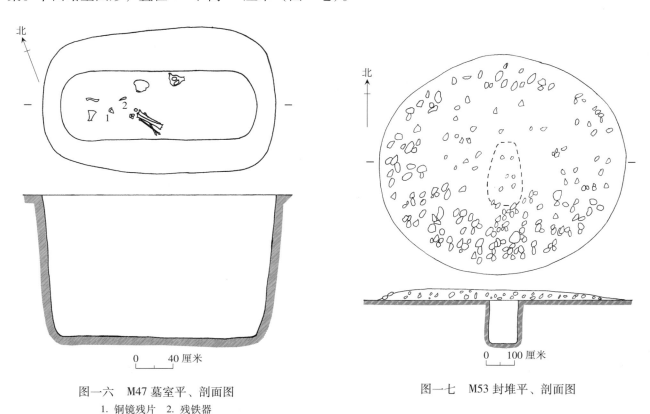

图一六　M47 墓室平、剖面图
1. 铜镜残片　2. 残铁器

图一七　M53 封堆平、剖面图

墓室形制为圆角长方形竖穴。墓室长 870、宽 124、深 160 厘米。墓向 270°。填土为黄色土，内含羊、马等动物骨骼，土质较为坚硬。墓底葬一人，骨骼凌乱不完整，集中堆放于墓室东南角，仅存股骨、髋骨、骶骨和脊椎骨等。为成年男性。葬式为二次葬。墓底西南部有一片红烧土，平面略呈椭圆形，长径 32、短径 26 厘米。

墓底西北角随葬单耳彩陶罐 1、单耳罐 1（图一八；图版一二，2）。

2. 竖穴石棺墓

10 座。墓室为圆角长方形竖穴，用片石紧贴墓壁围砌一周形成石棺。上部裸露在外，高出地表约 10～20 厘米，盖板缺失。石棺比较浅、小。平面呈长方形，一般长 90～130、宽 60～90、深 20～30 厘米。棺内葬 1 人，骨骼凌乱不完整。葬式有二次葬和二次扰乱葬。随葬品匮乏。

M06

位于 M01 东部，东边约 3 米处有 3 座现代墓葬。

墓室形制为圆角长方形竖穴。墓室长 138、宽 68、深 38 厘米。墓向 110°。填土为较纯净黄土，内含几块卵石，土质较硬。墓室内用片石紧贴墓壁围砌一周形成石棺，上部高出地面约 10 厘米。其中东、西、北三面各 1 块，南面 2 块，盖板缺失，无底板。石棺平面呈长方形，长约 120、宽约 50 厘米。棺内葬 1 人，骨骼凌乱不完整，头骨及股骨堆放于墓室中西部，股骨及肋骨、脊椎骨缺失。为成年人，性别不明。葬式为二次葬（图一九；图版八，2）。

墓底东北侧出土陶器残片 1，填土中出土马鞍形石磨盘 1。

M25

南邻 M29。墓室形制为圆角长方形竖穴。墓室长 120、宽 92、深 24 厘米。墓向 310°。填土为黄色纯净土，内含少量石块，土质较硬。墓室内用片石紧贴墓壁围砌一周形成石棺，上部高出地面约 10～20 厘米。其中北壁 4 块、东、南、西壁各 1 块。盖板缺失，无底板。石棺平面呈长方形，长约 110、宽约 80 厘米。棺内葬 1 人，骨骼凌乱不完整，仅存股骨、髋骨、胫骨、腓骨和脚趾骨等，股骨和髋骨在其正常生理位置，呈右屈肢状。为成年人，性别不明。葬式为二次扰乱葬。

石棺南侧出土石珠 1，北侧出土铜器残片 1（图二〇；图版九，2）。

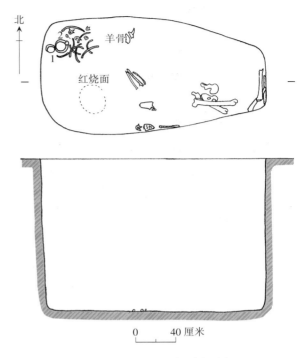

图一八　M53 墓室平、剖面图
1. 单耳彩陶罐　2. 灰陶罐

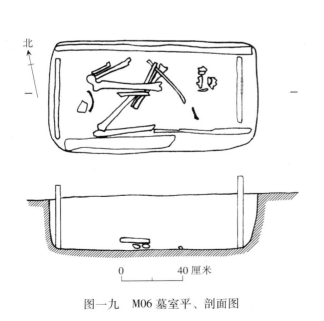

图一九　M06 墓室平、剖面图

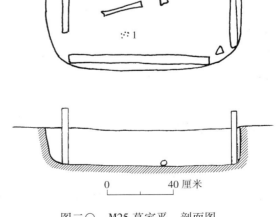

图二〇　M25 墓室平、剖面图
1. 石珠　2. 残铜器

3. 竖穴偏室墓

3 座。地表有封堆，规格比较大。最大一座直径 850、高 40 厘米。由卵石和土混合堆积而成。墓室形制为圆角长方形竖穴偏室，偏室位于东壁下部，部分口部立石封堵。竖穴内殉葬马 1~2 匹，墓主人位于偏室内，均为单人葬。随葬品主要有铜、铁、木器和复合器等。

M43

墓葬位于墓地北部台地内侧山坡上。地表有封堆，由卵石和土混合堆积而成，西端地势低洼处石头较密集。平面略呈圆形，直径 760、高 80 厘米（图二一）。

墓室形制为圆角长方形竖穴偏室。竖穴长 250、宽 88、深 212 厘米。墓向 343°。填土为黄色纯净土，内含少量石块，土质较硬。距墓口 140 厘米处填土中出土残铁器 1 件。竖穴内殉葬马 1 匹，呈俯卧状，四肢蜷曲于腹下。马头骨缺失，其余骨骼保存较完整。在马头位置有人头骨 1；偏室位于东壁下部，顶部已经坍塌，底部高于竖穴底 40 厘米。口部宽 240、最大进深 70 厘米。偏室内葬 1 人，成年男性。葬式为仰身直肢一次葬，头骨移位至竖穴西北角上，右肱骨缺失，其余骨骼均在正常生理位置，双手置于身体两侧。腰部系皮带 1 条。皮带头为 1 铜带扣，带面上缝缀 4 个方形和 7 个圆头长方形的铜铐，铜环 3 个，铊尾 4 件。由于出土时皮带已朽，带扣、铜铐和铜环等全部散落于骨盆四周。在右股骨上出铜带钩 1 件；右股骨外侧放置桦树皮弓韣 1 件，已经糟朽，弓韣上部放置铁刀 1 件；左股骨外侧放置弓 1 件。残，仅存少量骨片；在马头部位置出铁带扣 1 件，肋骨右侧出残铁器 2 件和铁刀 1 件；左侧出铁马镫 1 件（图二二；图版一一，1、2）。

M32

位于 M30 之东，西北为 M35。墓葬打破早期遗址。地表有封堆，平面略呈圆形，直径 850、高 40 厘米。由卵石和土混合堆积而成（图二三）。

墓室形制为圆角长方形竖穴偏室。竖穴长 300、宽 110、深 330 厘米。墓向 300°。填土为黄色纯净土，土质较硬，内出石斧 2 件，石磨盘 1 件。还有少量石块和零星陶片等，应是从早期遗址中混入的。竖穴内殉葬马 2 匹，保存较完整，头向西北顺放。两匹马呈上下叠放。下层马偏西北，为左侧卧状，前足置于头下；上层马偏东南，为右侧卧状。前腿以上部分压在下层马后半身上。在上层马腹中出土残铜器 1 件，颈部出土铁环 1 件，右肩胛骨下出土铁马镫 1 件；在下层马左肩胛骨旁出土铁马镫 1 件；脊椎骨下出土残铁器 1 件；马头下出土残铁器 1 件；臀后出土木盘 1 件，残朽严重，无法提取。偏室位于东壁下部，圆弧顶。偏室口部宽 225、最大进深 70、高 80 厘米。偏室底部高出竖穴底部 30 厘米。偏室内葬 1 人，为成年男性，葬式为坐式俯身一次葬。头向南。人坐在偏室北部一块卵石上，下肢前伸，上半身伏在下肢上，双手置于腹下。左脚趾骨旁出土残铜器 1（图二四；图版九，4）。

（二）出土遗物

出土遗物比较匮乏，62 座墓葬共出土各类遗物 109 件。主要有陶、铜、铁、石、骨及木器等。其中陶器 17 件（含陶片）、铜器 56 件、铁器 17 件、石器 12 件、骨器 3 件、木器 1 件、动物骨骼 3 件。

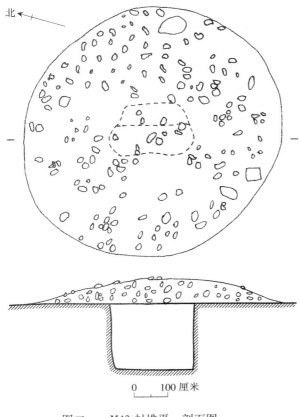

图二一　M43 封堆平、剖面图

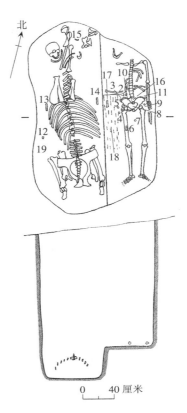

图二二　M43 墓室平、剖面图

1. 残铁器　2、3、9、11、16. 铜铛　4、5、7. 铜环
6. 铜带钩　8. 铜带扣　10. 铜铊尾　12、13. 铁器
14. 铁马镫　15. 铁带扣　17、19. 铁刀　18. 箭箙

1. 陶器

17 件。均为夹砂陶，陶色以红陶为主。陶质较差。制法均为手制，部分器表打磨光滑。多为素面，个别器物为彩陶，装饰有竖条纹、倒三角纹以及菱格纹等。器型主要有单耳罐、单耳彩陶罐、双系罐、单耳彩陶豆等。均为实用器。还有部分陶器口沿、器底、器耳、器腹残片等。

单耳罐　2 件。侈口、鼓腹、圜底，单耳。M04：4，残。夹砂灰陶罐，耳不存。素面。器表及内侧盐碱严重。侈口、方圆唇、微束颈、鼓腹、圜底。口径 13.3、高 8.6 厘米（图二五，1）；M53：2，残。夹砂灰陶。耳不存。器表满布烟炱痕迹。素面。侈口、方圆唇、鼓腹、圜底。单耳，残。口径 9.3、高 6.9 厘米（图二五，2）。

双系罐　1 件（M04：2）。残。夹砂红陶。器表有烟炱痕迹，两侧耳部中间及器表一侧各有直径 0.5 厘米的圆形钻孔，孔壁较光滑。侈口、方圆唇、束颈、鼓腹、圜底。最大腹径约 10.4、高 10.6 厘米（图二五，3）。

单耳彩陶罐　4 件。M22：1，残。夹砂灰陶。通体红彩。器表盐碱较重。侈口、方圆唇、微束颈、单耳、鼓腹、圜底。口径 10.6、高 10.5 厘米（图二五，4）；M31：1，稍残。泥质红陶。侈口、束颈、宽带耳、鼓腹、圜底。器表施红色陶衣，部分已脱落。从口沿外侧向下至腹底每间距 1 厘米绘黑色竖向条带纹，其上下两端交叉分开。器耳从口部一直延伸到腹底，表面绘十字菱格

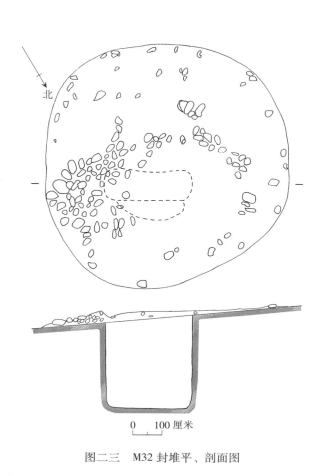

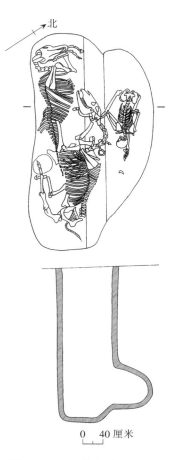

图二三　M32 封堆平、剖面图　　　　　　图二四　M32 墓室平、剖面图

纹。器底无纹饰。口径 10.5、最大腹径 15.4 厘米（图二五，5；图版一二，4）；M53∶1，口沿稍残。单耳彩陶罐。泥质红陶。侈口、直颈、宽带耳、鼓腹、圜底。器耳从口沿外侧向下延伸至腹部。器表施红色陶衣，部分有脱落。口沿内侧均匀分布黑色倒三角纹，器表口部位置饰一圈水波纹，首尾两端断开。颈部至腹底各绘一周黑色带状纹，中间上下填绘黑色叶脉纹（图二五，6；图版一三，1）；M58∶1，均为残留陶片。以夹砂红陶为主，陶质较差。表面绘黑彩（图二五，8）。

　　单耳彩陶豆　1 件（M31∶2）。侈口、深盘、短柄，器腹有一个宽带耳，喇叭状圈足。豆柄与器身之间有粘贴痕迹。口沿内侧均匀绘制黑色倒三角纹，口沿外侧至腹底绘制黑色细长倒三角竖条纹，竖条纹两两间隔饰菱格纹。口径 25、底径 12.8、高 13.8 厘米（图二五，9；图版一二，3）。

　　陶器底　2 件。M04∶1，残。夹砂红陶。素面。鼓腹、圜底。最大腹径 8.4 厘米。器底有一个直径约 0.8 厘米的圆形钻孔（图二五，7）。

　　2. 铜器

　　56 件。器型主要有铜耳环、铜带具、铜珠、铜环、铜泡、铜镜及铜器残片等。

　　铜耳环　2 件。平面呈环形，均由一根细铜丝扭曲而成。M04∶8，首尾两端相互重叠。环径 0.9厘米、丝径 0.1 厘米（图二六，13）。

　　铜带具　1 组共 19 件（图版一四，3）。缝缀于皮带上，皮带已残朽，带饰散落于骨盆四周。由

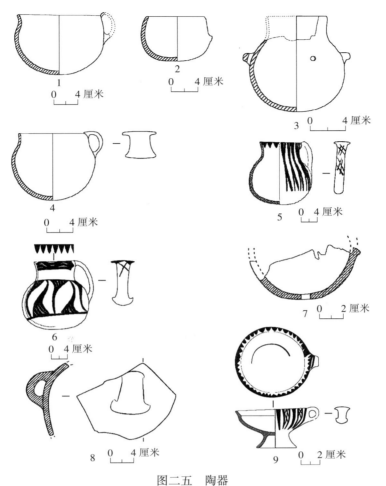

图二五　陶器

1、2. 单耳罐（M04：4、M53：2）　3. 双系罐（M04：2）　4、5、6、8. 单耳彩陶罐（M22：1、M31：1、M53：1、M58：1）　7. 陶器底（M04：1）　9. 单耳彩陶豆（M31：2）

带扣、錾饰、环、扣眼及铊尾组成。其中：铜带扣1件（M43：8），扣环扁圆形，扣舌固定在扣环外侧，舌尖向外。扣环长径3、短径1.5厘米。通长5.5厘米（图二六，1）。铜方形錾饰4件。平面呈方形，背面四角各有1个铆钉，由上、下两部分制作铆合，中间夹以革带。上部正面周缘斜刹，底面略凹，上部有长方形孔，孔眼周边略凸。截面呈梯形。M43：9，长2.6、宽2.4厘米、厚0.4厘米；扣孔长1.9、宽0.5厘米；铆钉长1厘米（图二六，3）。铜半圆形錾饰7件。形制、制法与方形錾饰相同。中部有一长方形孔眼。背面有4个铆钉。M43：16，长2.8、宽1.9、厚0.4厘米；扣孔宽0.5、长1.9厘米；铆钉长0.3厘米（图二六，4）。铜环3件。圆形。截面呈三角形。M43：5，环外径2.9、内径2.2厘米（图二六，5）。铜扣眼2件。平面大致呈"Y"形，背面有铆钉1。M43：15，长2.8厘米（图二六，6）。铊尾2件。由上、下两部分模制铆合。M43：17，平面略呈半圆形，背面中间有1个铆钉。长1.7、宽1.1、厚0.2厘米，铆钉长0.6厘米（图二六，15）；M43：18，平面略呈长方形，顶端平直，尾端圆弧。背面有3个铆钉，其组合形如三角。长4.05、宽3.1、厚0.2厘米，铆钉长0.3~0.5厘米（图二六，16）。

铜戒指　1件（M45：2）。用窄铜条弯曲而成，闭合处重叠。环正面中间饰一排圆点，双侧饰对

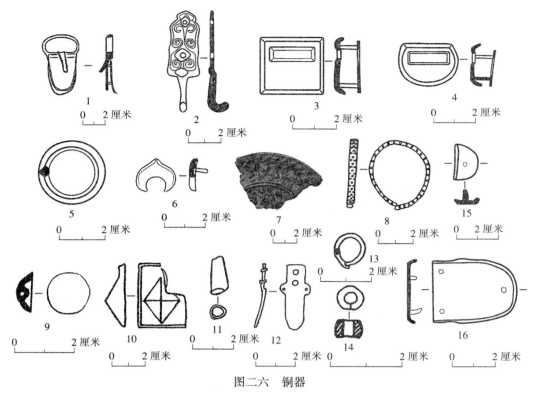

图二六　铜器

1. 铜带扣（M43：8）　2. 铜带钩（M43：6）　3. 方形铸饰（M43：9）　4. 半圆形铸饰（M43：16）　5. 铜环（M43：5）　6. 铜扣饰
（M43：15）　7. 铜镜（M47：1）　8. 铜戒指（M45：2）　9. 铜泡（M36：1）　10、12. 铜饰件（M32：1、M32：7）　11、14. 铜珠
（M16：1、M08：1）　13. 铜耳环（M04：8）　15、16. 铜铊尾（M43：17、M43：18）

称三角形槽。最大径 4.1 厘米，铜条宽 0.4、厚 0.15 厘米（图二六，8）。

铜带钩　1件（M43：6）。带板呈长方形，正面装饰有植物纹样，中部有 2 个直径约 0.3 厘米的圆孔。钩细长。总长 6.2 厘米（图二六，2）。

铜镜　1件（M47：1）。已残，残留部分平面呈三角形。内区为海兽葡萄纹，外区纹样与内区相同，镜缘上有蔓草纹样。直径 4.5、镜厚 0.3，边缘厚 1.1 厘米（图二六，7）。

铜泡　20件。平面呈圆形，剖面呈圆弧形，内侧有纽。M36：1，直径 1.4 厘米（图二六，9）。

铜饰件　2件。M32：1，通体锈蚀。平面略呈长方形，一角已残失不全。正面有菱形突起，背面内凹，长 4.1、宽 3.2 厘米（图二六，10）；M32：7，通体锈蚀，平面呈长方形，头端较圆滑，中下端两侧各有一环状纽，下端表面有两个凸纽。残长 3.4 厘米（图二六，12）。

铜珠　5件。通体锈蚀，中空。M16：1，中有穿孔。孔径 0.3 厘米（图二六，11）；M08：1，中有穿孔。珠径 0.6、孔径 0.3 厘米（图二六，14）。

此外，还有铜器残片 7 件。均残朽严重，形制不明。

3. 铁器

17件。主要有箭镞、带扣、马镫、刀、环等。

铁箭镞　1件（M42：2）。铤已残断。刃部较宽，三翼形。圆铤。翼尾端各有一直径约 0.4 厘米的孔。残长 8.4 厘米（图二七，1；图版一四，2）。

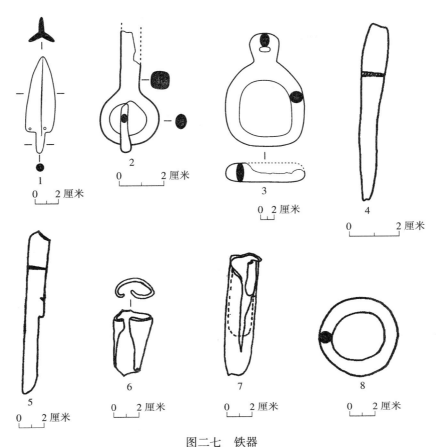

图二七　铁器

1. 铁箭镞（M42：2）　2. 铁带扣（M43：15）　3. 铁马镫（M43：14）　4、5. 铁刀
（M47：2、M43：19）　6、7. 残铁器（M43：1、M32：4）　8. 铁环（M32：2）

　　铁带扣　1件（M43：15）。带板已残断。扣环呈扁圆形，扣舌细长，舌尖向内弯曲。通长8.3厘米，扣环直径3.6、扣舌残长3.4厘米；（图二七，2）。

　　铁马镫　4件。通体锈蚀严重。镫环为扁椭圆形。M43：14，镫柄部分残断，其上有一长方形穿，为系镫带之用。镫通高18.1、宽11.5、厚0.3厘米（图二七，3）。

　　铁刀　4件。均已残。可分为直背直刃和直背弧刃两种类型。M47：2，直背弧刃。刀尖微上翘，残长7.6、柄宽1.15、刃宽0.75厘米（图二七，4）；M43：19，直背直刃，刃残长16.8、宽2厘米（图二七，5）。

　　铁环　1件（M32：2）。已残断成两截，可以复原。平面呈圆环形，截面呈圆形。内径3.7、外径5.5厘米；环径1厘米（图二七，8）。

　　残铁器　6件。残朽严重，无法辨认形制。M43：1，仅有銎孔部分，用铁片弯曲成。銎孔扁长已变形。残长6.8厘米（图二七，6）；M32：4，銎孔上部残，前端尖圆为实心，后端銎孔为圆形。内残留少量朽木痕。残长12.2厘米（图二七，7）。

　　4. 石器

　　12件。主要有马鞍形磨盘、石斧和石珠等。其中马鞍形磨盘和石斧均系用天然岩石制作而成。料珠为白色，柱状，中有穿孔，孔内磨制较光滑。

马鞍形石磨盘　2件。磨面内凹，两端略上翘。M06：2，长36.5、最宽12.8厘米（图二八，1）；M31：5，长29.3、最宽11.5厘米（图二八，2；图版一三，2）。

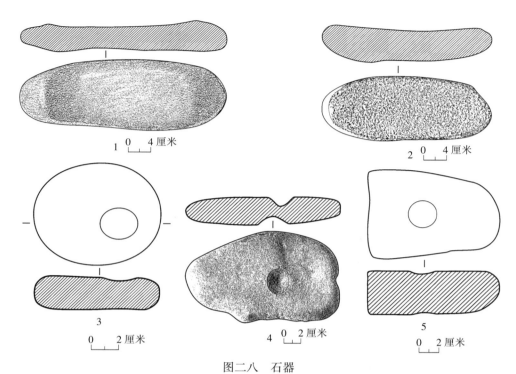

图二八　石器

1、2. 石磨盘（M06：2、M31：5）　3～5. 石斧（M32：8、M32：10、X1：1）

石斧　3件。M32：8，圆形，一端有钻孔，未钻通。另一端有敲砸使用痕迹。长径9、短径7.5厘米；孔径2.6厘米（图二八，3）；M32：10，略成长条形，一端较尖圆，边缘有敲砸痕，另一端有1个对钻孔，未钻通。长18.7、宽11、厚2.5厘米；孔径3.7厘米（图二八，4；图版一三，3）。

石珠　6件。M45：5，直径0.5厘米；M25：1，直径0.5厘米。

5. 骨器

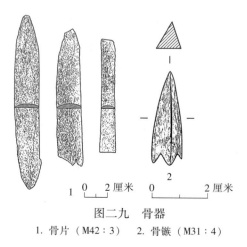

图二九　骨器

1. 骨片（M42：3）　2. 骨镞（M31：4）

3件。主要有弓和骨镞等。

弓　2件。残，仅存少量骨片，当为弓弣上的贴片。M42：3，仅存骨片3件。较完整一件首、尾两端成圆锥状，中间呈长条形。与另一件同样形制的骨片上下扣合，扣合处磨合面有密集划痕，较为粗糙。残长16、最宽2.2厘米（图二九，1）。M43：17，只残留骨片2件，较完整。两件骨片可上下扣合，扣合处有深浅不一的槽痕，磨合面有密集划痕，较为粗糙。顶端及尾端有较浅斜向划痕。残长18.1、最宽2厘米。

骨镞　1件（M31：4）。三棱形，尾端有倒刺，铤已不存。残长3.5厘米（图二九，2）。

6. 木器

1 件（M43：18）。箭箙，残，形制不明。用桦树皮制作成。平面近似长方形，残长 22 厘米。箭囊内残留铁器痕迹。

7. 动物骨骼

3 件。均为羊距骨。编号为 M31：6 的羊骨上有明显切割痕，割痕较为齐整光滑，可见当为锐器所为。

三 殉马坑

1 座（X1）。

1. 形制

地表有封堆，较低平，平面略呈圆形，直径 480、高 18 厘米。由卵石和土混合堆积而成，中间几块石头较大，四周均为小石块。

坑形制为不规则长方形竖穴，长 154、最宽 100、深 20 厘米。填土为黄色土，土质较硬，内含少量兽骨和夹砂红陶片。坑底葬有马 1 匹。骨骼较为凌乱不完整，仅有部分脊椎骨、肋骨和肢骨。马骨旁出土石斧 1（图三〇）。

2. 出土遗物

1 件。

石斧（X1：1）。平面略成长方形，一端宽平，一端圆钝。中部有 1 对钻孔，未钻通。长 13、宽 8.9、厚 4.6 厘米；孔径 3 厘米（图二八，5）。

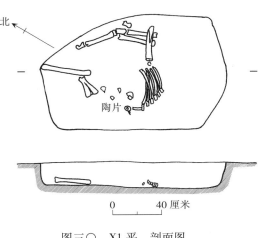

图三〇 X1 平、剖面图

四 结语

新疆中东部天山山脉北麓山前地带台地发育良好，水资源丰富。自古以来就是人类生存的理想场所。据调查，这一带分布着大量青铜时代至早期铁器时代的遗址和墓葬，仅木垒县境内就有细石器点十余处[1]。1977 年，新疆维吾尔自治区博物馆在木垒县四道沟遗址[2]以及奇台县半截沟遗址[3]做过考古发掘工作，1983 年 7 月自治区博物馆和木垒县文化馆又在县城南破城子清理墓葬 6 座。在相邻的吉木萨尔县大龙口墓地[4]、小西沟墓地[5]和乱葬岗子[6]也发掘了一批古代墓葬和遗址。这些材料的陆续刊布，为深入研究东天山地区古代历史文化提供了一批重要的考古学资料。

通过此次发掘我们得到以下几点认识：

1. 遗址内涵丰富，不仅发掘出墙基、灰坑、灶坑、柱洞、地面等遗迹，还出土了一批陶器残片、细石器、磨制石器、铜器和动物骨骼等遗物。从石器种类构成来看，可分为细石器和磨制石器两类。磨制石器多为生产工具，细石器多为加工石器后剩下的废料，成品很少。在遗址中还有大量陶片出土，部分陶片上施红彩，花纹为简单的条纹，不见晚期墓葬中常见的变形三角形纹、圆涡纹等。部分陶片上有附加堆纹和戳刺纹等。部分灰坑和地层中出土铜器。同类器物在木垒四道沟遗址、奇台半截沟遗址和吉木萨尔乱葬岗子遗址中也有出土，它们在文化内涵和时代上具有相似性。我们初步推断干沟遗址的年代相当于青铜时代早期。此次我们对遗址中地层与灰坑中出土的7个动物骨骼标本送交北京大学考古文博学院科技考古与文物保护实验室做了加速器质谱（AMS）碳十四测试，其绝对年代为公元前1300～前1100年（表一）。

2. 墓葬形制特征明显。竖穴土坑墓为主要墓葬形制，竖穴石棺墓和竖穴偏室墓所占比例较小。葬式以二次葬居多，仰身直肢一次葬较少。部分墓室内无人骨。随葬器物以铜器居多，陶器出土数量较少。部分墓葬内出土有羊、马等动物骨骼。

墓葬和遗址之间存在打破关系，墓葬的年代当较遗址为晚。其中竖穴土坑墓M31中出土的彩陶豆和彩陶罐器表通体彩绘，竖向黑色条纹之间夹有菱格纹，口沿内侧有黑色倒三角纹，器耳较大。与位于天山南麓的吐鲁番鄯善县洋海墓地[7]、哈密地区艾克斯霞尔墓地[8]等出土的同类器在器形、纹饰上很相近，在制作工艺等方面也存在很多共同点。我们初步推断以M31为代表的竖穴土坑墓的年代大致在青铜时代中、晚期；竖穴偏室墓M32、M42和M43中竖穴内殉马以及随葬铁马镫、铁马衔、铁箭镞等遗物。这种墓葬在塔什库尔干下坂地墓地[9]、喀拉塑克墓地[10]中也有发现，南西伯利亚卡拉苏克文化中也有铁马镫出土[11]。其中M43出土的一组铜带具形制完整、时代特征较强。同类器在新疆乌鲁木齐市萨恩萨依墓地[12]、宁夏吴忠市北郊明珠花园墓地等地的唐墓中也有出土[13]，M47墓葬中出土的海兽葡萄镜为唐代的典型铜镜样式。对于以M32、M42和M43为代表的竖穴偏室墓的年代，我们初步推断为唐代。

此次我们也对墓葬中出土的3个木标本和2个动物骨骼标本送交北京大学考古文博学院科技考古与文物保护实验室做了加速器质谱（AMS）碳十四测试，除M43年代偏早以外，竖穴土坑墓的绝对年代为公元前1300～前800年左右；竖穴偏室墓的绝对年代为公元600年左右。

表一

Lab 编号	样品	样品原编号	碳十四年代（BP）	树轮校正后年代（BC）	
				1σ（68.2%）	2σ（95.4%）
BA110609	骨	2011MGM05	2950±35	1260BC（12.7%）1230BC 1220BC（55.5%）1110BC	1300BC（95.4%）1040BC
BA110610	骨	2011MGM31	2540±30	800BC（34.8%）750BC 690BC（15.4%）660BC 640BC（18%）590BC	800BC（39.3%）730BC 690BC（17.8%）660BC 650BC（38.3%）540BC
BA110611	朽木	2011MGM32	1340±60	640AD（52.4%）720AD 740AD（15.8%）770AD	580AD（94.1%）830AD 840AD（1.3%）860AD
BA110612	朽木	2011MGM43	2250±25	390BC（26.9%）350BC 290BC（41.3%）230BC	400BC（33.8%）340BC 310BC（61.6%）200BC
BA110613	木炭	2011MGM53	1300±35	660AD（45.9%）720AD 740AD（22.3%）770AD	650AD（95.4%）780AD

续表

Lab 编号	样品	样品 原编号	碳十四 年代（BP）	树轮校正后年代（BC）	
				1σ（68.2%）	2σ（95.4%）
BA110614	骨	2011MGYH2	2905±353	1190BC（1.9%）1180BC 1160BC（3.3%）1140BC 1130BC（63%）1010BC	1260BC（2.6%）1230BC 1220BC（92.8%）990BC
BA110615	骨	2011MGYH4	2920±30	1200BC（68.2%）1050BC	1260BC（3.6%）1230BC 1220BC（91.8%）1010BC
BA110616	骨	2011MGYT2③	2840±30	1050BC（51.9%）970BC 960BC（16.3%）930BC	1120BC（95.4%）910BC
BA110617	骨	2011MGYT3③	2975±30	1270BC（68.2%）1120BC	1320BC（95.4%）1110BC
BA110618	骨	2011MGYT3⑤	2880±35	1120BC（68.2%）1000BC	1210BC（91.2%）970BC 960BC（4.2%）930BC
BA110619	骨	2011MGY④	2900±30	1130BC（68.2%）1020BC	1210BC（95.4%）1000BC
BA110620	骨	2011MGY 南区	2975±30	1270BC（68.2%）1120BC	1320BC（95.4%）1110BC

注：所用碳十四半衰期为 5568 年，BP 为距 1950 年的年代

3. 此次发掘是迄今为止在木垒县境内一次性发掘遗址、墓葬数量最多，遗迹现象最丰富的一次。遗址和墓地中出土的彩陶罐、彩陶豆目前仅见于东疆和吐鲁番鄯善地区。而陶器上的宽带耳为甘青地区古代文化中所常见。这批材料对进一步探索、研究新疆史前时期文化渊源、延续传承以及古代新疆天山南、北地区古代文化的交流和传播及其与内地诸文化之间的联系提供了实物佐证。

鸣谢：此次发掘得到了木垒县委、县政府和县文物局的大力支持，在此我们深表谢忱！

领　　队：吴　勇
发掘人员：佟文康　吴　勇　田小红　艾　涛　张树春　丁万胜　刘建才等
器物修复：佟文康　王　云
器物绘图：张　杰
摄　　影：刘玉生　吴　勇
执　　笔：田小红　吴　勇　佟文康

注　释

[1] 吴震：《新疆东部的几处新石器时代遗址》，《考古》1964 年第 7 期。

[2] 羊毅勇：《新疆木垒县四道沟遗址》，《考古》1982 年第 2 期。

[3] 陈戈：《新疆奇台县半截沟新石器时代遗址》，《考古》1981 年第 6 期。

[4] 新疆文物考古研究所等：《吉木萨尔县大龙口墓葬》，《新疆文物》1994 年第 4 期。

[5] 耀平、阎顺：《吉木萨尔县小西沟遗址的初步调查》，《新疆文物》1992 年第 4 期。

［6］ 资料现存中国社会科学院考古研究所。

［7］ 新疆文物考古研究所，吐鲁番地区文物局：《鄯善县洋海一号墓地发掘简报》、《鄯善县洋海二号墓地发掘简报》、《鄯善县洋海三号墓地发掘简报》，《新疆文物》2004 年第 1 期。

［8］ 资料现存新疆文物考古研究所。

［9］ 新疆文物考古研究所：《塔什库尔干县下坂地墓地考古发掘报告》，《新疆文物》2004 年第 3 期。

［10］ 资料现存新疆文物考古研究所。

［11］〔俄〕吉谢列夫：《南西伯利亚古代史》（西域史译丛），新疆社会科学院民族研究所，1981 年。

［12］ 新疆文物考古研究所等：《新疆乌鲁木齐萨恩萨依墓地发掘简报》，《文物》2012 年第 5 期。

［13］ 宁夏文物考古研究所等：《吴忠北郊北魏唐墓》，文物出版社，2009 年。

木垒县干沟墓地墓葬统计表

单位：厘米

墓号	封堆 形制	墓葬 形制	尺寸（长×宽×深）	墓向（度）	人数	年龄	性别	一次葬	二次葬	仰身直肢	随葬器物	备注
M01	圆形石堆	圆角长方形	154×108-25	105	1	成年	男			√		
M02	椭圆形石堆	圆角长方形	140×86-50	60	1	成年				√	铜泡1	
M03	椭圆形石堆	圆角长方形	150×92-40	65	1	成年	男			√		
M04	圆形石堆	圆角长方形	154×84-56	267	1	成年				√	陶罐底1、双系罐1、陶片2、单耳罐2、陶罐1、铜耳环1	
M05	圆形石堆	圆形	140~150-100	234	1	成年				√	单耳罐1	
M06		竖穴石棺	138×68-38	110	1	成年				√	马鞍形石磨盘1、陶片1	
M07	圆形石堆	圆角长方形	150×83-12	262	1	成年				√	铜泡2	
M08	圆形石堆	圆角长方形	176×124-44	271							铜珠2、陶片1	无人骨
M09	圆形石堆	圆角长方形	129×86-108	265	1	成年						
M10	圆形石堆	圆角长方形	190×132-46	250	1						铜泡7	
M11	椭圆形石堆	圆角长方形	185×102-50	245								无人骨
M12	椭圆形石堆	圆角长方形	110×60-42	265								无人骨
M13	圆形石堆	圆角长方形	140×120-50	85								无人骨
M14	圆形石堆	圆角长方形	130×110-60	240	1	成年						
M15	圆形石堆	圆角长方形	150×100-50	280								无人骨
M16	圆形石堆	圆角长方形	131×102-28	247	1	成年				√	铜珠1	
M17		竖穴石棺	114×76-48	260								无人骨
M18	椭圆形石堆	圆角长方形	128×64-54	293								无人骨
M19	圆形石堆	圆角长方形	134×88-50	277								无人骨
M20	圆形石堆	圆角长方形	146×198-50	115	1	成年				√		

续表

墓号	封堆		墓葬形制		墓向（度）	人数	年龄	性别	葬式			随葬器物	备注
	形制		形制	尺寸（长×宽—深）					一次葬	二次葬	仰身直肢		
M21	圆形石堆		圆角长方形	190×120—74	285	1	成年			√		铜泡2、残铜器1	
M22	圆形石堆		圆角长方形	130×98—56	90							单耳罐1	无人骨
M23			竖穴石棺	66×50—24	272								无人骨
M24			竖穴石棺	90×92—30	241								无人骨
M25			竖穴石棺	120×92—24	310	1	成年			√		石珠5、铜器残片1	
M26			竖穴石棺	58×60—26	123								无人骨
M27			竖穴石棺	110×70—10	272	1	成年			√			
M28			竖穴石棺	98×96—30	25								无人骨
M29			竖穴石棺	136×96—44	298	1	成年			√			
M30	圆形石堆		圆角长方形	230×82—100	270							铜泡1	
M31	圆形石堆		圆角长方形	170×104—106	282	1	成年			√		单耳彩陶罐1、单耳彩陶豆1、羊骨1、骨镞1、马鞍形石磨盘1	
M32	圆形石堆		圆角长方形	300×110—330	300	1	成年	男	√			铜饰件2、铁环1、铁马镫2、铁器残片2、石斧2、石磨盘1、木盘1、	
M33			竖穴石棺	88×55—20	255							羊距骨1	无人骨
M34	圆形石堆		圆角长方形	156×112—36	276	1	成年			√			
M35	圆形石堆		圆角长方形	190×75—67	255	1	成年	男	√		√	铜泡1、陶罐1	
M36	圆形石堆		圆角长方形	190×130—88	268							铜泡7、铜珠2	
M37	圆形石堆												无墓室
M38	圆形石堆												无墓室
M39	圆形石堆												无墓室

续表

墓号	封堆 形制	墓葬形制	尺寸（长×宽-深）	墓向（度）	人数	年龄	性别	葬式 一次葬	葬式 二次葬	葬式 仰身直肢	随葬器物	备注
M40	圆形石堆											无墓室
M41	椭圆形石堆	圆角长方形	218×104-32	266	1	成年			√			
M42	圆形石堆	圆角长方形	220×82-110	335	1	成年		√		√	残铁器1、铁镞1、弓1	
M43	圆形石堆	圆角长方形	250×88-212	343	1	成年	男	√		√	铜带扣1、方形扣饰4、圆弧形扣饰7、铜环3、铊尾4、铜带钩1、残铁器2、铁带扣1、铁刀1、弓箙1、铁马镫2、弓1	
M44	椭圆形石堆	圆角长方形	210×147-136	22	1	成年	男	√		√	铁刀1、铁镞1、弓1、羊骨	
M45	圆形石堆	圆角长方形	136×118-62	280	1	未成年		√		√	铜耳环1、铜环1、石珠1、铜器残片4	
M46	圆形石堆											无墓室
M47	圆形石堆	圆角长方形	254×168-160	20	1	成年			√		铜镜残片1、铁刀1	
M48	圆形石堆											无墓室
M49	圆形石堆											无墓室
M50	圆形石堆											无墓室
M51	圆形石堆											无墓室
M52	圆形石堆											无墓室
M53	圆形石堆	圆角长方形	230×124-160	270	1	成年	男		√		单耳彩陶罐1、单耳罐1、羊骨	
M54	椭圆形石堆											无墓室
M55	圆形石堆											无墓室
M56	圆形石堆	圆角长方形	410×350-320	245					√			

续表

墓号	封堆		墓葬形制			人数	年龄	性别	葬式			随葬器物	备注
	形制		形制	尺寸（长×宽—深）	墓向（度）				一次葬	二次葬	仰身直肢		
M57	圆形石堆												无墓室
M58	圆形石堆		圆角长方形	390×280－330	220					∨		残陶罐 1	
M59	圆形石堆		圆角长方形	360×260－290	105					∨			
M60	圆形石堆												无墓室
M61	圆形石堆		圆角长方形	148×50－30	282	1	成年			∨			
M62	圆形石堆												无墓室
X1	圆形石堆		不规则长方形	154×100－20	320							石斧 1、马骨若干	

木垒县伊尔卡巴克细石器遗存调查

新疆文物考古研究所

伊尔卡巴克是新发现的一处细石器遗存地点，一九八五年五月新疆社会科学院考古研究所部分工作人员，在木垒县文化馆的协助下，对伊尔卡巴克遗存地点进行了调查。

一 细石器遗存地点

伊尔卡巴克在木垒县城北约 40 公里的地方，位于喀拉库木沙漠的边缘（图一），我们在这里发现 4 个考古文化遗存地点（图二）。后来在 Y2 号地点西北约 200 米的地方，又采集到一批遗存物，此处称 Y5 号地点。在发现的 5 个遗存地点上，除 Y2、Y5 地点外，其余 3 个均采集到石器。

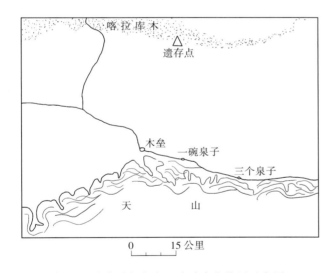

图一 木垒县伊尔卡巴克遗存点位置示意图

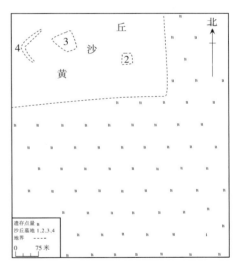

图二 细石器遗存分布示意图

Y1 号遗存地点：处在戈壁和沙漠连接地带的沙滩草地上，这里植被尚好，除少量梭梭外，多是耐旱的草本植物。我们在东西长约 80 米，南北宽约 70 米的范围内，采集到百余件标本，主要是细石器，还有 1 件磨石和少量的陶片。

Y3 号遗存地点：位于 Y1 号点西北约 750 米处。它的情况不同，被围在数米至十多米高裸露的沙丘凹地间。这里只有一些干枯的蒿草，在东西长 67 米，南北宽 62 米的范围内采集到 3 件石器，少量陶片和 1 个珠子。

Y4 号遗存地点：东邻 Y3 号点，其地理环境相同，在长约 130 米，宽约 12 米的沙丘凹地中采集到十余件石器和数块彩陶片。

以上三个遗存地点相距不很远，后两个点石器数量也有限，有的器类在 Y1 号点也能见到，它们有密切关系，很可能是同一文化或同一人群的遗存物。将其放在一起进行分类介绍如下。

二　文化遗物

包括各遗存地点上的各类遗留器物。

（一）石制品

1. 石核，分为二式：

I 式：半锥形细石核 1 件。Y1∶1，台面经过修整，核体一面剥细石叶时留有窄长条疤痕；另一面是长条形片疤；尾端由于剥片力的反作用，崩去一小块石片。核体仅为圆锥形细石核的一半，核体留下的长条形片疤是劈裂面的阴面，这是它区别于石核石片的根本。高 35、宽 17、厚 8 毫米（图三，1）。

II 式：废石核 1 件。Y1∶115，利用石块不同方向的两个平面作台面，台面进行修整剥片。由于石料关系，核体周身除自然面外，留下的是非常不规则的疤痕而被废弃。高 76、宽 51、厚 40 毫米（图三，2）。

2. 细石叶，分为二式：

I 式：长条形细石叶 19 件，全部为断头少尾的残段。从有台面的细石叶观察，它的台面细小，半锥体打击泡圆凸，有尾端的细石叶多向内弯。横断面一般呈三角形或梯形，有的保留一些使用痕迹。残长 30、宽 4~8、厚 1~2 毫米（图三，3、4）。

II 式：加工细石叶 6 件。多利用细石叶上段上中段进行加工。

Y1∶20，为细石叶上段，较直，背面留有两道纵脊。一侧下部由背面向劈裂面加工出一道斜刃，上部向背面加工出一个凹口。另一侧下部向劈裂面加工一个凹口。长 26、宽 7、厚 1.5 毫米（图三，5）。

Y1∶21，横断面呈梯形，一侧缘两面加工出一道直刃，另一侧缘向背面接工出锯齿状的刃口，刃部光滑有明显的使用痕迹。长 18、宽 8、厚 2.5 毫米（图三，6）。

Y1∶25，细石叶的中段，断面呈三角形，一侧缘向劈裂面加工出一道直刃。长 20、宽 7、厚 2 毫米（图三，7）。

3. 石片，分为二式：

I 式：长形石片 29 件，多是从石核上打下的高大于宽的石片，其一端一般都保留一个台面，石片的背面一般都有片疤，有些横断面呈三角形，少数保留自然面；有的石片侧缘还有一些使用或修整痕迹。长 13~71、宽 7~31、厚 2~13 毫米（图三，8、9）。

II 式：不规则石片 24 件，多是石核上打下的高小于宽的石片，上端保留一个台面，一般比较薄，背面保留片疤，少数留有自然面。高 12~32、宽 17~38、厚 2~10 毫米（图三，10、11）。

4. 刮削器，分为九式：

Ⅰ式：长刮削器 7 件，一般是利用石片的一个长边，由一面或两面加工出一道直刃。

Y1：36，将薄砾石片打成三角形，一长边向两面加工出一道直刃，另一边和石片两面保留有部分自然面，便于握手。长 83、宽 40、厚 9 毫米（图四，1）。

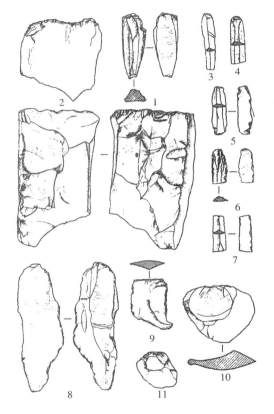
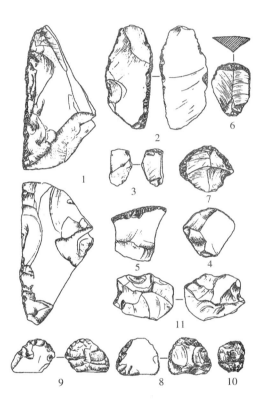

图三　Y1 号地点采集细石器　　　　图四　Y1 号地点采集刮削器

Y1：38，由长形石片的一长边，多向背面加工出一道直刃，另一边略有加工修整和使用痕迹。长 59、宽 26、厚 4 毫米（图四，2）。

Ⅱ式：短刮削器 4 件，利用石片的短边加出一道刃口。

Y1：51，在石片一短边向背面加工出刃口。高 11、宽 21、厚 3 毫米（图四，3）。

Ⅲ式：弧刃刮削器 4 件，一般利用石片边缘的弧度，向背面加工出一道弧形刃口。

Y1：41，利用石片尾端的弧度加工出弧形刃口。高 27、宽 28、厚 2.5 毫米（图四，4）。

Y1：42，石片打去两端弧刃前后形成两个锐尖，使用起来更加方便。高 30、宽 30、厚 3 毫米（图四，5）。

Ⅳ式：长身圆头刮削器 2 件，利用长大于宽的石片一端，由劈裂面向背面加工出一道弧圆形刃口。

Y1：44，长条形石片，一端保留台面，另一端向背面加工出一道陡厚的弧圆形刃口。长 30、宽

21、厚 9 毫米（图四，6）。

Ⅴ式：短身圆头刮削器 1 件，它同长身圆头刮削器的区别，仅在于器身的高小于宽。

Y1 : 45，器身略似拇指盖，一端有个台面，另一端向背面加工出一道陡厚的弧圆形刃口。高 26、宽 29、厚 10.5 毫米（图四，7）。

Ⅵ式：半圆形刮削器 2 件，多利用半圆形石片，或由三边加工出一道半圆形刃口。

Y1 : 47，刃口多向背面加工而成。高 21、宽 24、厚 3 毫米（图四，8）。

Y1 : 48，石片下方的主要刃口两面加工。高 19、宽 24、厚 7.5 毫米（图四，9）。

Ⅶ式：圆刮削器 1 件，Y4 : 14，略呈圆形由石片周缘向背面加工出一道圆刃。长径 17、短径 14、厚 5 毫米（图四，10）。

Ⅷ式：凹刃刮削器 2 件，利用石片的一边打去一块，形成一个凹口，进一步加工成凹刃。

Y1 : 109，石片一短边的凹口略作加工。长 33、宽 26、厚 9 毫米（图四，11）。

Y1 : 110，石片背面多保留有自然面，尾端一角，由劈裂面向背面加工出一道凹刃；形成的双尖，一尖错向加工修整。长 39、宽 28、厚 6 毫米（图五，1）。

Ⅸ式：复刃刮削器 6 件，将石片相邻的两个边加工成刃；有的则在石片上加工出两个以上，多不规整的刃口。

Y1 : 117，石片的一边和相邻的底缘错向各加工出一道直刃。长 54、宽 37、厚 12 毫米（图五，2）。

5. 雕刻器，仅为一式：

Ⅰ式：斜边雕刻器 9 件，一般利用石片一边打去一块，形成一个锐尖；有的则将石片的尾端两边各打去一块，或利用一边，另一边打去一块形成一个锐尖。

Y1 : 103，不规则石片，一边打去一块，另一边加工形成一个锐尖。长 25、宽 21、厚 11 毫米（图五，3）。

6. 尖状器，分为三式：

Ⅰ式：三角形尖状器 3 件，利用三角形石片一角，加工出一个锐尖。

Y1 : 112，靠近角的部位，一边两面加工至尖部，另一边向劈裂面加工至尖端形成一个锐尖。长 34、宽 23、厚 4 毫米（图五，4）。

Y4 : 13，三角形砾石片，大部分保留有自然面，一角由两边向一面加工出一个锐尖。长 33、宽 22、厚 7 毫米（图五，5）。

Ⅱ式：小尖状器 1 件，Y1 : 114，长形石下端向背面加工出一个突出的小尖。长 34、宽 13、厚 6 毫米（图五，6）。

Ⅲ式：鸟喙形尖状器 4 件，石片或石核一侧从上到下面加工形成一道刃口，将刃口部分打下，成一个向内弯的石条，个别石条不内弯。一般在尾端加工的部位再略作修整出一个三棱形鸟喙状锐尖。

Y1 : 99，三棱形石条劈裂面内弯，其相对一棱两面曾加工至两端，尾端又经过加工修整成一个鸟喙状锐尖。长 40、宽 5、厚 5 毫米（图五，7）。

Y1 : 100，器身断面略呈梯形，劈裂面内弯，相对面是一窄长条疤痕，两边曾加工至两端，尾端呈鸟喙状锐尖。长 23、宽 7、厚 5 毫米（图五，8）。

7. 尖状刮削两用器 1 件。

Y1：96，用不规则石片的一边向背面加工出一道稍厚的弧圆形刃口，另一边则加工出一个锐尖。长 21、宽 12、厚 6 毫米（图五，9）。

8. 刻铲两用器 1 件。

Y1：97，加工方法与鸟喙形尖状器相同，但石条劈裂面直，一端略作加工修整，并向一棱剥去一小块石片，形成三棱形锐尖，而另一端则向背面加工出一个凿形刃口。长 29、宽 7、厚 4.5 毫米（图五，10）。

9. 石核式刮割器 5 件，一般用砾石或石片通体加工而成，也有的石器两面还保留有自然面。

Y1：30，略呈长方形，整个器形通体加工，一侧缘留下四道窄长条疤痕，另一侧缘与底端连起加工出锋利的刃口。上端略呈蝌蚪状，靠有窄长条疤痕的一边是台面，略作圆形，下剩部分由两面加工成一道直刃。高 28、宽 18、厚 10 毫米（图五，11）。

Y1：27，用片状砾石加工，两面保留有自然面。高 47、宽 36、厚 13 毫米（图五，12）。

10. 石矛 1 件。

Y1：31，通体加工成叶状，剖面呈棱形，中间厚，边缘有锋利的刃口。一面适当地保留了两小片自然面。长 68、宽 34、厚 8 毫米（图六，1）。

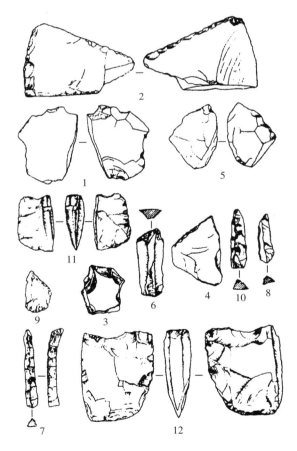

图五　Y1 号地点采集细石器

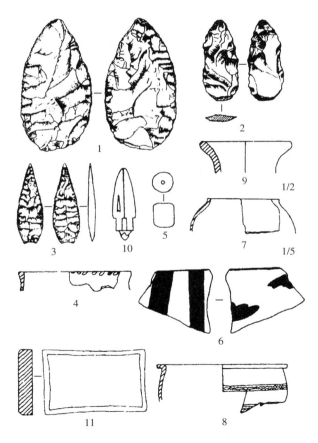

图六　Y1、Y2、Y3 号地点采集遗物

11. 石镞，分为二式：

Ⅰ式：圆底石镞1件，Y1∶32，状呈叶形，通体两面加工，一面仍保留着部分自然面。长42、宽17、厚5毫米（图六，2）。

Ⅱ式：凹底石镞3件，呈叶形凹底，通体加工。

Y1∶34，细致加工修整而成，周缘刃口锋利，底部月牙般凹入，一面保留有一小片自然面。长38、宽13、厚3毫米（图六，3）。

12. 磨石1件。

Y1∶123，两端高起，中部下凹，面平光，状呈马鞍形。长40、宽22、中间下凹3.2厘米。

（二）其他

Y1号地点，除石器外仅采集到一些碎陶片根据质地和颜色可分三类。

第一类，夹粗砂红褐陶片，质地硬，颜色不匀，手制，胎厚度不匀称，厚0.8~1厘米。

第二类，夹砂褐陶，轮制，胎厚度匀称，质地坚硬，表面有阴划纹饰，胎厚1厘米。

第三类，夹砂黑陶，质地硬，胎内渗碳明显，胎厚0.5~0.6厘米。

另外，遗存点中还见到许多烧过和未烧过的碎骨片。

Y3号地点，采集到遗物如下。

Y3∶3，陶器口沿，夹粗砂红褐陶，手制，内外壁刷一层泥浆，口沿略侈，平唇，唇外沿按压凸凹纹。残高4、残口径10、复原口径22厘米（图六，4）。

Y3∶4，石珠，略呈长圆形，中有一孔。高1.2、直径1、孔径0.2厘米（图六，5）。

Y4号地点，除石器外仅采集到5小块陶片，可分为两类。第一类彩陶片3块，夹砂红胎，质地坚硬，胎厚0.6厘米，内外涂红色陶衣，绘黑彩，似条纹图案；第二类陶片夹砂土色胎，胎厚0.5厘米。外涂红色陶衣，内壁仅口沿处涂抹。

Y2号地点，位于Y1西北650米，在Y3东南200米处。这里处在流动沙丘地带，沙丘上不生草木，我们在南北长40米，东西宽35米的沙丘凹地带采集到一些古代文化遗物，还有一些烧过的碎骨片。但在这个点上没见到一件石器标本。

陶片根据质、色、制法和器形可分为五类。第一、二类彩陶片与Y4的第一、二类相同。

Y2∶1，为第一类，口沿1件。圆唇，内外上红陶衣，绘黑彩。外绘竖条纹，内似鸭爪纹。高3.3、宽3.6、厚0.6厘米（图六，6）。

第三类，Y2∶2，陶罐，夹砂褐陶，色不匀，手制，直领鼓腹，高8、残口径7.2，复原口径17厘米（图六，7）。

第四类，灰陶，夹砂，轮制。

Y2∶3，陶罐，折沿，腹略鼓，腹的上中部各有一组阴刻纹饰，上部的二条弦纹中夹二条水波纹，中部的上面多一道弦纹。高12.5、复原口径32厘米（图六，8）。

第五类，灰陶，夹砂胎红黑，轮制。

Y2∶6，陶瓶，仅残存口、颈部。圆唇，侈口细颈。高3.2、复原口径9厘米（图六，9）。

Y2：4，铜镞，铜头，铁铤。镞横截面呈三角形，三棱刃口向上弧聚成锐尖；铜镞一面有一下凹的、箭形血槽；尾部略呈棱柱状，中空残留铁铤一段。镞长 3.1、宽 1.1 厘米（图六，10）。

Y2：5，石墨，加工成长方形，似为饰件。长 5、宽 3.3、厚 0.8 厘米（图六，11）。

另外在此地点还见到几块铸铁残片，里光外剥蚀。可能是炊具破片。

Y5 号地点，在 Y2 西北约 200 米。在周围约 200 米的范围人采集到一批遗存物，这里的地貌与 Y2～Y4 号地点相同，遗物采集于流动沙丘的凹地带。

陶器，可分为三类。

第一类，夹砂红陶，陶色不匀，里外红，胎内灰黑，手制。

Y5：6，似盆，残片。折沿，一处外凸，似做鋬，沿下有向内刺通和未通的圆孔。高 6.6、复原口径 39.6 厘米（图七，1）。

第二类，夹砂红褐陶，质硬，轮制口。

Y5：3，陶瓶，圆唇，侈口，细颈，颈、沿部各有一圈略圆凸的弦纹。高 8.4、复原口径 15 厘米（图七，2）。

第三类，灰陶夹砂少，质地坚硬，轮制。

Y5：2，陶瓶，口沿外侈，圆唇，细颈，沿下，颈部各有一道尖凸的弦纹。高 5.7、复原口径 17.4 厘米（图七，3）。

Y5：4，陶瓶，颈部有两道尖凸的弦纹。高 7.8、口径 12.6 厘米（图七，4）。

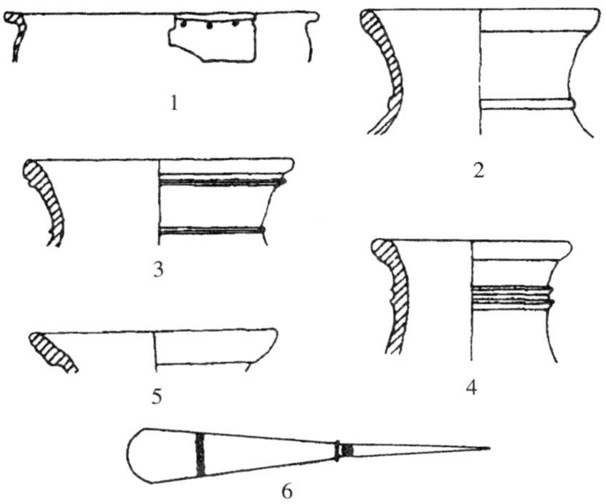

图七　Y5 号地点采集陶器及铁镞
1. 陶器残片（Y5：6）　2、3、4、5. 陶瓶（Y5：3、Y5：2、Y5：4、Y5：5）　6. 铁镞

Y5：5，陶瓶，口沿外侈，圆唇贴沿。高 2.7、复原口径 15.9 厘米（图七，5）。

篮纹陶片，Y5：8，上拍篮纹，又经打磨，部分纹饰模糊。长 8.3、宽 6.9，胎厚 0.6～0.8 厘米。

方格纹陶片，Y5：9，上拍方格纹。长 4、宽 3.3、厚 0.7 厘米。

铜件，Y5：10，似残刀把，铸铜。残长 5.8、宽 2.8、厚 0.7 厘米。

铁镞，Y5：1，头呈扁铲形，尖部宽，成弧形刃口，头、铤间有方形棱做档，铤为尖锥形。通长 15.2、铤长为 6.4 厘米，镞头宽 2.4、底宽 2.8 厘米（图七，6）。

铜钱，Y5：7，开远通宝，直径 2.4、方孔边长 0.6 厘米。

三　探讨

伊尔卡巴克遗存点几乎都被流动的沙丘包围，遗物多发现于沙丘间的凹地处，或是沙漠戈壁连接带的沙滩草地上。从所发现的五个遗存地点来看，这里的文化内涵并不单纯。遗物反映的时代大约从新石器时代中期前后一直到唐代，它们有各自不同的文化内容。

（一）细石器遗存

1. 它主要集中的分布在 Y1 号遗存地点上，Y3、Y4 采集到的很少。细石器遗存中所见到的细石核仅一件，但很典型，为一半锥体细石核。还有一些加工或未加工过的细石叶，从这些石制品表明伊尔卡巴克是一处具有细石叶技术传统的细石器遗存地点。这一传统和华北地区发现许多细石器的遗址和遗存的技术传统是一致的。

2. 这里的细石器又明显地表现出它本身独自的特点。除常见的一些器物外，石核式刮割器在这批石制品中占有重要的位置，数量也较多，虽大小有差，但器形比较一致，多直接利用砾石片加工。鸟喙形尖状器形状多很相似，制造方法别致。刻铲两用器目前还不见于其他地方。至于石矛和石镞，它们制造得非常精细，特别是叶形凹底石镞，采集到的不止一件，而它们的形状相同，加工技术高超，其中一件，中部厚处仅有 3 毫米，通体压琢加工，周缘薄而刃口锋利。在工艺技术上表现出极高的水平，作为艺术品欣赏也会让人惊叹。

另外，在选料上也有它自己的特点，除了选用上好的石料外，有的石制品在加工时不选用从石核上打下的石片，则选用薄砾石片直接加工石器，如：有的石核式刮割器、石矛、石镞、长刮削器，器身上都留下一些自然面。

3. 伊尔卡巴克细石器遗存年代，由于这批遗存没有发现地层，均属地表采集，我们只能依据以下四点进行分析。

（1）细石器遗存本身，这里的细石器类型比较全，有细石核、细石叶、刮削器、尖状器等；但最突出的是通体压制加工的石器，它以石矛、石镞和石核式刮割器为代表。它们加工精细，工艺技术水平高，表明了它的进步性，可以从一方面说明伊尔卡巴克细石器遗存的时代。石矛、石镞一类桂叶形的石器，在新疆早的发现于被认为是新石器时代的细石器遗存地点，它们有辛格尔[1]、阿斯塔那[2]等地。晚的有阿尔泰克尔木齐古墓[3]中出土的石镞，对于它的时代则有多种看法[4][5]，不管怎样，同石镞共出的有铜镞，它的时代决不会早于青铜时代。

（2）伊尔卡巴克细石器遗存地点上的共存物，在有细石器遗存的 Y1、Y3、Y4 号地点上都有发现，有时代特征的主要是陶器，早期的大约在青铜时代至早期铁器时代。如 Y1 号点的第一类陶片，Y3 号点陶器口沿，Y4 号地点的所有陶片。晚的大约在汉、唐时期，如 Y1 号点的第三类陶片。

（3）伊尔卡巴克细石器遗存地点上的共存物，同没有细石器遗存地点上的遗存物比较，我们就会发现它们时代上相同的特点。Y2 号地点的遗存物早的也大约在青铜时代至早期铁器时代，如陶片中的第一、二类。晚期的时代大约在汉、唐，如铁铤铜镞是汉代铜镞中的典型器，在汉墓中多有发现。"铸工精美的青铜镞在西汉时期仍然大量装备着部队，并且一直沿用到东汉时期"[6]，新疆发现的这类铜镞多见于楼兰，而伊尔卡巴克遗存点是首次发现，它与内地汉墓中出土的同类箭头器形完全相同。

还有陶器中的第三、四、五类，陶器的口沿、器形也都是这个时期的遗存物。

Y5 号地点的遗存物同 Y2 在时代上也大致相同，青铜时代至早期铁器时代的有第一类陶器。汉至唐代的有第二、三类的陶器，另外还有扁铲形铁镞和唐开元通宝。

（4）伊尔卡巴克和柴窝堡湖畔细石器遗存比较，它们之间有一定数量的同类器形，其中重要的是一种石核式刮割器，这一器形除伊尔卡巴克与柴窝堡以外，在新疆已发现的约五十个细石器遗存地点中均没见报道。这种器形在柴窝堡和伊尔卡巴克遗存点上所占的位置都很重要，它们相同的加工技术和形状，说明它们之间有一定联系和渊源关系，也许是一种文化在不同区域的分布。柴窝堡细石器遗存有它原始的一面，也有其进步的一面。柴窝堡的进步面主要表现在通体加工精细的石器上。它的时代报告者认为，上限可能早到中石器时代或新石器时代初期，下限可能到新石器时代中期前后[7]。

以上四点说明伊尔卡巴克细石器遗存的年代，可能在新石器时代的中晚期。细石器遗存本身的工艺技术所表现出的进步性比较突出，石矛、石镞和石核式刮割器等，都体现出其进步性的一个方面。石核式刮割器在柴窝堡也代表着进步的一个方面，证明伊尔卡巴克细石器遗存的时代同柴窝堡细石器遗存下限的时代可能大致相当。

伊尔卡巴克细石器遗存点上除石器以外的其他遗存物，时代早的如彩陶，在新疆至今发现的都在青铜时代至早期铁器时代，彩陶和其他共存物与石器的关系由于没有发现地层，还无法明确，但我们可以从其他一些方面说明。伊尔卡巴克的细石器遗存可能不会晚到青铜器时代到早期铁器时代，因伊尔卡巴克不见细石器遗存的地点也有这个时期的遗存物，这些遗物可能是后来混入细石器遗存地点的。

另外，新疆青铜时代至早期铁器时代出土过细石器的仅有少数几个遗址、墓葬，如：木垒四道沟遗址[8]，孔雀河古墓沟墓葬[9]，阿勒泰克尔木齐墓葬[10]等。它们出土的细石器遗存和伊尔卡巴克的细石器遗存有一定差别，这些细石器可以说是新疆地区细石器遗存的残留，它显示了一定特征，第一，细石器遗存在数量上同其他共存物相比所占的很少或极少；第二，种类上很少或单一；第三，常见的一些典型器物极少或基本不见；第四，这个时期出现较多的为石镞，制造相当精致加工简练，形制也比较固定[11]。而伊尔卡巴克的细石器遗存却不存在前三种情况，反映出的则是数量较多，种类也较丰富。至于第四特征，它的石镞加工得非常精致，但不简练。这些情况也说明了伊尔卡巴克细石器遗存的时代特征。

4. 从伊尔卡巴克细石器遗存地点的情况也能反映出一些细石器主人的经济生活面貌，石器集中的 Y1 号地点发现较多的火烧过或未烧过的碎骨片，也许是动物和家畜的骨头（因太碎已无法鉴定）。细石器中发现的石矛、石镞也是用来狩猎的工具。这些情况说明，它们的经济生活可能同狩猎和畜牧有关。值得注意的是 Y1 号地点上还发现一块马鞍形磨石，这种磨石在新疆东部地区的青铜时代至早期铁器时代的遗址中常能见到，一般是用来加工农作物的，它的出现常与农业有关。而这种磨石也出现于新疆新石器时代的细石器遗存地点，辛格尔[12]、阿斯塔那[13]等。在伊尔卡巴克细石器遗存主人的经济内容中是否有农业的成分还需要材料进一步证实。

（二）其他遗存物

指石器以外的遗存物，它们的时代特征比较明显，在细石器遗存的年代分析中已谈到，这些遗存物大致分两期。

第一期，时代在青铜时代至早期铁器时代。有特征器物是彩陶，这种红衣黑彩的陶器，主要分布在新疆东部地区的这个时期的遗址和墓葬中，通过发掘证明，这种彩陶包含在多种文化类型中。

第二期，时代在汉至唐代。它有汉代的铁铤铜镞，唐开远通宝，以及轮制的灰、褐陶器扁铲形铁镞等。

总的来说，通过对伊尔卡巴克遗存地点的调查和探讨，细石器遗存表明，早在新石器时代就有氏族部落活动在天山河谷下游的冲积平原上。然而现在却成了一片片茫茫沙海，从地面上已无法观察到原始地貌上的河道、湖泽，但从这里暴露出的文化遗物则内容丰富。细石器遗存材料对进一步研究新疆地区新石器时代的考古文化，提供了有价值的实物资料。

青铜时代至早期铁器时代的遗存物，则为研究这种以黑彩彩陶为特征的考古学文化提供了新的线索。汉唐时期的文化遗物，则说明伊尔卡巴克重要的地理位置，它处在天山北麓通往阿尔泰山地区的一条重要交通线上，对研究南北交通线上的文化具有一定意义。

以上的调查和探讨，只是根据调查材料得出的一些认识。伊尔卡巴克处在沙漠的边缘，所采集到的遗物都在沙滩草地和沙丘凹地。遗物的分布面积广，流沙肯定覆盖了许多遗物，是否有遗址被流沙淹没，这也不是不可能的。

由于伊尔卡巴克的遗存物内容丰富，跨越的时代长久，进一步的工作对于更深入一步地研究这些遗存点上的文化，以及研究天山河谷下游冲积平原上的考古学文化也都具有重要意义。

参加调查人员：马　迁　杨友礼　王一龙　刘国瑞　伊　力　邢开鼎
测　图：伊　力
绘　图：哈斯也提　邢开鼎
摄　影：祁小山
执　笔：邢开鼎

注　释

［1］安志敏：《中国西部的新石器时代》，《考古学报》1987 第 2 期。

［2］吴震：《新疆东部的几处新石器时代遗址》，《考古》1964 年第 7 期。

［3］新疆社会科学院考古研究所：《新疆克尔木齐古墓群发掘简报》，《文物》1981 年第 1 期。

［4］同［3］。

［5］新疆社会科学院考古研究所：《新疆古代民族文物》，文物出版社，1985 年。

［6］杨泓：《中国古兵器论丛》（增订本），文物出版社，1986 年。

［7］新疆社会科学院考古研究所：《新疆柴窝堡湖畔细石器遗存调查报告》，《考古与文物》1989 年第 2 期。

［8］新疆文管会：《新疆木垒县四道沟遗址》，《考古》1982 年第 2 期。

［9］王炳华：《孔雀河下游古墓沟基地发掘及其初步研究》，《新疆社会科学》1983 年第 1 期。

［10］同［3］。

［11］邢开鼎：《新疆细石器初探》，《新疆文物》1993 年第 4 期。

［12］同［1］。

［13］同［2］。

吉木萨尔县二工河水库墓地发掘报告

新疆文物考古研究所

2011 年 4 ~ 5 月，为配合自治区"定居兴牧"工程吉木萨尔县二工河水库的建设，我所在昌吉州文物局、吉木萨尔县文物局的配合下，对二工河水库墓地实施了抢救性考古清理发掘工作，共发掘墓葬 44 座。现将发掘情况报告如下。

一 墓地概况

二工河水库墓地位于吉木萨尔县老台乡二工河下游河口地段，二工河出山口上游 1.3 公里处。地理坐标北纬 44°01′27.2″，东经 88°48′28.2″。此处为天山北麓中段，准噶尔盆地南缘，地势南高北低。地表植被稀少，黄土层堆积较厚，部分地方深达 4 米左右。二工河发源于天山，河水自南向北流淌，为常年流水。河床内卵石密布，两侧生长有少量的白杨及灌木。在河岸西侧有一条南北向的简易公路。在河流两岸平坦的台地上，有哈萨克牧民的房屋，但居民较少（图一；图版一五）。

根据第三次全国文物普查资料，在二工河出山口附近分布有 160 余座墓葬，本次发掘的 44 座墓葬为其中一部分。发掘墓葬集中分布在二工河两岸二级台地上，沿河岸南北向排列分布。其中东岸

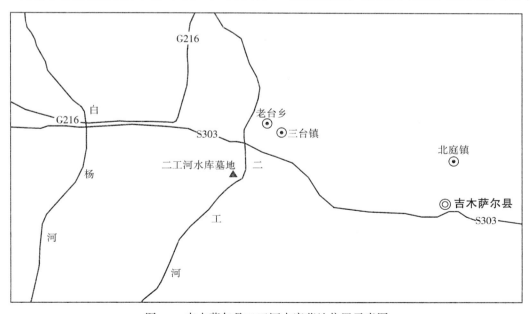

图一　吉木萨尔县二工河水库墓地位置示意图

图二　二工河水库墓地墓葬分布图

发掘墓葬 31 座（M1～M31），西岸发掘墓葬 13 座（M32～M44）（图二）。

二　墓葬形制

　　本次发掘的墓葬，地表封堆均明显，全部为青灰色卵石堆积而成（图版一六，1）。其中 43 座为石堆，1 座为石围，有的墓葬在封堆东侧还竖立有石柱。封堆下情况较为复杂，根据墓室形制可以分为竖穴土坑墓、竖穴石棺墓、竖穴洞室墓、竖穴石室墓、竖穴偏室墓、无墓室墓和葬马墓七类。

（一）竖穴土坑墓

15 座。

　　M3　南为 M2，东为 M4。地表封堆由河卵石堆积而成，呈圆形。直径 4.1、高 0.3 米。墓室为竖穴土坑，开口于封堆中部下，平面呈东西向圆角长方形。在墓室内填黄土、河卵石及岩石块。墓主仰身直肢，头西脚东。在人骨上侧墓室内平铺有一层石块。在头部至肱骨左侧放置有 4 件陶器，包括 2 件陶钵、1 件陶罐、1 件陶杯。陶杯旁出土有一块羊骶骨。在左尺骨外侧还见有 1 件残铁刀（图三、图四；图版一七，1）。

　　M5　北为 M6，地表封堆呈圆形，由河卵石堆积而成。直径 7.5、高 0.4 米。墓室为圆角长方形竖穴土坑，开口于封堆中部下。在墓口处有填石。墓主骨殖多已经酥碎，仅见头骨及部分四肢骨，集中分布在墓底南侧。从残存人骨推测墓主葬式为仰身直肢，头向西北。不见任何遗物。

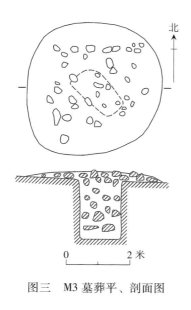

图三　M3墓葬平、剖面图

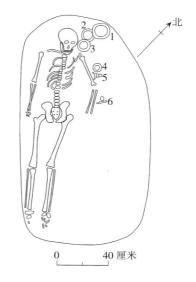

图四　M3墓室平面图
1. 陶钵　2. 陶钵　3. 陶罐　4. 陶杯　5. 羊骨　6. 铁刀

　　M9　东为 M10。地表封堆呈圆形，由河卵石堆积而成，直径 10.6、高 0.4 米。墓室呈圆角长方形，位于石堆中部下。墓室较大，长 2、宽 1.5、深 0.9 米，内填大卵石、小砾石和黄土。在墓坑底部仅见有几根残碎的肢骨，不见其他骨骼和遗物。

　　M10　西为 M9，东为 M13。地表封堆呈圆形，由河卵石堆积而成。封堆直径 10、高 0.35 米。墓室较大，呈东西向圆角长方形，开口于封堆中部下。长 2.5、宽 2、深 1.5 米。墓室中填大卵石、小砾石和黄土。在墓底中部见有头骨残片，头骨旁有残陶杯 1 件。在墓室底部右侧出土有人的下颌、锁骨、肱骨等残块及羊骶骨 1 块。

　　M11　西北为 M12 和 M13。此处位置较高，地表封堆由河卵石堆积而成，呈圆形，直径 8.5、高 0.4 米。墓室较大，呈东西向圆角长方形。长 2.2、宽 1.6、深 1.7 米。在清理墓室填土时出有大量的马骨，包括肋骨、跖骨、牙齿等，在马骨上见有绿色铜锈痕迹。填土中还出土有 1 枚用陶器残片磨制而成的纺轮。墓主骨骼凌乱，不见头骨，四肢骨骼集中堆积在墓室南侧，肋骨、锁骨、肢骨、椎骨集中位于墓室东北角。

　　M20　地表封堆由河卵石堆积而成，呈圆形，直径 5.6、高 0.3 米。墓室为长方形竖穴土坑，开口于封堆中部下。墓室长 2.3、宽 1.3、深约 1 米。墓室内填卵石和黄土。在墓室填土中出有 1 件夹砂红陶杯（已残）。墓主骨骼全部酥碎，呈粉状。葬式侧身屈肢，头向西北。

　　M21　南为 M20，北为 M22。地表封堆由河卵石堆积而成，呈圆形，直径 4.4、高 0.25 米。墓室呈圆角长方形，开口于封堆中部下。墓室较浅，长 2.4、宽 0.9、深 0.3 米。墓室口置长条状石块，墓室内填卵石和黄土。墓主骨骼保存较差，头骨已残碎。葬式仰身直肢，头西脚东。在肱骨右侧出土有 1 件"十"字形铁器和 1 件残铁钩。清理墓主身上时见有已酥碎的绮类织物（图五、图六）。

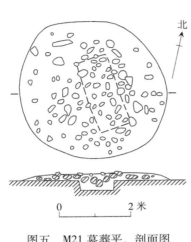

图五　M21 墓葬平、剖面图

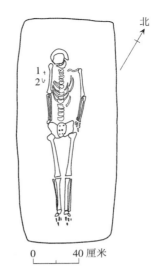

图六　M21 墓室平面图
1. 铁器　2. 铁钩

　　M22　地表封堆由黄土夹河卵石堆积而成，呈圆形。直径 7.4、高 0.3 米。封堆下为圆角长方形竖穴土坑墓室，较浅，长 1.9、宽 0.9、深 0.6 米。墓口有填石，墓室内填沙砾土，填土中见有夹砂红陶片若干。在墓室底部埋葬有一个婴儿，骨骼已经全部散乱，从残存的骨骼看，墓主仰身直肢，头西脚东。

　　M24　北为 M25。墓葬地表为石堆，封堆南侧部分因修路被破坏，北侧部分大致呈半圆形。墓室为东北—西南向圆角长方形竖穴土坑，开口于封堆中部下。墓室长 2.2、宽 1、深 0.9 米。墓主下身肢骨保存较好，上身骨骼基本不存。无头骨，仅存下颌，牙齿磨损严重。根据残存骨骼推测墓主为 50 岁左右女性，葬式仰身直肢。在墓室西侧近壁处出土有 2 件陶器，较大一件为单耳罐，另一件为双耳杯（图七、图八；图版一九，1）。

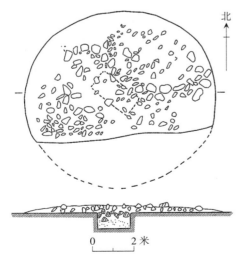

图七　M24 墓葬平、剖面图

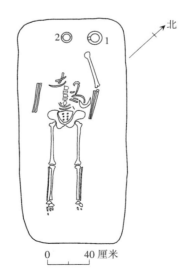

图八　M24 墓室平面图
1. 陶罐　2. 陶杯

M26　南为 M25。墓葬地表封堆由河卵石堆积而成，呈圆形，直径 7.5、高 0.2 米。墓室为竖穴土坑，开口于封堆下东侧。墓室长 2.3、宽 1.3、深 1 米。墓主人骨上半身被扰动，集中堆积在一起，无颅骨，只有下颌骨；下半身保存基本完整，两腿紧靠一起。从残存骨骼看墓主为 50 岁左右男性，葬式仰身直肢，头西脚东，无任何遗物。

M32　地表封堆由大卵石和小砾石堆积而成，呈圆形。直径 7.5、高 0.5 米。墓室为竖穴土坑，大致呈长方形，长 2.6、宽 1.5、深 1.4 米。位于封堆中部下。墓室内填有大卵石、小砾石和黄土。在深 0.5 米处填土中见有一根肱骨和几根肋骨。另见碎陶片和 2 枚珠子。在深约 1 米处的墓室东南角发现 1 件红陶罐（已残碎为数片），在西南角发现 1 件灰陶罐，出土时放置在一处用几块卵石垒砌规整的小石堆中部。在深 1.4 米处的墓室东侧近壁处，出土有穿金环的红玛瑙珠 1 枚。墓室底部不见其他人骨。

M39　地表封堆呈圆形，由青灰色河卵石堆积而成。封堆直径 5.8、高 0.5 米。墓室位于封堆中部下，为竖穴土坑墓。在墓口填有大卵石，在墓室中填沙砾。墓室长 2.5、宽 1.6、深 1.3 米。填土中出有朽蚀的木头。墓主为老年男性，骨殖集中堆积在墓室中部。在墓主身体左侧出土有桦树皮质箭箙残片和铁刀残片，在头骨西侧出土有一段羊腿骨。

M40　北为 M38，地表封堆由卵石堆积而成，大致呈圆形。直径 7.3、高 0.4 米。墓室为东西向长方形竖穴土坑，开口于封堆中部下。在墓口有一处直径 40、厚 1 厘米左右的灰烬层。墓室长 2.4、宽 1.2、深 1.5 米。墓室中填有大卵石和沙土。墓主人骨已被扰，头骨位于墓室西侧，其他骨骼集中堆积在墓室中部，见有下颌、股骨、肋骨、椎骨、肩胛骨等，有的骨骼上残留有绿色铜锈痕迹。从残存骨骼推测墓主为中年男性。在墓室填土及人骨旁出土有二十余件花瓣状铜饰件，在人骨下出有桦树皮质箭箙残片、骨弓弭、骨片、铁刀及残铁箭镞。

M41　地表封堆由几块卵石围砌而成，呈石围状。封堆直径 3.1、高 0.2 米。封堆下为长方形竖穴土坑墓室，长 2.3、宽 1.1 米。在深 50 厘米处填土中见有骨渣数块，无任何遗物。

M43　北为 M44，地表封堆呈圆形，部分石块缺失。直径 7、高 0.3 米。在封堆南侧有一小的石围。墓室为竖穴土坑，位于封堆中部下偏东侧。墓室内填黄土和卵石，墓口处石块较多。墓室呈长方形，长 2.3、宽 1.4、深 2.1 米。墓主为老年女性，位于墓室西侧，头北脚南，仰身直肢，盆骨及下身肢骨被扰。在头骨两侧各出有耳环 1 件，头部北侧随葬有 1 只山羊。在填土中出有 2 枚铜戒指、5 件铜饰，另见有残断的铁刀及残碎的铁箭镞、铁马镫等遗物（图九、图一〇）。

（二）竖穴石棺墓

5 座。

M2　北为 M3，东北为 M4。地表封堆由河卵石堆积而成，较小，呈圆形。直径 4.5、高 0.3 米。墓室为东西向竖穴石棺，开口于封堆东侧下。墓室两端由两块片状卵石竖插围砌呈石棺状。石棺长 1、宽 0.5、深 0.35 米。在墓室底部平铺有扁平的河卵石。墓主为幼儿。头西脚东，仰身直肢。除头骨外，其他骨骼已经酥碎，但骨骼数量基本完整。在墓主头骨两侧各出土有 1 枚铜耳环（图一一、图一二；图版一六，2）。

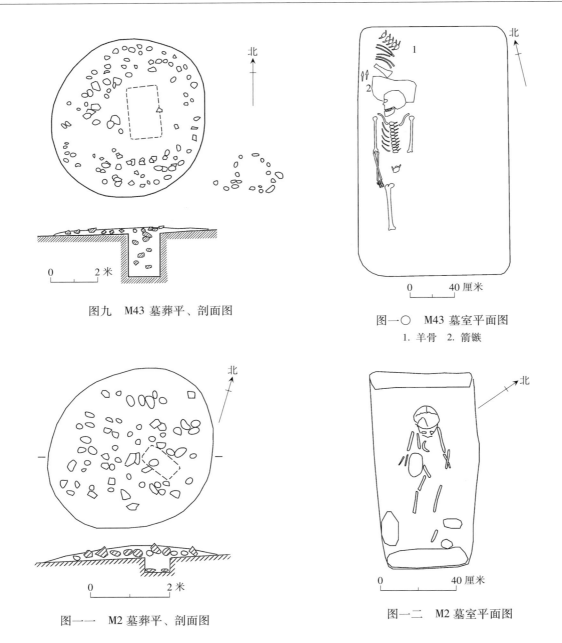

图九　M43 墓葬平、剖面图

图一○　M43 墓室平面图
1. 羊骨　2. 箭镞

图一一　M2 墓葬平、剖面图

图一二　M2 墓室平面图

　　M6　南为 M5，北为 M7。地表封堆呈圆形，由河卵石堆积而成。直径 10、高 0.45 米。墓室位于封堆中部下，为长方形竖穴石棺，内填卵石、小砾石和黄土。从墓口下 1.2 米处开始出土大量的羊骨，但骨肢散乱，从出土骨肢推测墓室中随葬有一整只羊。墓坑底部用板状山岩石围砌成石棺，在岩石板上方又用扁平的卵石平铺数层。墓主位于石棺内，头西脚东，其中头骨被扰动，头骨和下颌及身体其他部位骨肢不在同一层位，下颌骨位于西北角。在头骨西侧置有 1 件小陶杯，杯旁见有羊骶骨 1 块。肱骨右侧近壁处置有 1 件陶瓶。在肱骨左侧近壁处，放置有 2 件陶钵，西侧一件已经酥碎，为灰陶，直径 14 厘米（图一三、图一四；图一七，2）。

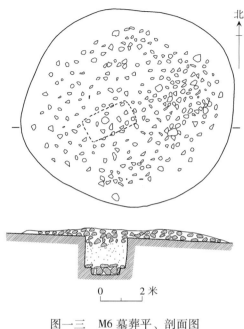

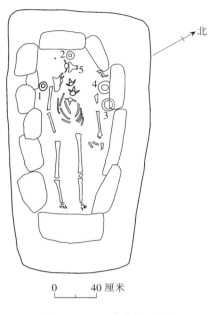

图一三 M6 墓葬平、剖面图

图一四 M6 墓室平面图
1. 陶瓶 2. 陶杯
3、4. 陶钵 5. 羊骨

M7 南为 M6，北为 M8。地表封堆由河卵石堆积，呈圆形，直径 10、高 0.5 米。墓室为东西向长方形竖穴土坑，开口于石堆中部下，长 2.4、宽 1、深 1.8 米，内填卵石和沙砾。墓室底部用大的板状卵石和山岩石板围砌成长方形石棺。上有板状山岩盖板。石棺长 1.9、宽 0.4~0.5、深 0.4 米。墓主位于石棺内，仰身直肢，上身被扰动，头骨不存。右侧盆骨扰动至头部位置。从盆骨推测墓主为中年女性。在墓主左手旁置有 1 块椭圆形铜饰（残碎）（图一五、图一六；图版一八，1）。

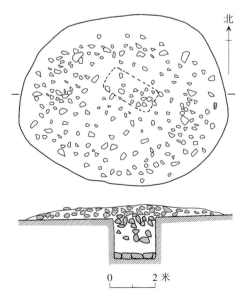

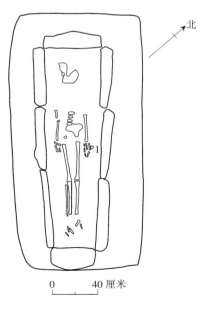

图一五 M7 墓葬平、剖面图

图一六 M7 墓室平面图
1. 铜饰

　　M8　西南为M7。地表为圆形石堆，直径5.8、高0.25米。墓室为东西向长方形竖穴土坑，开口于封堆中部下，长1.9、宽1.3、深1.25米。在墓室中填卵石和黄土。墓室底部用板状山岩石紧贴墓壁围砌成石棺状，边缘用扁平卵石平铺数层。石棺上有盖板，但已残碎。石棺长1.4、宽0.55、深0.5米。墓主头骨被扰动，下颌骨置于胸部处。骨骼酥碎严重，大致可见墓主葬式为仰身直肢，头西脚东。墓主年龄性别不明。在清理中，发现大量残碎的陶片，有夹砂红陶和灰陶。在墓主盆骨右侧放置有带乳钉纹的陶钵1件，在墓室西侧放置有陶器2件，已残碎，无法提取，其中一件器形可辨为单耳杯。在左手外侧近壁处，也置有陶器1件，也已酥碎，不辨器形（图版一八，2）。

　　M27　墓葬地表为石堆，呈圆形，直径9.1、高0.8米。墓室为东西向长方形竖穴土坑，开口于封堆中部下。墓室中填黄土和卵石，长2.55、宽1.2、深2.3米。墓室底部先用大的石板围砌成石棺状，然后在石板上横向平铺5层扁平的河卵石，石棺上方用板状山岩石作为盖板。墓主为青年女性，仰身直肢，头西脚东，上半身被扰动，下半身保存完整。在身体右侧发现有眉笔1支、羊距骨2枚（图一七、图一八；图版二〇，2）。

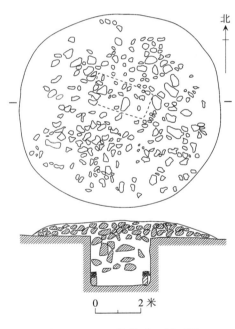

图一七　M27墓葬平、剖面图

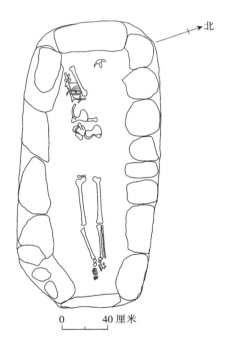

图一八　M27墓室平面图

（三）竖穴洞室墓

　　5座。

　　M16　北为M17。地表封堆为圆形石堆，直径5、高0.4米。墓室为东西向竖穴土坑洞室墓，开口于封堆中部下。竖穴土坑长1.9、宽1.3、深1.3米，墓坑内填黄土和卵石。洞室位于竖穴土坑西侧，长2.3、宽1.4、高0.86米。在洞室填土中出土铜带饰1件。在洞室中见有2具骨骼，头骨被扰动，下侧骨骼保存基本完好。根据盆骨、肢骨等未被扰动的骨骼推测，墓主葬式为仰身直肢，头南脚北。其中左侧骨骼为男性，在股骨右侧出土有 1 把铁刀，在右侧肱骨旁见有 1 件铜耳环；右侧骨骼为女性，其头顶与墓壁间放置 1 件木盘，盛装有羊肩胛骨和铁刀。男、女墓主年龄均在 40 岁左右。墓室北壁用卵石垒砌至顶，经清理不见任何遗迹现象（图一九、图二〇）。

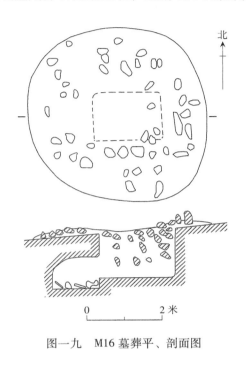

图一九　M16 墓葬平、剖面图

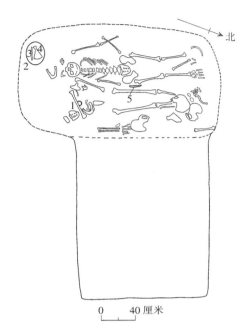

图二〇　M16 墓室平面图
1. 铜耳环　2. 木盘
3、5. 铁刀　4. 羊肩胛骨

M17　南为 M16，北为 M31。地表封堆以河卵石堆积而成，不见任何黄土。直径 6.5、高 0.4 米。在封堆偏东侧竖立有青灰色天然石柱。高 0.8、直径 0.35 米。墓室为东西向竖穴土坑洞室墓，开口于封堆中部下，竖穴中填卵石和黄土。长 2.4、宽 1、深 1.6 米。在竖穴土坑底部东侧有散乱马骨，仅见牙齿、腿骨、肋骨等。洞室位于西侧，长 2、宽 1.1、高 0.75 米。墓主位于洞室内，骨骼保存较好，头南脚北，仰身直肢。为 40 余岁男性，部分牙齿已经脱落，牙槽愈合。在肱骨右侧出土有 1 对弓弣，盆骨处见有 1 件铁刀（已残碎为数段），胸部左侧见有 1 枚铜饰。身体右侧下出土有大量的残碎铁件，后面带有细的木杆，推测残铁件为箭镞。在身体左侧下出土有大量的桦树皮碎片，应为酥碎的箭箙残片。另在填土中出土有锈蚀的铁器残片数块及 1 件骨饰，骨饰外侧有数个圆圈纹，推测为箭箙外侧装饰物（图二一、图二二）。

M33　南为 M34。地表封堆以河卵石堆积而成，平面呈圆形，中部塌陷。直径 5.8、高 0.6 米。墓室为竖穴土坑洞室，开口于封堆中部下。竖穴内上侧填大卵石和黄土，下侧填纯黄土。长 2.5、宽 1.2、深 1.8 米。竖穴内深 1.6 米处出土有半截尺骨。洞室位于竖穴西侧，长 1.6、宽 0.8、高 0.9 米。墓主上身被扰乱，头骨与肋骨、肩胛骨、尺骨等堆积在一起。下身保存完整。从残存骨骼推测，墓主仰身直肢，头向南。墓主为未成年，性别不明。在墓主头骨右侧见有铁器残块，左侧见有残碎三棱铁箭镞。股骨左侧见有 1 对弓弣，弓弣旁有 1 件环状铁器残块，可能为铁刀后端部分。

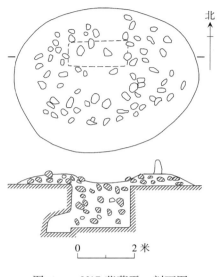

图二一　M17 墓葬平、剖面图

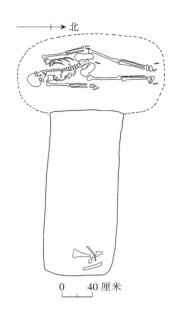

图二二　M17 墓室平面图

　　M34　北为 M33，南为 M35。封堆由河卵石堆积而成，中部塌陷，呈圆形。直径 4.7、高 0.5 米。墓室为竖穴土坑洞室，开口于封堆中部下。竖穴土坑内上方填卵石夹黄土，下侧填纯黄土，长 1.8、宽 1、深 1.8 米。洞室位于西侧，长 1.8、宽 0.85、高 1.2 米。墓主上身被扰动，下身保存完好。从残存骨骼推测，墓主为壮年男性，葬式仰身直肢，头向南。在墓主头骨右侧置有羊肩胛骨 1 片，羊肋骨若干，残铁器 1 件。在头骨左侧上方也见有残碎铁器。身体左侧见有长约 60 厘米的桦树皮痕迹，呈白色，可能为箭箙残片。在桦树皮下出有 1 件弓弣。另在两股骨间出土有 1 条状铁器，推测可能为铁刀（图二三、图二四）。

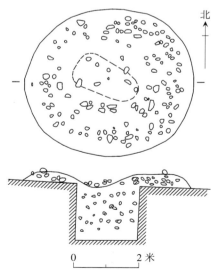

图二三　M34 墓葬平、剖面图

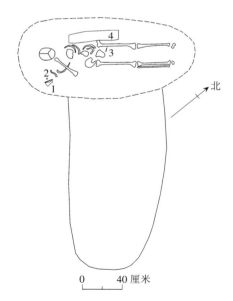

图二四　M34 墓室平面图
1. 羊骨　2. 铁器　3. 铁刀　4. 箭箙

M35 北为 M34，墓葬地表封堆为圆形石堆，中部塌陷。封堆直径 7、高 0.4 米。墓室为竖穴土坑洞室，竖穴土坑内填黄土夹卵石，长 1.85、宽 1.1、深 1.5 米。墓室填土中见有大量马骨，有腿骨、肋骨、椎骨等，但不见头骨。洞室位于竖穴土坑西侧，长 2.1、宽 0.55、高 0.95 米。在洞室内见有大量散乱的人骨，从残存骨骼推测，墓主为壮年男性，头南脚北。在洞室南侧见有残碎的铁器残块，锈蚀严重，有箭镞、铁环等；在中部见有锈蚀的铁刀、铁剑各 1 把，铜铊尾 1 枚。其中铁剑柄部带环，较厚重；中部偏左侧处出土 1 枚穿孔羊距骨；东侧出土有桦树皮残块。

（四）竖穴偏室墓

6 座。

M19 紧邻河岸边，地表封堆由河卵石堆积而成，呈圆形，直径 6.1、高 0.4 米。墓室为竖穴偏室，开口于封堆中部下。竖穴呈东西向长方形，长 1.9、宽 1、深 1 米。竖穴中填卵石和黄土。在深约 0.7 米处开始出土马骨。在填土中还出有 1 件铜带扣、箭簇残片和骨饰。竖穴底部有凌乱的马骨。偏室位于竖穴北壁，长 1.9、宽 0.7、高 0.45 米。人骨位于偏室内，仅存头骨、下颌骨、盆骨、肩胛骨、椎骨等。根据残存骨骼推测，墓主为 45 岁左右的男性，葬式仰身直肢，头西脚东。在颈部右侧见有玛瑙珠 1 枚，左侧见有多枚体形硕大的铁箭镞。在腰部附近清理出几枚铜带扣，上粘有皮革和衣服残片，可能为墓主腰带扣。在墓主头部西侧放置有马头 1 个，保存较完整，在马嘴处见有铁马衔 1 枚，一端有圆环（已经残碎为数块）。其余马骨位于南侧，多残碎，有马的盆骨、肋骨、牙齿等。根据骨骼推测，马也是东西向俯卧埋葬。在马骨集中处，出有铁器残片若干，根据器形推测为马镫残片（图二五、图二六）。

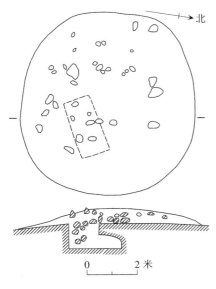

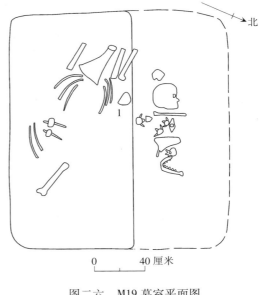

图二五 M19 墓葬平、剖面图　　　　图二六 M19 墓室平面图
　　　　　　　　　　　　　　　　　　1. 铁马镫

M28 北为 M29。墓葬地表仅见稀疏的卵石，封堆呈圆形。直径 4.7、高 0.1 米。墓室为竖穴偏室，

开口于封堆中部下。竖穴中填黄土和卵石，长2.4、宽0.7、深1米。竖穴底部南侧有二层台，宽约0.4、高0.2米。偏室位于竖穴北壁，长2.4、宽0.7、高0.55米。在竖穴填土中出有1件骨弓弣。偏室内人骨散乱，头骨位于墓室西侧，东侧散乱堆积有肱骨、肩胛骨、椎骨等。清理完散乱骨殖后，其下为未被扰动的腿骨，两腿紧靠。根据残存人骨推测，墓主为50岁左右男性，仰身直肢，头西脚东。

　　M29　南为M28。墓葬地表为石堆，封堆卵石稀少。直径2.4、高0.1米。墓室为竖穴偏室。竖穴为东西向圆角长方形，开口于封堆中部下。竖穴内填黄土和卵石。长0.7、宽0.5、深0.8米。竖穴底部南侧有二层台，宽0.3、高0.15米。偏室位于竖穴北壁，长0.7、宽0.3、高0.4米。墓主为儿童，骨头酥碎，仰身直肢，头向西，不见任何遗物（图二七、图二八；图版二一，1）。

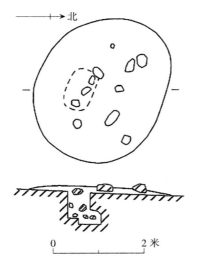

图二七　M29墓葬平、剖面图

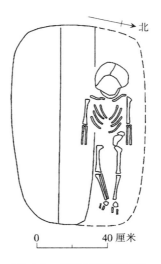

图二八　M29墓室平面图

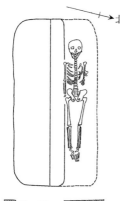

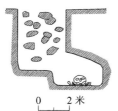

图二九　M31墓室
平、剖面图

　　M31　南为M17，西为M18。墓葬地表封堆较小，由两列卵石堆积而成。长2.6、宽0.9米。墓室为长方形竖穴偏室，开口于封堆中部下。竖穴内填石块和黄土。长2.2、宽0.6、深0.85米。在竖穴填土中出土有陶片1块。竖穴底部南侧有二层台，宽0.4、高0.2米。偏室位于竖穴北壁，长2.2、宽0.7，高0.5米。在二层台与偏室同一水平面上东西向铺有一层松树原木。墓主位于偏室内，为50岁左右女性。骨骼保存完整，着红色绢衣（绢衣已经酥碎炭化，部分已呈黄灰色）。仰身直肢，头西脚东。墓主身下铺有一层芦苇（已成灰），在左股骨外侧出土1枚铜带饰（图二九）。

　　M36　东为M33，地表封堆呈圆形，石块较少，中部塌陷。封堆直径7.2、高0.7米。墓室为竖穴偏室，开口于封堆中部下。竖穴长2、宽1.3、深1.4米。竖穴内填黄土及少量石块。竖穴底部南侧有二层台，宽0.7、高0.3米。偏室位于竖穴北壁，长2、宽0.5、高0.6米。墓主骨殖散乱，除胫骨未被扰动外，其他骨骼均移位，头骨位于西北角。从残存骨骼推测，墓主为老年女性，仰身直肢，头西脚东。在人骨下见有朽蚀松木痕迹。在头骨旁见有羊肩胛骨1块。

M37　东为 M32。地表封堆由大小不一的卵石堆积而成，呈圆形，直径 9.2、高 0.3 米。墓室为竖穴偏室，竖穴平面为东西向圆角长方形，开口于封堆中部下。长 2.3、宽 1.2、深 2.4 米。内填黄土和卵石。在竖穴底部东西向殉葬有 1 匹马，无头，其他骨骼均完整。在盆骨、肋骨和椎骨上见有绿色铜锈痕迹。在马骨旁填土中及肋骨下各出有铜带饰 1 枚，另在填土中见有锈蚀的铁渣。偏室位于竖穴近底部北侧，底较竖穴底部略高。偏室长 2.3、宽 0.7、高 1 米。墓主位于偏室内，骨骼已被扰乱，集中堆积在偏室西端，但骨骼数量基本完整。从头骨观察，人字缝基本已愈合。牙齿掉光后，齿槽也已愈合，结合盆骨情况，推测墓主为老年女性。由于骨骼被扰动严重，葬式不明。在偏室口见有大量的木屑及柱洞，从清理痕迹来看，推测在墓主与殉马之间有木桩隔梁（图三〇、图三一）。

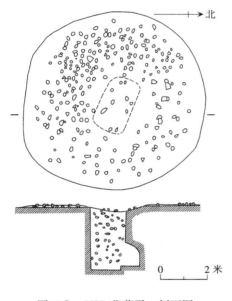

图三〇　M37 墓葬平、剖面图

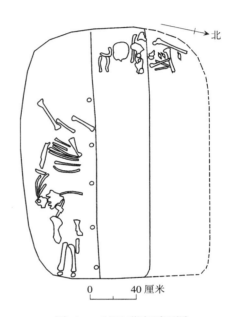

图三一　M37 墓室平面图

（五）竖穴石室墓

2 座。

M12　西为 M13。墓葬地表封堆为石堆，呈圆形。直径 6、高 0.3 米。墓室位于封堆中部下，较浅。墓室周缘用卵石围砌成石室状，石室不规则，仅见右侧几块卵石。长 1.9、宽 1.4、深 0.45 米。石室中葬一人，骨骼酥碎，多已不存，仅可分辨出墓主葬式仰身直肢，头西脚东。从残碎骨骼推测墓主为儿童。不见任何遗物。

M14　南为 M13，东为 M12。地表封堆为圆形石堆。封堆直径 7，高 0.4 米。墓室位于封堆下。墓室口有填石，长 2.2、宽 1.9、深 0.63 米。墓室周缘用石块垒砌，围成石室状。石室中葬有一个小孩，头西脚东，仰身直肢，骨骼多已酥碎，仅可分辨出人形，不见任何随葬品（图三二、图三三）。

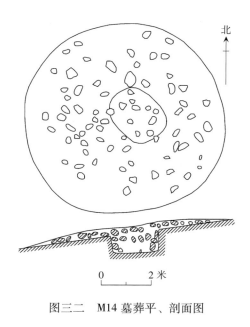

图三二　M14 墓葬平、剖面图

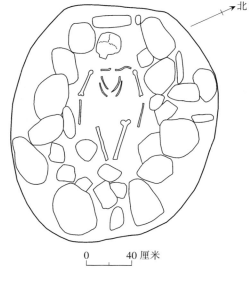

图三三　M14 墓室平面图

（六）无墓室墓

9 座。

M1　北为 M2。地表封堆呈圆形，由青灰色河卵石堆积而成。封堆直径 6、高 0.3 米。封堆下无墓室。封堆中出土有 1 件陶罐（图三四）。

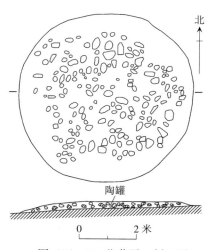

图三四　M1 墓葬平、剖面图

M4　西为 M3，地表封堆由卵石堆积而成，大致呈圆形。直径 3.8、高 0.2 米。不见任何骨殖和遗迹现象。

M13　北为 M14，东为 M12。地表封堆由河卵石堆积而成，大致呈圆形，直径 8~10 米，高 0.25 米。封堆下为生土层，不见任何骨殖和遗迹现象。

M15　地表封堆由河卵石堆积而成，呈圆形，直径 5.5、高 0.35 米。封堆下为生土层，不见任何骨殖和遗迹现象。

M23　地表封堆由河卵石堆积而成，呈圆形，直径 6.7、高 0.3 米。封堆下为生土层，不见任何骨殖和遗迹现象。

M25　地表封堆由河卵石堆积而成，呈圆形，直径 6.7、高 0.3 米。封堆下不见墓室，仅见有大量的红烧土和灰烬。

M30　地表封堆由河卵石堆积而成，呈圆形，较小，直径 3.4、高 0.2 米。封堆下为生土层，不见任何骨殖和遗迹现象。

M38　南为 M40，地表为椭圆形石堆，较小。直径 2.8~3.5 米，高 0.2 米。封堆不见墓室和任何遗迹现象。

M42　地表仅有几块卵石堆积，直径 2.5、高 0.1 米。封堆下无墓室和任何遗迹现象。

（七）葬马墓 2座

M18 东南为M17。地表封堆由河卵石堆积而成，呈圆形，直径5、高0.3米。墓室为长方形竖穴土坑，开口于封堆中部下。墓室中填卵石和黄土，长2.7，宽1.6，深1.3米。填土中出土有羊腿骨1段，在距离墓口深约1米处开始出现零星马骨。在墓室底部随葬有1匹完整的马，马骨散乱。马骨旁出有1件铜带扣，另见有数片残碎铁块，经拼对推测为马镫残片。墓室中不见任何人骨（图版一九，2）。

M44 南为M43。地表封堆呈圆形，中部卵石较少。封堆直径7.6、高0.4米。墓室为竖穴土坑，开口于封堆中部下。墓室呈长方形，长2.3、宽1、深1.5米。在墓室中填黄土和卵石。墓室底部埋葬有1匹马，无头骨。部分马骨上见有铜锈痕迹。在马的颈部左侧出土有铜饰件6枚，在肋骨左侧发现铁马镫1件（已残碎）（图三五、图三六）。

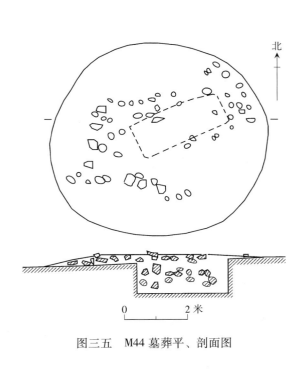

图三五 M44墓葬平、剖面图

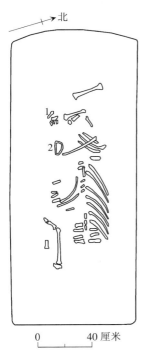

图三六 M44墓室平面图
1 铜饰 2 铁马镫

三 出土器物

墓地出土遗物50余件（组）。质地有陶、铜、铁、石、骨、木等，其中小件器物较多。

陶器，共有12件，主要出土于竖穴石棺和竖穴土坑中。质地有夹砂红陶、夹砂灰陶两种。制作方法均为手制，素面。器形有钵、杯、罐、瓶四种。另出土1件用陶器碎片磨制而成的纺轮。

钵 3件

M3：1 夹砂灰陶，手制，敛口，圆唇，弧腹，平底。在肩部等距离饰有3个乳钉纹。口径

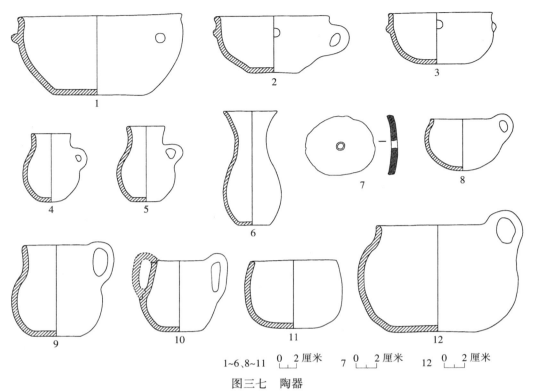

1~6、8~11 0　2厘米　　7 0　2厘米　　12 0　2厘米

图三七　陶器

1～3. 陶钵（M3：1、M3：2、M6：3）　4、5、8、10、11. 陶杯（M3：4、M6：2、M10：1、
M24：2、M1：1）　6. 陶瓶（M6：1）　7. 纺轮（M11：1）　9、12. 陶罐（M3：3、M24：1）

18.5、高9.3厘米（图三七，1；图版二一，3）。

　　M3：2　夹砂红陶，手制，敛口，圆唇，弧腹，平底。在肩部一侧饰桥形单耳，对应三侧饰乳钉
纹。口径13.5、高6.5厘米（图三七，2；图版二一，4）。

　　M6：3　夹砂灰陶，敛口，平沿，尖唇，弧腹，自然状平底。在肩部饰有4个乳钉纹。口径
11.5、高5.7厘米（图三七，3；图版二二，4）。

　　杯　5件

　　M1：1　夹砂红陶，手制。敛口，平沿，尖圆唇，腹微鼓，自然状平底。制作较粗糙，外壁凹凸
不平。口径8.5、高8.3厘米（图三七，11；图版二一，2）。

　　M3：4　夹砂灰陶，手制，侈口，圆唇，束颈，溜肩，鼓腹，圜底。口沿残，在肩部饰桥形单
耳。口径4.5、高8厘米（图三七，4；图版二二，1）。

　　M6：2　夹砂红陶。手制，侈口，尖圆唇，束颈，鼓腹，小平底。肩部饰桥形单耳，外壁呈灰黑
色。口径4.5、高9厘米（图三七，5；图版二二，3）。

　　M10：1　夹砂红陶，手制，侈口，平沿，尖圆唇，束颈，鼓腹，圜底。在口沿至腹部饰宽带状
桥形耳。外壁有烟炱痕迹。口径7.8、高5.5厘米（图三七，8；图版二二，5）。

　　M24：2　夹砂红陶，手制，敛口，平沿，方唇，束颈，溜肩，鼓腹，平底。在口沿至肩部有对
称桥形耳（一耳残）。口径7、高9厘米（图三七，10；图版二二，7）。

罐　5 件

M3：3　夹砂红陶，手制，侈口，尖圆唇，束颈，鼓腹，平底。在口至肩部饰宽带状桥形耳。外壁有烟炱痕迹。口径 9、高 11 厘米（图三七，9；图版二一，5）。

M20：1　残，夹砂红陶，手制，口沿缺失，束颈，鼓腹，平底。残高 13.5、最大腹径 11.5 厘米。

M24：1　夹砂红陶，手制，侈口，尖唇，束颈，鼓腹，平底。在口沿至肩部饰宽带状桥形单耳。外壁有烟炱痕迹。口径 12、腹径 14.5、高 10.5 厘米（图三七，12；图版二二，6）。

M32：2　残碎，夹砂灰陶，器形为侈口，束颈，鼓腹，平底。在口沿至腹部饰宽带状桥形耳。残高约 15 厘米。

M32：3　残碎，夹砂红陶，从残碎陶片推测器形为侈口，尖唇，束颈，鼓腹，圜底近平。残高约 13 厘米。

瓶　1 件

M6：1　夹砂红陶，手制，敞口，尖唇，长束颈，溜肩，鼓腹，小平底。口沿微残，外壁见烟炱痕迹。口径 6.3、高 13.6 厘米（图三七，6；图版二二，2）。

纺轮　1 件

M11：1　由残碎夹砂红陶片磨制而成，大致呈圆形，中部有穿孔，内侧凹。直径 6~6.5、厚 0.6 厘米。孔径 0.8 厘米（图三七，7）。

铜器，有铜饰件、耳环、戒指等。其中铜饰件较多，主要为墓主腰带或殉马身上佩饰，器类有带扣、带饰、铊尾等。

铜耳环　3 对（件）

M2：1　1 对，锈蚀严重，圆环状，下端有半球状坠饰。环径 1.8 厘米（图三八，10）。

M16：2　1 件，呈圆环状，由一根直径 0.3 厘米、一端带鼻穿另一端尖的铜丝弯曲而成。环内径 4.5 厘米（图三八，7；图版二三，2）。

M43：3　1 对，呈环状，由 0.3 厘米左右的铜丝弯曲而成，直径 2.8 厘米（图三八，11）。

铜戒指　2 件

M43：2　由铜丝打制而成。一件戒面凸起；一件戒面平，戒面一侧有凸点。由于锈蚀严重，戒面有无图案纹饰不明。环径均为 1.9 厘米（图三八，12；图版二四，3）。

铜饰件　数量较多，共 12 件（组）。

M16：1　铜带饰，呈长方形，一端残。外侧平，内侧凹，内侧一角残存有铆钉，推测原先内侧四角可能均有铆钉。长 3.7、宽 2.1 厘米（图三八，1）。

M18：1　铜带扣，不规则方形铜环，铁舌，长 2 厘米（图三八，5）。

M19：1　铜带扣，2 件，一大一小，大的一件为椭圆形扣环，铜扣舌。扣柄呈长方形，为两片合并。内夹有皮革，两片间用铁铆钉铆接，外侧粘有衣服残片。三者间由扣轴相连接。通长 5.5、最宽处 4 厘米（图三八，9；图版二三，3）；另一件体形较小，环扣呈椭圆形，扣舌为铜质，扣柄呈圆角长方形。三者之间由铁质扣针相连接。扣柄上见有铁质铆钉，通长 2.5 厘米。

M19：2　铜锊饰，2 件，呈半圆形，上下两片分别制作，一片带铆钉，一片有穿孔，中间夹皮革

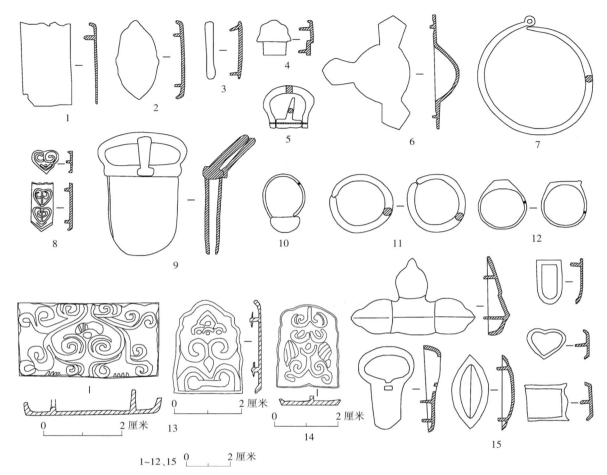

图三八　铜器

1~3、6、8. 带饰（M16：1、M37：1、M31：1、M37：2、M40：1）　4、14. 铊尾（M35：4、M19：7）　5、9. 带扣（M18：1、
M19：1）　7、10、11. 耳环（M16：2、M2：1、M43：3）　12. 戒指（M43：2）　13. 带饰、铊尾（M43：1）　15. 饰件（M44：1）

后铆制。长3、宽1.9厘米。

　　M19：7　铜铊尾，1件，圆头长方形，外侧平，饰花卉纹；内侧凹，有铆钉。长2.7、宽1.5厘米（图三八，14；图版二三，5）。

　　M31：1　铜带饰　呈长条状，外侧微弧，内侧凹，内侧两端有柱状铆钉。长2.6厘米（图三八，3）。

　　M35：4　铜铊尾　呈蘑菇状，外侧平，内侧凹，有两个柱状铆钉。通长1.6、宽1.5厘米（图三八，4）。

　　M37：1　铜带饰，椭圆形，两端呈尖状。外侧弧圆，内侧凹，内侧近两端有柱状铆钉。通长3.5、宽1.8厘米（图三八，2）。

　　M37：2　铜带饰，呈"龟状"，中间呈半球形，侧面接三个菱形"触角"，背面内凹，在"触角"下有柱状铆钉。横长5.7、高4厘米（图三八，6；图版二三，4）。

　　M40：1　铜带饰，共40枚，有两种形制，一种呈长条状，共两枚。外侧表面饰花卉纹，内侧凹，两端各有一个柱状铆钉。长2.1、宽0.9厘米；另一种呈心形，外侧饰花卉纹，内侧有铆钉。长0.9厘米（图三八，8；图版二四，1）。

M43：1　铜饰件，共5件，有铐饰、铊尾等。其中有两件保存较好，一件为铐饰，呈长方形；另一件为铊尾，呈圆头长方形。外侧均饰花卉纹，内侧两端有柱状铆钉。完整者长2.6~3、宽1.8厘米（图三八，13；图版二四，2）。

M44：1　铜带饰，有带扣、铊尾、椭圆形铐饰、心形铐饰、长方形铐饰、"T"状铐饰。带扣1件，为椭圆形扣环，扣舌缺失，圆头长方形扣柄，扣柄内侧有两个柱状铆钉，长3.8厘米；铊尾1件，呈圆头长方形，外侧微弧，内侧凹，一侧有柱状铆钉，长2.1、宽1.1厘米；椭圆形铐饰7件，外侧微凸，中部起脊，内侧凹，内侧两端有柱状铆钉，长3.1、宽1.7厘米；心形铐饰1件，较小，内侧有一个柱状铆钉，最长1.6厘米；长方形铐饰1件，残，一侧方角，一侧弧角，长3.3、宽1.7厘米；"T"状铐饰1件，外侧弧凸，顶部起脊，内侧凹，有三个柱状铆钉，横长5.6、高3.7厘米（图三八，15；图版二四，4）。

铁器，有箭镞、马镫、铁钩、铁剑、铁刀、铁环等，器形多不完整。

铁箭镞　4件（组）

M17：2　前端锋、翼部位已经锈蚀残断，后端铤部保存基本完整，末端略细，残余有松木质箭杆痕迹。铤长6.5厘米；

M19：5　残，共3枚，体形较大，均为三翼，锋部锐利，其中两枚铤部残存有松木箭杆痕迹；另一枚只存前部，在翼部近脊处有穿孔。较完整一枚长8厘米（图三九，1）；

M35：3　共3枚，一枚保存略好，其余两件只存后端铤。箭镞为三翼，锋部圆钝，铤表面有朽蚀的松木箭杆残迹。残长6.5厘米（图三九，2）；

M40：3　残，锈蚀严重。双翼，锋不规则，铤部残。残长5.7厘米（图三九，3）。

铁马镫　2件

M19：6　上部残，呈不规则环状，镫踏呈扁椭圆形。环径14，镫踏宽7厘米（图三九，10；图版二六，1）；

M43：5　上部残，呈不规则圆环状，镫踏呈扁椭圆形。环径15、镫踏宽6.5厘米（图三九，7）。

铁钩　1件

M21：2　残断，由铁丝弯曲而成，后端粗，前端细。残长7、最大径1厘米（图三九，9）。

铁环　1件

M35：6　锈蚀，已残断为两半，直径5厘米（图三九，6）。

铁刀　1件

M43：4，残，仅存前端部分，直背，残长6.5、宽2厘米。另见有带环状铁器残块，可能为刀的柄端部分。

铁剑　1件

M35：1　残，锈蚀严重，残断为数段。现存部分残长15、宽2.7厘米。

残铁器　3件

M21：1　铁器，呈"十"字形，截面呈方形。左侧残断，上侧弯曲呈鼻状，残长5.5、高4厘米（图三九，5）；

M33：2　残，锈蚀严重，有的呈环状，可能为铁环或者铁刀后端部分；

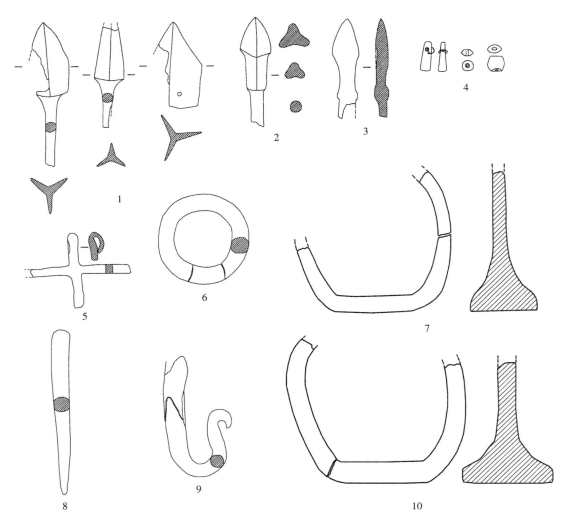

1~6、8、9　0 —— 2 厘米　　7　0 —— 2 厘米　　10　0 —— 2 厘米

图三九　铁器、石器

1~3. 铁箭镞（M19：5、M35：3、M40：3）　4. 珠子（M32：1）　5. 铁器（M21：1）　6. 铁环（M35：6）

7、10. 铁马镫（M43：5、M19：6）　8. 石眉笔（M27：1）　9. 铁钩（M21：1）

　　M35：2，锈蚀严重，数量较多，多呈条状，一侧薄，一侧厚，宽约 2.5 厘米，推测可能为铁刀残块；另外有的呈环状，可能为铁刀柄端部分。

　　石器，主要为珠子，另见有眉笔 1 支。

　　珠子　1 件（组）

　　M32：1　共 3 枚，一枚为红玛瑙，呈算珠形，剖面呈菱形，中部穿孔，直径 0.6、厚 0.3 厘米；一枚为绿松石，截面呈菱形，中部穿孔，长 0.8 厘米；另一枚红玛瑙质，呈扁柱状，一侧粗，一侧细，在细的一端有穿孔，穿缀有小金环。长 1.7 厘米（图三九，4；图版二六，3）。

　　眉笔　1 件

　　M27：1，呈青灰色，锥形，头端尖圆，后端扁平。通长 9.2 厘米（图三九，8；图版二六，2）。

　　骨器，主要为弓弣、骨饰等。

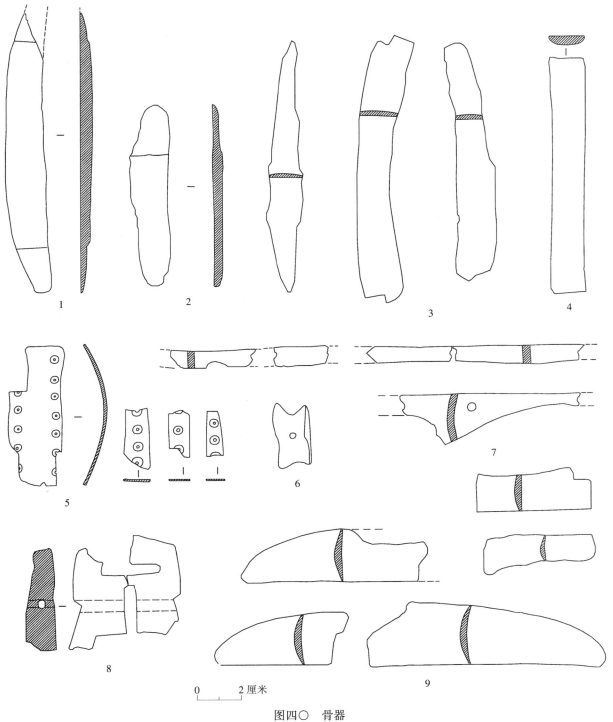

图四〇 骨器

1~3、9. 弓弴（M17：1、M34：1、M33：1、M40：2） 4、7. 骨片（M28：1、M40：4）
5. 骨饰（M17：3） 6. 羊距骨（M35：5） 8. 骨器（M19：3）

弓弴 4件（副）

M17：1 1副，残损。由动物骨骼磨制而成，呈扁条状。两面均有磨锯而成的斜线。两端外侧略薄。其中一件残长 12.5、宽 1.8 厘米；另一件残长 8、宽 1.7 厘米（图四〇，1；图版二五，1）。

M33：1　1 副，残损。由动物骨骼磨制而成，呈扁条状。两面均有磨锯而成的斜线。其中一件两端侧面有阶梯状刻槽，残长 12、宽 1.8 厘米。另一件残长 10.8、宽 1.7 厘米（图四〇，3；图版二五，2）。

M34：1　残，由动物骨骼磨制而成，呈扁条状，内侧平。残长 11.3、宽 1.2 厘米（图四〇，2）。

M40：2　均残断，共 5 片，由动物骨骼磨制而成，呈扁条状，内侧平，外侧弧。两面均有磨锯而成的斜线。其中最大一片，残长 10.5、宽 2.8 厘米（图四〇，9）。

骨饰　2 件

M17：3　已残碎为数块，外侧戳压有圆圈纹，内侧磨制平整（图四〇，5；图版二五，3）；M40：4　共 5 片，多呈窄条状，器表有穿孔。残长 2.5～8 厘米不等（图四〇，7）。

不明骨器　1 件

M19：3　块状，中部镂空，侧面有穿孔，用途不明。长 5、厚 0.9～1.7 厘米（图四〇，8；图版二五，4）。

骨片　1 件

M28：1　呈条状，外侧光滑，微弧；内侧削砍较平，隐约可见有用利器刻划的网格纹痕迹。长 10.7、宽 1.5、厚 0.3 厘米（图四〇，4）。

羊距骨　1 件

M35：5　呈乳黄色，中部有穿孔（图四〇，6）。

木器，共 2 件，均为箭箙残片。

M19：4　已残碎为小块，桦树皮质，在边缘有小的穿孔。

M39：1　已残碎为小块，桦树皮质。

四　结语

吉木萨尔县地处天山北麓中段，境内文物古迹众多，其中在山前地带及河流沿岸分布有大量古代墓葬。近年在吉木萨尔县境内及其周边地区发掘的墓葬有木垒县干沟墓地[1]，吉木萨尔县泉子街乱杂岗墓地[2]、大龙口墓地[3]，阜康市白杨河墓地[4]、大黄山煤矿一分厂墓地[5]、西沟墓地[6]、臭煤沟墓地[7]等。此次吉木萨尔县二工河水库墓地的考古发掘为进一步了解天山北麓中段古代墓葬的文化性质、年代、内涵等方面提供了一批新的对比材料。

二工河水库墓地墓葬形制有竖穴土坑墓、竖穴石棺墓、竖穴洞室墓、竖穴偏室墓、竖穴石室墓、无墓室墓及葬马墓七类，其中以竖穴土坑墓较多。各类墓葬交错分布，没有明显的分布规律。随葬器物有陶器、铜器、铁器、骨器、石器、木器等。综合墓葬形制、葬俗、葬式、随葬器物等特征来看，各类墓葬年代和文化性质有明显差别。

二工河水库墓地陶器、石器主要出土于竖穴土坑墓和竖穴石棺墓内。陶器器形有罐、钵、杯、瓶等，从器形看明显受到了苏贝希文化的影响，如 M24 中出土的双耳杯与苏贝希三号墓地、柴窝堡林场墓地Ⅱ号地点[8]出土的同类器物器形一致，这类陶器的特点是在口沿至肩腹部对称饰扁平的桥形宽带耳；竖穴土坑墓 M3 及竖穴石棺墓 M6、M8 等出土的陶器器形以钵、杯、罐（瓶）为组合方式，并随葬有羊骨和铁刀。其中出土陶钵与柴窝堡林场墓地、乌拉泊水库墓地[9]、阜康市臭煤沟墓地出土陶钵器形一致，通常在外侧饰三或四个乳钉纹；陶瓶与交河沟北墓地出土陶瓶一致[10]；陶杯形体较小，器形见于苏贝希文化第三期墓葬中[11]。综合这些因素初步推测出土陶器的竖穴土坑墓和竖穴石棺墓可能为苏贝希文化遗存，年代约为早期铁器时代晚期至汉代。该类墓葬中随葬器物以陶器为主，部分陶器外壁有烟炱痕迹，表明其为生活实用品；另外在墓葬中出土有少量的羊骨和铁刀，推测该类墓葬墓主主要从事半农半牧的经济活动。

铜器、铁器、骨器、木器主要出土于竖穴洞室墓及部分竖穴偏室墓、竖穴土坑墓内。其中铜器器形都很小，主要为带扣、铊饰、铊尾等铜带饰及耳环、戒指等装饰品。铜带饰有镶嵌在马鞍、笼头、肚带上的佩饰，也有镶嵌在墓主皮质腰带上的带扣。相同类型的铜带饰在木垒县干沟墓地、阜康市白杨河墓地、乌鲁木齐市萨恩萨伊墓地[12]、沙湾县宁家河墓地[13]、尼勒克县汤巴勒萨依墓地[14]、布尔津县也拉曼墓群[15]、宁夏吴忠北郊北魏唐墓[16]、南西伯利亚[17]等地均有发现。现发现的大量被认为是突厥石人的腰带上也刻划装饰有同类的带饰[18]。耳环多呈圆环状，其中有一种耳环较有特点，体形较一般耳环大，一端带鼻穿。一墓中只出一件，通常佩戴在墓主右侧耳部；铁器主要是箭镞和刀，因锈蚀，多无法提取采集。箭镞后部有铤，出土时铤部外侧残留有松木箭杆。多为三翼，个别为双翼，体形大。发现时多与箭箙在一起，可能随葬时箭置于箭箙内。另在墓主腰部附近常发现铁刀残片，由于锈蚀严重，器形多不辨；骨器主要为弓弣、骨饰。弓弣为镶固在弓外侧起加固作用的骨片。骨饰外侧一般有圆圈纹，是粘在桦树皮质地箭箙外侧的装饰物；木器为桦树皮做的箭箙，发现较多，但均不完整。在乌鲁木齐市萨恩萨伊、吉木萨尔县泉子街乱杂岗、昌吉市努尔加[19]等墓地有较完整箭箙发现。器形呈扁平状长方形。外侧多为素面，少数粘有带圆圈纹的骨片作为装饰。在乌鲁木齐市萨恩萨伊、尼勒克县汤巴勒萨依、阜康市白杨河等墓地的同类墓葬中，伴出有开元通宝、唐代花卉纹铜镜等文物，所以一般推测该类墓葬年代为唐代（个别墓葬年代可能晚至宋代）。

二工河水库墓地送检碳十四标本尚未检测完毕，但通过参考阜康市白杨河墓地同类墓葬碳十四测定数据，也可以为二工河水库墓地的绝对年代提供重要的参考依据。其中阜康市白杨河墓地竖穴偏室墓葬送检两组数据为：M25距今1395±30年，树轮校正年代为距今640~720年；M36距今1170±30年，树轮校正年代为距今860~1000年；竖穴洞室墓送检四组数据为：M12距今890±25年，数轮校正年代为距今1155~1260年；M13距今980±30年，数轮校正年代为距今1020~1170年；M16距今995±25年，数轮校正年代为距今1020~1060年；M37距今1155±25年，数轮校正年代为距今880~990年。通过阜康市白杨河墓地中同类墓葬的碳十四测定数据，也进一步印证了我们对该类墓葬年代的判断为唐代的正确性。

竖穴洞室墓、殉葬马的竖穴偏室墓等唐代墓葬内，主要出土马具、弓箭、铜带饰、铁刀等遗物，不见任何陶器出土，同时墓葬内随葬大量的马骨、羊骨，具有明显的游牧狩猎经济特征，而吉木萨尔县在南北朝至隋唐时期，生活着高车、铁勒、茹茹、突厥等众多游牧民族，特别是突厥族以此处为中心，逐步发展壮大起来。《周书·突厥传》记载："突厥者，盖匈奴之别种也，姓阿史那氏，别为部落。后为邻国所破，尽灭其族。有一小儿年且十岁，兵人见其小，不忍杀之，乃刖其足，弃草泽中。有牝狼以肉饲之。及长，与狼合，遂有孕焉。彼王闻此儿尚在，重遣杀之。使者见狼在侧，并欲杀狼，狼遂逃高昌国之北山。山有洞穴，穴内有平壤茂草，周回数百里，四面俱山，狼匿其中，遂生十男。十男长大，外托妻孕，其后各有一姓，阿史那其一也。子孙蕃育，渐至数百家。经数世，相与出穴，臣于茹茹，为茹茹铁工，金山形似兜鍪，其俗谓兜鍪为'突厥'，遂因以为号焉。"根据薛宗正先生的考证，突厥兴起初期居住的"高昌国之北山"即为今吉木萨尔一带[20]。而随着突厥的兴起，不断扩大其领地，天山北麓所在的吉木萨尔始终为突厥的一处重要的根据地，西突厥在此设可汗浮图城进行统治。唐贞观年间唐王朝在吉木萨尔设庭州，武后长安三年（703），置北庭都护府于庭州，统辖西突厥十姓部落诸羁縻府州。吉木萨尔县博物馆内收藏有出土于二工河墓地附近的一尊刻有突厥文的碑铭，碑铭文字为突厥儒尼文，汉文识读为"突突鲁"，为部落尊号或官称。有人考证突厥碑铭所出之地为突厥部族一处牙帐驻地。所以二工河流域可能是隋唐时期突厥族的一处重要居住地，二工河水库墓地中属于唐代的部分墓葬中极有可能包含突厥人墓葬。

　　竖穴石室、无墓室由于出土遗物较少，缺乏可对比材料，目前无法对其年代和文化属性进行相应的分析。

　　另外在墓地中发掘有2座只埋葬马的墓葬，在通常的考古发掘中我们将这类墓葬一般认为是殉葬坑，但在与二工河水库墓地相邻的阜康市大黄山煤矿一分厂墓地中，曾发掘有4座墓葬只埋葬一匹整马，墓室内不见任何人骨出土。通常在墓室口西侧地表上随葬有一件双耳罐。从发掘情况来看，这4座墓葬也与其他墓葬没有任何主从的关系。推测这4座墓葬与通常所认为的"殉葬坑"不同，可能是专门为埋葬一些特殊的"马"而修建的墓葬。二工河水库墓地中的这两座只埋葬马的墓葬，也可能具有同样的性质。

　　附记：此次考古发掘工作得到了昌吉州文物局，吉木萨尔县文物局的大力支持和协助，在此表示衷心感谢！以往涉及吉木萨尔二工河水库墓地发掘相关资料，如有与本报告相悖之处，皆以本报告为准。

领　　队：李文瑛
田野发掘：胡兴军　伊　力　于英俊　张　丁　马君凤
室内整理：胡兴军　尼加提　艾　涛　巴姗姗　刘维玉
器物修复：尼加提
器物摄影：刘玉生
执　　笔：胡兴军　刘维玉

注　释

[1] 新疆文物考古研究所：《木垒县干沟墓地考古发掘报告》，《新疆文物》2012年第1期。
[2] 资料见吉木萨尔县博物馆。
[3] 新疆文物考古研究所：《吉木萨尔县大龙口古墓葬》，《新疆文物》1994年第4期。
[4] 新疆文物考古研究所：《阜康市白杨河墓地考古发掘简报》，《新疆文物》2012年第1期。
[5] 资料收藏于新疆文物考古研究所，正在整理中。

［6］ 资料收藏于新疆文物考古研究所，正在整理中。

［7］ 新疆文物考古研究所：《阜康市臭煤沟墓地考古发掘简报》，《新疆文物》2012 年第 1 期。

［8］ 新疆文物考古研究所、乌鲁木齐市文物管理所：《乌鲁木齐市柴窝堡林场 Ⅱ 号点墓葬》，《新疆文物》1999 年第3～
4 期。

［9］ 王明哲、张玉忠：《乌鲁木齐乌拉泊古墓发掘研究》，《新疆社会科学》1986 年第 1 期。

［10］ 新疆文物局等：《交河古城1993、1994 年度考古发掘报告》，东方出版社，1998 年。

［11］ 邵会秋：《新疆史前时期文化格局的演进及其与周邻地区文化的关系》，吉林大学博士论文，2007 年。

［12］ 新疆文物考古研究所、乌鲁木齐市文物管理所：《乌鲁木齐市萨恩萨依墓地发掘简报》，《新疆文物》2010 年第 2 期。

［13］ 资料收藏于新疆文物考古研究所，正在整理中。

［14］ 新疆文物考古研究所：《尼勒克县汤巴勒萨伊墓地考古发掘报告》，《新疆文物》2012 年第 2 期。

［15］ 于建军：《布尔津县也拉曼墓群考古发掘》，新疆文物考古研究所编，《2011 文物考古年报》。

［16］ 宁夏文物考古研究所等：《吴忠北郊北魏唐墓》，文物出版社，2009 年。

［17］ 〔俄〕吉列谢夫：《南西伯利亚古代史》（下册），新疆社会科学院民族研究所内部资料，1985 年。

［18］ 王博、祁小山：《丝绸之路草原石人》，新疆人民出版社，1995 年。

［19］ 资料收藏于新疆文物考古研究所，正在整理中。

［20］ 薛宗正：《突厥史》，中国社会科学出版社，1992 年。

吉木萨尔县大龙口古墓葬发掘简报

新疆文物考古研究所　昌吉回族自治州文管所　吉木萨尔县文物管理所

　　大龙口古墓葬，位于新疆吉木萨尔县城以南约8公里的大龙口村内。这里，南倚天山山脉博格达山，冲大龙口沟口。循大龙口沟可越博格达山，南抵吐鲁番盆地。村东侧，是源于博格达山的东大龙口河。古墓葬就分布在村内及其北端南北长约1公里的范围内（图一）。1990年，靠村内南端的一座墓葬因渗水被盗掘；1993年9月，我们对剩余的9座进行了清理发掘。现将发掘结果报告于后。

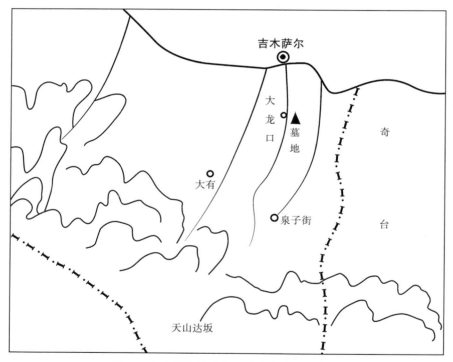

图一　吉木萨尔县大龙口古墓葬位置示意图

一　墓葬概况

　　大龙口村一带，古墓葬原来分布较多，多年来，因建房、筑渠取石，封堆多被夷平。现仅存10座（含被盗掘的1座）。它们均呈南北向排列为3排。其中，6座为小型石冢，封堆较小，卵石已被起取（M1～M6），分2排排列；4座为大型封堆（M7～M10），分布在村内。小冢皆为竖穴土坑墓室，多为椭圆形，以单人仰身直肢葬为主，个别为二次葬，随葬品很少，但大都在墓室口外的西侧或西北侧放置1或2件陶器。大型封堆的情况较复杂。兹分别予以介绍：

M1：墓口为椭圆形，底部为锅底形，墓口距地表深0.2米，距墓底深1.2米。墓口最长3.18，最宽处2.7米；墓底最长1.44，最宽1.2米。方向260度。墓室内填黄土夹卵石。在填土中仅见一节人肋骨，随葬品为一枚羊距骨和几片夹砂红陶片。

M2：椭圆形竖穴墓室，竖穴内填黄土夹卵石。墓口距地面深1.22、长2.1、宽1.1米，方向255度。墓底葬一人，女性，仰身直肢，足朝东，无头颅，两臂残缺。墓室西端置残陶罐1件，残陶钵2件。在墓口外西北侧0.74米处置双耳陶罐1件（图二）。

M3：发掘时墓已被盗扰。椭圆形竖穴墓室。墓口距地面深0.5、长1.6、宽1.1米，墓底距地面深1.2、长1.3、宽0.7米。方向257度。墓室填土中仅见几块陶片，未见人骨。在墓口外西北1.2米处置双耳陶罐1件。

M4：椭圆形竖穴墓室，竖穴内填黄土夹卵石。墓口距地面深0.2，长2.38，宽1.2米。墓底距地面深1.6、长2.18、宽1.13米。方向248度。墓底葬一人，仰身直肢，足朝东。骨架除不见头颅外，其余保存完整。从骨骼特征看，似为男性，墓底西端见残陶罐，填土中也见陶片。

M5：椭圆形竖穴墓室。墓口距地面深0.2、长2.7、宽1.64米，墓底距地面深2、长2.7、宽1.4米，方向270度。墓底葬一人，骨架偏墓室南侧，仰身直肢，头西足东。颅骨稍残，为男性，25岁左右。在尸体上躯北侧置素面陶罐1件，彩陶罐2件；头骨旁见玛瑙项饰、银耳环、铜耳环、铁锥等。在墓口外西北侧放置2件双耳陶罐（图三）。

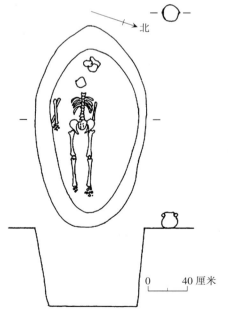

图二　M2墓室平、剖面图

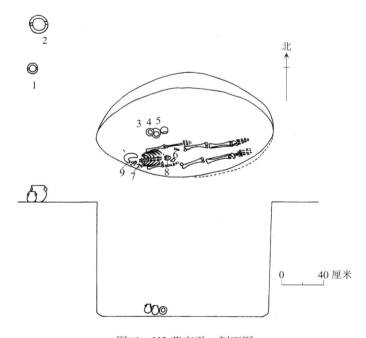

图三　M5墓室平、剖面图

1、2. 双耳陶罐　3、5. 单耳彩陶罐　4. 单耳陶罐
6. 铁锥　7. 玛瑙珠　8. 胸饰件　9. 银耳环

M6：椭圆形竖穴墓室。墓口距地面深0.2、长2.4、宽1.5米，墓底距地面深1.64、长2.09、宽1.15米。方向270度，墓底葬一人，男性，骨架偏墓室南侧，保存较差，仰身直肢，头西足东。在尸体头骨旁随葬单耳陶罐1件，墓口外西北0.65米处置双耳陶罐1件。

M7：因取石封堆已被严重破坏，它是由大小卵石夹黄土堆成。残高0.6米，直径约22米。在封堆底部铺一层较规整的卵石，东西长5、南北宽4.2米，似为墓口积石。但揭去这层卵石后，只是一个深约0.2米的浅穴，并已到生土层。在封堆和浅穴内不见任何遗物，似为"假墓"。

M8：竖穴木椁墓，位于M7南约72米处。封堆外观似土墩，但内含卵石较多，顶部明显塌陷。高1.5、直径25米。墓口之上的卵石较大，铺得较规整。揭去这层卵石即露墓口。竖穴口长6.6、宽4.46米，竖穴底长6、宽4.1、距地面深1.8米，竖穴东面稍凸出，剖面微斜，有似墓道，位于竖穴中部，长方形，东西长2.55、南北宽2、深1.12米。方向270度。它是用直径0.2米左右的松树原木纵横交错相搭而成。原木已朽酥，从痕迹看，木椁口未用原木覆盖。木椁内外仍填卵石和黄土。木椁内未见人骨，仅见一节羊骨。在木椁东端的南北两侧木椁边上见人骨下肢残段。在椁底西端，有一椭圆形腰坑，南北长0.78、东西宽0.58、深0.5米。坑内除填小卵石和黄土外，也无任何遗物（图四）。

M9：大型石圈石堆墓，在M8南约85米处。封堆是用大小卵石夹黄土堆成，因多年来取石筑渠，封堆已被翻得凹凸不平。残高0.5～1米，直径54米（据老乡称，原高度在2米以上）。在封堆外环绕有石圈，外圈是用0.5米左右的卵石嵌入地表围成（因取石，石圈保存已不完整，北半部卵石保存较多，南北部不存）。在石圈外的西南部，还有2个小型石围，这2个石围，是用1米大小的大型卵石在地表围成。大致呈圆形，直径分别为3米和4米（图五）。据老乡称，这类圆形石围原来有7个，环绕在石圈周围，对封堆外环绕的石圈和石围，我们皆进行了清理，稍挖即见生土，未见现象。石圈外的小石围，很可能是祭祀场所。对石圈内的大型封堆，我们全部进行了发掘。堆积除卵石和黄土外，很单纯。唯在封堆底部发现一通长1.85米的"鹿石"。"鹿石"的出土位置正好在

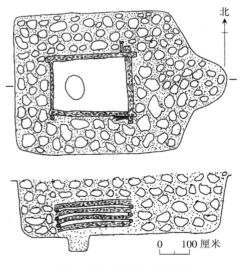

图四　M8墓室平、剖面图

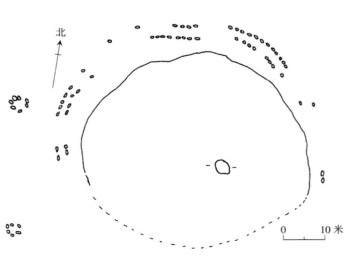

图五　M9封堆、石圈、石围平面图

墓口之上约 0.5 米的封堆填土之中，出土时大致呈南北方向横躺着。墓室口在封堆中心稍偏东北处。口呈椭圆形，方向 270 度，南北长 4.6、东西宽 4 米，周有二层台，在 1.2 米深处掏一圆形竖穴，直径 1.2、深 1.8 米。竖穴内填沙土、小卵石，近底部时见铺成"井"字形的朽木棍痕迹。未发现人骨和其他遗物（图六）。

M10：位于 M9 以南约 300 米处，已被老乡盗掘。据了解，封堆较大，为卵石夹黄土堆成。封堆底部有一竖穴，椭圆形，内填卵石、黄土，墓底葬一人，头西足东，仰身直肢，随葬品见铜镜、铜镳、金饰等（皆存吉木萨尔县文管所）。铜镜周廓折卷边，边高 1 厘米，镜背置弓形纽，镜面直径 20.5、厚 0.2 厘米（见《庭州文物集萃》图版 54，新疆美术摄影出版社，1993 年）。

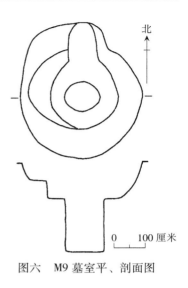

北

0　　100 厘米

图六　M9 墓室平、剖面图

二　随葬品

墓葬中的随葬品都很少，只是在小型墓中见少量的陶器、铁器、铜器、玛瑙饰件、银器等。随葬品的位置大多置于死者的头部附近，以及墓室口外西北一侧。

（一）陶器　完整或可看出器形的有 17 件，其中彩陶 2 件。皆手制，夹砂红陶，外涂红色陶衣，器底多有烟炱，应是实用器。

1. 素面陶器　15 件。种类有双耳罐、单耳罐、釜、盆、钵。

双耳罐　5 件。宽带状双耳，多在肩部，个别在上腹部。有的双耳上各有一个乳钉，并在颈部堆积凸棱一周，凸棱上刻折线纹。口沿均残，似有敞口和侈口两种，均鼓腹，多为圜底，个别为平底。器形多不规整。

M5：2　双耳平底罐，双耳在肩部，耳上有一乳钉，肩部堆积一周凸棱，棱上刻划折纹。似为侈口，球形腹，平底。口径 9、腹径 18.6、底径 7、通高 17.8 厘米（图八，1；图版二七，2）。

M2：1　双耳圜底罐，双耳在肩部，似敞口，鼓腹，圜底。器形不规整。残高 23.4、最大腹径 22.2 厘米（图七，1；图版二七，1）。

M6：1　双耳圜底罐，双耳在上腹部，位置不完全对称。似敞口，鼓腹，圜底。残高 20.4，最大腹径 22.2 厘米（图七，2；图版二七，3）。

M3：1　双耳圜底罐，双耳在腹部，鼓腹，圜底。残高 19.5、最大腹径 26.1 厘米（图八，3）。

单耳罐　6 件。有平底和小平底两种，单耳有的在肩颈部，有的在肩口部。耳呈宽带状。

M5：4　口微敞，鼓腹，平底，耳在颈肩部。高 13、口径 10、底径 6 厘米（图七，6；图版二八，1）。

M6：2　侈口，鼓腹，小平底，耳在颈肩部，高 13.4、口径 9.8 厘米（图七，5；图版二七，5）。

M2：3　侈口，斜腹，小平底，耳在腹部，高 11.6、口径 12 厘米（图七，4；图版二七，4）。

M10：1　M10 位于 M1 南侧，为老乡在平整土地时从墓中挖出，发掘时征集所获。敞口，鼓腹，平底，耳在口沿至肩部。高 14、口径 9.5、底径 7 厘米（图七，3）。

釜 1 件。

M3：2　形体较大，弧腹，腹部有一横纽（图七，8）。

盆　2 件。

M2：2　敛口，鼓腹，圜底，有一耳。口径 21.6、高 11.7 厘米（图八，5）。

钵　1 件。

M4：4　敛口，鼓腹，平底，有一鸡冠形竖纽，纽上有一孔。口径 18、高 7.9 厘米（图八，2）。

2. 彩陶器　2 件。均为单耳罐。

M5：5　侈口，鼓腹，圜底，单耳在颈肩部，红衣黑彩，图案为竖条纹。口径 5.8、高 8.8 厘米（图八，6；图版二八，2）。

M5：3　敞口，束颈，鼓腹，小平底，耳在口沿至肩部，耳残。土红色陶衣上饰橘黄色彩，图案模糊，似为竖条或网纹。口径 10、高 15，8 厘米（图七，7；图版二七，6）。

（二）铜器　2 件。皆由老乡平整土地时从墓中挖出（墓的位置在 M8 西侧）。

双翼镞　1 枚。双翼，箭身断面呈菱形，有圆形筒。身长 1.9 厘米（图八，10；图版二九，4）。

三棱镞　1 枚。镞身三面微凹，铤为楔形。身长 1.7、铤长 2 厘米（图八，9；图版二九，3）。

（三）铁器　1 件。

铁锥　M5：6　已锈蚀。长 5.3，最大直径 0.7 厘米（图八，4；图版二八，4）。

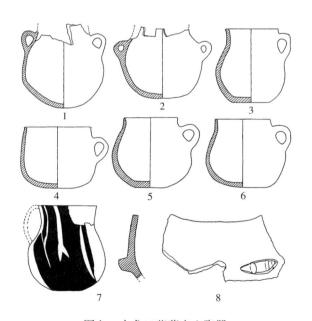

图七　大龙口墓葬出土陶器

1. 双耳罐（M2：1）　2. 双耳罐（M6：1）　3. 单耳罐（M10：1）
4. 单耳罐（M2：3）　5. 单耳罐（M6：2）　6. 单耳罐（M5：4）
7. 单耳彩陶罐（M5：3）　8. 残陶釜（M3：2）

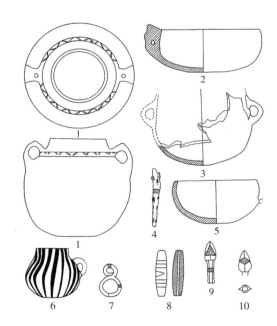

图八　大龙口墓葬出土陶器及小件

1. 双耳罐（M5：2）　2. 陶钵（M4：4）　3. 双耳罐（M3：1）
4. 铁锥（M5：6）　5. 陶釜（M2：2）　6. 单耳彩陶罐（M5：5）
7. 银耳环（M5：9）　8. 玛瑙珠（M5：7）　9. 三棱铜镞
10. 双翼铜镞

（四）银器　1 件。

银耳环 M5：9　系用银条圈成呈"8"字形的环。上环较小，直径 1.2 厘米，下环大，直径 1.9

厘米（图八，7；图版二九，2）。

（五）玛瑙珠　1件。

M5：7 呈腰鼓形，直孔，形体较大，颜色鲜艳，有光泽。为橘红色和蛋青色相间。长4.1，最大直径1，孔径0.2厘米（图八，8；图版二九，1）。

（六）鹿石　1通。

M9：1　出自M9封堆之中。高185厘米，上宽下窄，顶端倾斜。上宽24、下宽16、侧面宽27厘米。细砂岩质，呈黄色，加工规整。四面及顶部斜面上都刻有图案。A面（正面）：相当于头部位置，刻9个直径0.2～0.4厘米的圆形小坑；B面（背面）：上端刻3道斜槽，斜槽间刻有5个圆形小坑；下端刻3个圆形小坑、1只岩羊和1个折线符号；鹿石两侧相当于耳朵的位置各刻1个直径14厘米的圆环，其中左侧（D面）一面圆环下还刻有2个圆形小坑，而右侧则是在象征腰带的凹槽旁又斜刻1道凹槽，似为剑（图九）。

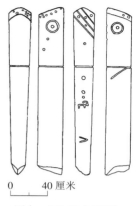

0　　40厘米

图九　M9出土鹿石

三　结语

在吉木萨尔县博格达山北麓的山前地带，文物考古调查中发现的石堆墓、石人石堆墓为数不少，且有少量零星文物出土，但正式对石堆墓进行考古发掘还是第一次。这次发掘，虽出土文物较少，有关资料对分析认识吉木萨尔地区乃至天山东段博格达山以北地区的古代墓葬的文化内涵等有关问题仍是很有价值的。

这批墓葬，皆呈南北方向排列，小型坟冢下的墓室均为椭圆形竖穴土坑，葬式有仰身直肢、二次葬，墓室皆为东西方向，死者头西脚东，这是新疆北部草原地区已经发掘的相当于春秋战国前后的石堆墓的普遍特征之一。但在墓口之外西侧或西北侧随葬一两件陶器是大龙口小型石堆墓的一个特点，在其他地区还很少见。

出土的少量随葬品主要是陶器，它们的造型和彩陶纹饰在新疆地区相当于春秋战国前后的古墓葬中也不鲜见。如：大龙口墓葬出土的双耳罐细分有两种：一种为平底（M5：2），另一种为圜底（M2：1，M6：1，M3：1），前者的形制与哈密盆地的雅矿林场办事处墓地、焉不拉克墓地、巴里坤草原上的南湾墓地所出基本相同[1]；同后者器形相似的双耳圜底罐在吉木萨尔县东邻的奇台县半截沟遗址、木垒县四道沟遗址也有发现[2]；同时也见于哈密盆地的五堡水库墓地[3]。大龙口墓葬单耳罐的共同特点是：侈口，鼓腹，束颈，或圜底，或小平底，个别为平底；纹饰为竖条或网纹。但从耳的特点看，也可分两种：一种耳在口沿和肩之间，如M5：3、M10：1。这种风格的单耳罐在博格达山南麓的吐鲁番盆地，诸如艾丁湖、苏巴什、阿拉沟口、阿拉沟东风机器厂等墓地都是一种较典型的器形[4]；近年来，在吉木萨尔县小西沟遗址、阜康市阜北农场遗址也有发现[5]；另一种耳在颈肩之间或在颈腹之间，如M5：4、M6：2、M5：5。这类单耳罐的分布范围也很广，不仅见于前述艾丁湖等遗存中，在天山西部的伊犁河谷发掘的特克斯县一牧场、新源县巩乃斯种羊场等墓群中都是一种有代表性的器形[6]。大龙口墓葬陶釜、陶盆、陶钵的造型及其横竖鋬耳，既见于吐鲁番盆地的早期墓葬；在阜康、呼图壁、木垒等县也有零星发现[7]。墓地上收集到的两枚双翼铜镞和三棱形铜镞其形制又与吉木萨尔县以西的米泉大草滩墓葬所出相同[8]。上述与大龙口墓葬出土物有相同之处的古墓群的时代，早的大致在距今 3000 年前后，最晚的也在距今 2000 年以前。因大龙口发掘墓葬数量较少，出土文物不多，从双耳陶罐、单耳陶罐、釜、盆、钵及铜镞的特征及其在上述有关考古遗存中出现的情况分析，我们把大龙口小型墓的时代大致推断在相当于中原战国前后，其下限不会晚于西汉时期。

大龙口 M7、8、9、10 四座封堆呈一字形南北排列。M7 揭去封堆后显露一层卵石，应是墓口所在的标志，但揭去这层平面呈长方形的卵石后，仅见一个深约 20 厘米的浅穴，在封堆和浅穴内不见人骨和任何遗物。是"假墓"，还是一种其他现象？还有待在今后的发掘中认识。

M8 封堆之下有竖穴木椁墓室，除在木椁椁沿上见几节人骨外，木椁内一无所有。从木椁形制、结构看，它同天山阿拉沟口竖穴木椁墓、伊犁河谷昭苏县发掘的一些土墩墓中的木椁形制相同。前者被认为是西汉以前的塞克遗存[9]，后者据研究是西迁伊犁河谷的汉代乌孙人的遗迹[10]。在新疆考古中，汉代以后的墓葬中还不见这类木椁，因此，把这座墓的时代下限暂且定在西汉时期。

M9 在这处墓地中封堆规模最大，并有大型石圈和小型石围环绕。这种大型封堆及其形式在新疆已经发现的石堆墓中也不多见，发掘这种大型石堆墓还是第一次。这座墓葬的封堆形制同哈萨克斯坦境内伊犁河北岸卡布尕依水库旁的别斯沙特大型石堆墓基本相同，只是别斯沙特墓群的封堆、石围的规模更大（封堆高达 10 米以上，石围是由 2 米左右高的立石围成）。其中的几座已经发掘，据前苏联考古学家研究，这种大型石堆墓是公元前 5 世纪前后的塞克王墓[11]。大龙口这座墓葬除在封堆中发现一通鹿石外，不见其他遗物。鹿石分布范围很广，主要见于蒙古、外贝加尔、图瓦和阿尔泰。在哈萨克斯坦中部、乌拉尔南部、伏尔加河中游、库班河沿岸、格鲁吉亚、布格河下游、道布鲁扎、保加利亚东北和易北河沿岸也有发现[12]。近年来，通过文物普查，在新疆也发现一些鹿石遗存。主要见于阿勒泰地区的青河、富蕴县和阿勒泰市，以青河发现较多[13]；在昌吉回族自治州的木垒县和吉木萨尔县新地沟也有所见[14]。从鹿石的发现情况看，它们大多立于墓葬封堆前，或在封堆之上，个别也见在封堆之中，是墓葬的标志之一。前苏联考古学者认为：鹿石表现的是一种比较公式化的武士形象。它没有着意表现头部和面部，只是用两条或三条斜线代替人面（含意不清），头部与躯干用横线区别。有的在一面刻有鹿的形象。它们的共同特点是：断面呈四棱形或椭圆形，上部倾斜，上端刻耳环和颈部装饰，中间刻腰带，腰带上悬挂或插有兵器。其文化属性似同公元前 5 世纪前后的斯基泰—萨基—塔加尔文化圈有密切关系[15]。大龙口出土鹿石的基本特征与上述地区的发现大同小异。因这座墓中无其他随葬品共存，从墓葬封堆特征和鹿石的有关资料来看，它的文化属性也应是同塞克文化有关。新疆北部地区近年来发现的有关塞克文化的考古资料为数不少，其年代大致都在距今 2500～2000 年这一历史阶段，M9 的时代应该也在这一范围之内。这座墓葬的墓穴呈竖井式，这在新疆墓葬考古资料中还很少见，墓穴中又不见人骨和随葬品，是否迁葬，或是盗扰所致，还有待进一步认识。但这座墓葬的封堆规模之大，当显示了墓主人身份很高而绝非平民百姓。

M10 虽被老乡所掘，但收集有素面铜镜、铜马衔以及大量的小金泡等。与此形制相同的素面、高卷边、弓形纽铜镜在天山以南的轮台县群巴克墓葬中出土一面，唯其尺寸较大龙口铜镜稍小（直径 15 厘米）。据碳十四年代数据、群巴克墓群的绝对年代约为公元前 950～前 600 年，大致相当于我国中原地区的西周中期至春秋中期。从两面铜镜的制作工艺看，大龙口铜镜较群巴克铜镜精致，其时代可能要晚于群巴克墓群。结合大龙口墓葬中的其他资料，它的时代推断在相当于战国时期较为合适。值得注意的是，这座墓葬的主人身上布有一层带孔的小米粒大小的金泡，因非科学发掘所获，原状已不明。但这种现象在新疆考古发掘中是少见的，据我们向掘墓者调查，这些金泡主要散布在尸者身躯上部，很可能是一件用金丝线串成盖在尸者身上的"金衣"。这无疑也是死者身份较高的一个标志。

根据以上类比，我们把大龙口墓群的时代初步确定在战国至西汉时期，其上限可能早于战国。

如前所述，大龙口小型坟冢中出土的双耳陶罐的形制，不仅同其近邻的奇台半截沟遗址、木垒四道沟遗址同类器形相近，而且还同木垒以东的巴里坤南湾墓地、哈密焉不拉克文化墓地中的双耳罐风格相似；而单耳罐的造型和纹饰又常见于博格达山以南吐鲁番盆地的艾丁湖等古墓群中，其中有的单耳罐又是伊犁河谷特克斯一牧场等墓群中的典型器形。同 M9 外观特征相近的石堆墓不仅在哈萨克斯坦可以找到，在新疆和静县巴音布鲁克草原，伊犁河谷巩留县也有所见[16]。而 M9 出土鹿石又同蒙古至西伯利亚发现的鹿石特征一致。表现在考古文化特征上的这些相同或相近的现象，应是当时这里同周边地区有关考古文化存在一定联系的反映。由于这一墓群的数量残存不多，出土文物较少，认识受到一定局限，它所代表的考古文化的全部内涵及其同周边考古文化的关系还有待通过今后的发掘逐步认识。

发掘　整理　执笔：张玉忠　李功仁　董　佔

绘图：哈斯耶提

注　释

[1]《新疆哈密焉不拉克墓地》，《考古学报》1989 年第 3 期，图二二：12；《哈密文物志》，"林雅墓地"，"南湾墓地"，新疆人民出版社，1993 年。

[2]《新疆奇台县半截沟新石器时代遗址》，《考古》1981 年第 6 期，图二：5、6；《新疆木垒县四道沟遗址》，《考古》1982 年 2 期，图八：2。

[3] 资料未发表，见《哈密文物志》"五堡墓地"。

[4]《新疆吐鲁番艾丁湖古墓葬》，《考古》1982 年第 4 期；《鄯善苏贝希墓群一号墓地发掘简报》，《新疆文物》1993 年第 4 期，阿拉沟口和东风机器厂资料未发表。

[5] 资料未发表，实物存吉木萨尔县文管所、阜康市文管会。

[6]《新疆新源巩乃斯种羊场石棺墓》，《考古与文物》1985 年第 2 期，图四，1。特克斯一牧场资料未刊，存新疆文物考古研究所。

[7]《吐鲁番博物馆》，"车师时期"图版，新疆美术摄影出版社，1992 年；《庭州文物集萃》，新疆美术摄影出版社，1993 年，图版 18～24。

[8]《米泉县大草滩发现的石堆墓》，《考古与文物》1986 年第 1 期，图三：10、11。

[9]《新疆阿拉沟竖穴木椁墓发掘简报》，《文物》1981 年第 1 期。

[10] 昭苏县木椁墓资料未刊布，有关介绍和研究见《建国以来新疆考古的主要收获》，《文物考古工作三十年》，文物出版社，1979 年。

[11] 阿基舍夫、库沙耶夫：《伊犁河谷的塞克和乌孙古代文化》第一篇第一章，俄文版，哈萨克斯坦共和国科学院出版

社，1963 年。

［12］萨维诺夫、契列诺娃：《鹿石分布的西界及其文化民族属性问题》，见《蒙古考古学与民族学》，苏联科学出版社，
　　　 1978 年；契列诺娃：《关于蒙古和西伯利亚的鹿石》，见《蒙古考古论文集》，苏联科学院出版社，1962 年，汉译文
　　　 见内蒙古自治区文物工作队编印《文物考古参考资料》第一、三期。

［13］资料尚未发表，存新疆文物普查办公室.

［14］木垒鹿石资料未发表，吉木萨尔新地沟鹿石见王炳华：《天山东都的石雕人像》，《新疆文物》1985 年第 1 期，图二。

［15］《新疆轮台群巴克墓葬第一次发掘简报》，《考古》1987 年第 11 期。

［16］巩留大型石圈石堆墓见《伊犁地区文物普查报告》，巩留县《乌尔塔克尔墓群》，《新疆文物》1990 年第 2 期；巴音
　　　 布鲁克草原大型石圈石堆墓资料未发表。

阜康市白杨河墓地发掘简报

新疆文物考古研究所

2010 年 4 ~ 8 月，为配合阜康市白杨河水库工程建设，新疆文物考古研究所对工程涉及的古墓葬进行了抢救性清理发掘，共计发掘墓葬 46 座，现将考古发掘简报如下。

一　墓地概况

白杨河墓地位于昌吉州阜康市上户沟哈萨克族乡白杨河村西，地理坐标：北纬 44°05 06.9"，东经 88°31 24.0"，海拔高程为 923 米。墓地地处天山北麓，墓葬分布在白杨河西侧地势平缓的二级台地上，地表均有明显的土石封堆，大致呈南北带状分布，共计墓葬 80 余座（图一；图版三〇，1）。

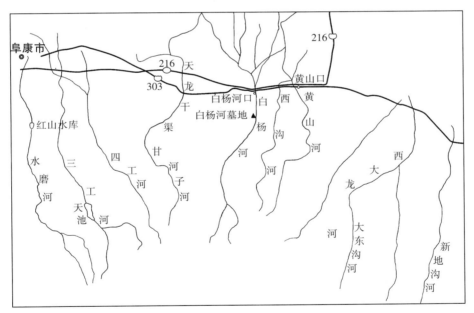

图一　阜康市白杨河墓地位置示意图

二　墓葬概述

此次发掘的墓葬位于整个墓地的中部，除部分墓葬因为自然或人为搬运地表石块致使墓葬标志形态不明外，其余以地表形制可分为石堆及石围石堆，均系土石混合而成，有圆形、椭圆形、长方形。48 座墓葬除 5 座在封堆下未见墓室之外，其余墓室结构可分为竖穴土坑墓、竖穴偏室墓、竖穴洞室墓、竖穴石棺墓 4 类。葬式以单人仰身直肢葬为主，有二次葬及个别俯身葬。仅一座墓葬有石棺葬具，随葬品有陶器、铜器、铁器、骨器（图二）。

1. 竖穴土坑墓

共 16 座。地表均有平面略呈圆形或椭圆形的土石堆，直径 4 ～ 12 米，墓室平面呈东西向圆角长方形，个别墓葬在墓道内有填石，少量墓葬在竖穴底部一侧或两侧有生土二层台，均单人葬，一次葬以仰身直肢为主，头均向西。依葬俗的不同，此类墓葬又可分为以 M2 为代表的墓

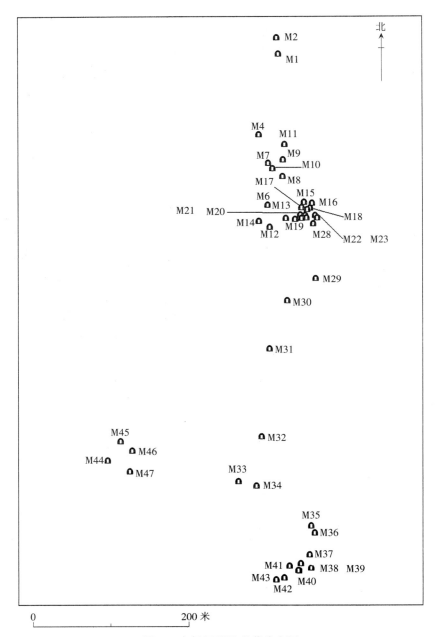

图二　白杨河墓地墓葬分布图

葬，该类墓葬在封堆下与墓室开口处于同一层，墓室的西侧挖掘一个圆形的土坑，坑内随葬有陶器1件（图版三〇，2）。以M45为代表的墓葬，为常见的石圈石堆下设土坑。随葬品有陶器、铜器、铁器、银器、骨器。

（1）墓葬举例

M2 邻M1南9米，东距白杨河5米，墓向275度。地表有平面略呈圆形的直径7.2、高约0.3米的土石封堆。封堆上有平面呈圆形的直径1.2、深0.3米的盗洞。封堆下与墓室开口处于同一层，墓穴口外西侧1.9米处有平面略呈圆形的随葬坑，坑内放置双耳彩陶罐1件。墓穴平面呈东西向圆角长方形，长3.02、宽1.58、高1.84米。坑内填黄褐色土，土质较为坚硬，包含有少量的卵石。墓主位于墓底南侧，单人仰身直肢，成年男性，头西脚东，面向北。封堆表面出土夹砂红陶口沿残片1件，墓主头骨处随葬陶罐2件、陶杯1件，墓主左臂旁随葬有单耳带流罐1件，罐内出土有羊骶骨1段（图三；图版三一，1）。

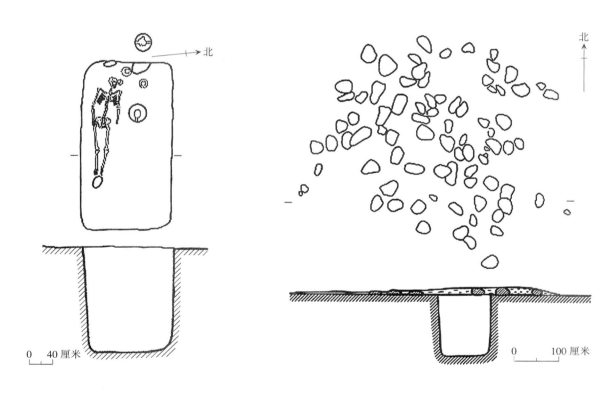

图三 M2封堆及墓室平、剖面图

M4 竖穴单边二层台墓。东南距M1约20米，正东与M2相邻，墓向304度。地表有平面略呈椭圆形的土石封堆，长径5.4、短径4.3米，最高处约0.3米。竖穴土坑墓，平面呈东西向圆角长方形，长2.6、宽1.4、深0.96米。竖穴底部南侧有生土二层台，宽0.6～0.3、高约0.2米。墓底葬1人，仰身直肢，头西脚东，面朝南，青年女性，墓主右股骨上随葬1块羊腿骨，其外侧随葬铜刀头1把，额头至耳部随葬包有铜饰件的麻布条1件，头骨左侧及头骨下随葬银质发卡1对（图四；图版三七，2）。

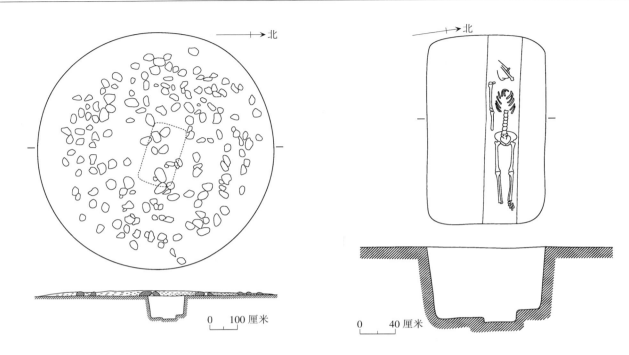

图四　M4 封堆及墓室平、剖面图

　　M5　位于 M3 西南 29 米处，墓向 272 度。地表地表有平面略呈圆形的直径约 10、高约 0.3 米的土石封堆。墓室开口于封堆下，平面略呈东西向长径的圆角长方形，长 2.1、宽 0.8、深 0.85 米。坑内填黄褐色土，土质较为坚硬。墓主位于墓底，单人仰身直肢，头西脚东，面朝北，头下枕一个条状青石，无随葬品（图五）。

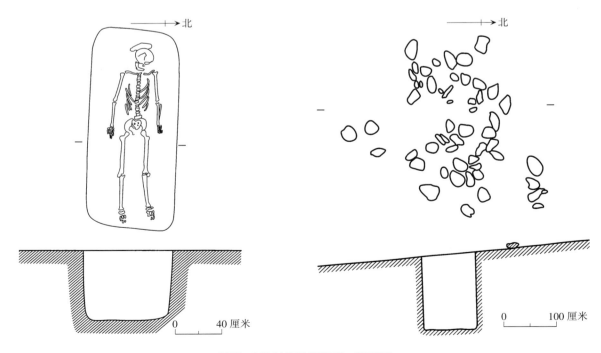

图五　M5 封堆及墓室平、剖面图

M45　位于 M32 西 115 米、M26 南 15 米，墓向 250 度。地表有平面略呈圆形直径 4 米的土石封堆，其高度基本与地表平。墓室平面呈东西向长径的圆角长方形，长 2.49、宽 1.18、深 1.53 米。坑内填土较为疏松，可分为四层，第一层厚约 1 米，包含有大量的卵石，第二层为黄土层，深约 0.4 米，第三层下层厚约 0.03 米，包含有大量的碳粒，第四层为沙砾层，厚约 0.1 米。墓主位于墓底，单人仰身直肢，头西脚东，面向北，中年男性，骨骼保存较差。墓主头部左侧随葬陶碗 1 件、单耳罐 1 件、单耳杯 1 件（图六；图版三六，1）。

M46　北距 M47 约 800、南距 M45 约 500 米。地表有平面略呈椭圆形的土石封堆，长径约 4.5、短径 3.8 米。墓室位于封堆下中部，平面呈东西向长颈的圆角长方形，长 2.4、宽 1.55、深 1.35 米。坑内填土，东部较为疏松，土色为黄褐色，西部较为坚硬，土色为灰白色。墓主位于墓室底部南侧，单人仰身直肢，头西北脚西南，面朝东北，老年男性。墓主头骨北侧 0.4 米处随葬有陶罐 2 件（图七；图版三七，1）。

（2）随葬品

已发掘的 16 座墓葬中，共有 8 座墓葬出土随葬品，除铜器、银器、铁器外，主要以陶器为主，陶器主要出土于 4 座墓葬中。

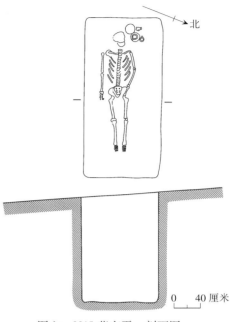

图六　M45 墓室平、剖面图

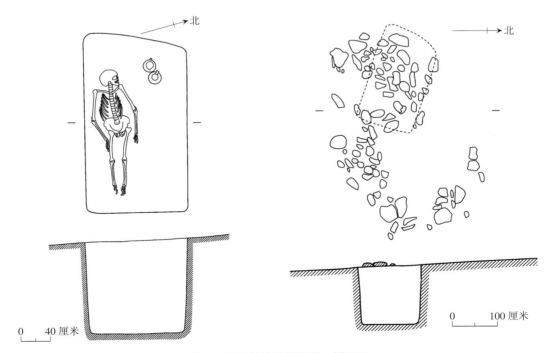

图七　M46 封堆及墓室平、剖面图

陶器共出土 15 件，均夹砂红陶，有带耳带流罐、双耳罐、单耳罐、单耳杯。

单耳带流罐 1 件。

M2：2　夹细砂红陶，手制，器表及口沿内侧有红色陶衣。圆唇，短束颈，圆肩，鼓腹，颈肩处附有扁平桥形单耳，与耳相对一侧宽扁形流，腹部最大径靠近肩部，小平底。口径 21.3、腹部最大径约 34.3、底径 10、高 35、厚 0.7～1.3 厘米（图八，1；图版三八，5）。

双耳罐 3 件。均素面。

M5：1　器身上部部分残缺。夹砂红陶，手制，素面，鼓腹，小平底。底径 8.8、残高 32.3、厚 0.8～1.1 厘米（图八，4）。

M2：1　口沿处有残缺。夹砂红陶，方唇，直领，溜肩、鼓腹，平底，肩附对称双桥耳，素面。口径 15.4、腹部最大径约 27.7、底径 11.1、高 28.2、厚约 0.7～1.3 厘米（图八，5；图版三八，1）。

M11：1　口颈处有残缺。夹砂红陶，手制，素面。侈口，平沿外斜，束颈，溜肩，鼓腹，腹部最大径位于器身中部，小平底。器身下部有烟炱。口径 817.6、腹部最大径 32.5、底径 8.8、高 36.5、厚 0.6～1.4 厘米（图八，10；图版三八，2）。

单耳罐 7 件。彩陶 3 件，素面 4 件。

M2：4　夹砂红陶，手制，素面。口微侈，圆唇，口沿近处有烟炱，束颈，溜肩，颈肩处有扁平桥形单耳，鼓腹，腹部最大径位于腹中部，圜底。口径 6.3、腹部最大径约 8.7、高 10、厚 0.4～0.6 厘米（图八，7）。

M46：1　夹砂红陶，方唇，微束颈，溜肩、鼓腹，腹部最大位于中腹部，圜底近平。口沿及颈部施有水波纹，腹部施有六组内填斜线的变体三角纹。口径 9.6、腹部最大径 13.1、高 14.3 厘米（图八，12；图版三九，2）。

M2：5　口沿及颈部分残缺，夹砂红陶，火候不均，局部呈黑褐色，手制，素面。直口微侈，圆唇，颈微束，溜肩，颈、肩部有扁平桥形单耳，鼓腹，圜底近平。口径 8.4、腹部最大径约 13.7、高 14.7、厚 0.6～1.5 厘米（图八，3）。

M45：2　夹砂红陶，口微侈，尖唇，短束颈，溜肩、圆鼓腹，腹部有扁平桥形单耳，腹部最大径位于腹中部，圜底。器表施红色陶衣并有大面积烟熏痕。口径 9.2、高 12.2、腹部最大径 13.9、厚 0.6～0.9 厘米（图八，11；图版三九，4）。

M2：6　夹砂红陶，手制，素面。口微侈，圆唇，束颈，颈肩处有扁平桥形单耳，溜肩，鼓腹，腹部最大径位于腹中部，圜底近平。口沿处有烟熏痕。口径 6.3、腹部最大径约 8.7、高 10、厚 0.4～0.6 厘米（图八，8）。

M2：3　夹砂红陶，手制，口微侈，圆唇，直领，溜肩、鼓腹、腹部最大径位于腹中部，圜底。口沿及肩部附有一宽带翻耳。口部及腹部均有黑色彩绘图案，口沿内外施一周倒三角纹，腹部有 5 组三角纹组成的图案，其中每组有两个变体的三角组成，两个三角尖部相连，其中上部倒三角内填有网格纹，下部三角内填黑色彩带纹。口径 11.5、腹部最大径约 12.4、高 13.2、厚 0.5～1 厘米（图七，9；图版三八，6）。

M45：3　底部缺失。夹砂红陶，口微侈，方唇，溜肩，颈、肩有扁平桥形单耳。鼓腹，圜底。口沿外施一周倒三角纹，颈部施一周黑色带状彩，腹部施数组内填斜线的黑色变体三角纹。口径

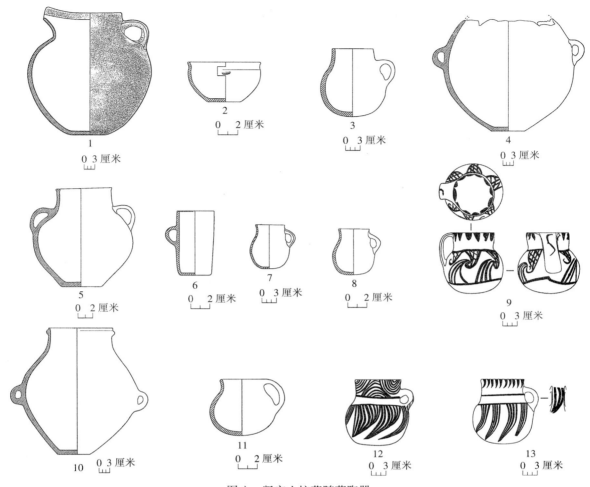

图八　竖穴土坑墓随葬陶器

1. 带流罐（M2∶2）　2. 陶碗（M45∶1）　3、7、8、9、11、12、13. 单耳罐（M2∶5、M2∶4、M2∶6、M2∶3、M45∶2、M46∶1、M45∶3）　4、5、10. 双耳罐（M5∶1、M2∶1、M11∶1）　6. 单耳杯（M46∶2）

8.7、残高 12.9、厚 0.5~0.9 厘米（图七，13；图版三九，1）。

陶碗 1 件。

M45∶1　腹部及口沿有大面积残缺，可复原，夹砂灰陶，手制，圆唇，口微侈，弧腹，平底。口沿下侧饰有一周凹弦纹，上腹部一侧有一个横銎。口径 15.2、腹部最大径约 15.1、底径 6.8、高8.6、厚约 0.6 厘米（图七，2；图版三八，3）。

单耳杯 1 件。

M46∶2　夹砂红陶。方唇，直口，直腹，平底。器身通体施有一层暗红色彩衣。口径 7.7、腹部最大径约 7.8、底径 6、高 13.9、厚约 0.5 厘米（图七，6；图版三九，3）。

银发卡 2 件。

M4∶1，残，银质鎏金，由挂钩和圆盘焊接而成，挂钩由银条弯曲而成，与圆盘连接除附有 6 个小圈组成的花饰，各圈内应镶有宝石，现已不存，圆盘平面呈圆形，三重圈将盘分为外、中、内三区，外、中区间附有一周直径为 0.6 厘米的圆形泡，中、内圈间饰有变体"S"纹，内区整体鼓起，背面自然成凹坑，鼓面上附有 6 个组合成花饰的小泡。通长 7.7、圆盘直径 5 厘米（图九，1；图版四〇，4）。

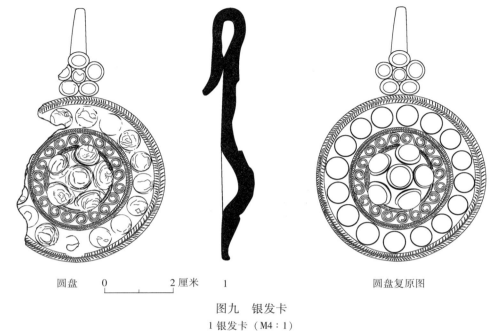

　　　圆盘　　　0　　　2 厘米　　1　　　　　　　　　　圆盘复原图

图九　银发卡
1 银发卡（M4∶1）

2. 竖穴偏室墓

　　共发掘 14 座。分布较为集中，除个别墓葬地表标志因自然或人为的破坏形制不辨外，其余墓葬地表多有平面呈圆形或椭圆形的土石封堆。偏室墓竖穴平面以东西向圆角长方形为主，少数为南北向圆角长方形。除 1 座墓葬偏室开口于竖穴南壁外，其余均开口于北壁，个别墓葬墓口以卵石封堵。均单人葬，除个别墓葬被盗扰，葬式不明外，其余墓葬以仰身直肢为主，1 座俯身葬及个别二次葬，头均向西。随葬品主要有陶器、铜器、铁器、木器、骨器等。

　　（1）墓葬举例。

　　M20　位于 M12 南侧，M13 西南侧，墓向 255 度。地表有平面略呈圆形直径约 3.45 米，高度略与地表齐平的土石封堆，竖穴平面呈东西圆角长方形，长 2.5、宽 0.81、深 1.7 米，竖穴内填土呈黄褐色，土质较硬，包含有少量石块。墓道底部殉马一匹，竖穴底低于偏室底约 0.1 米。北偏室，偏室口以卵石封堵，平底、弧形顶，高约 0.65、进深 0.65、长约 2 米。偏室内葬一人，仰身直肢，头向西脚东，面朝北，成年，性别不明。马身上随葬有铜饰件，腹部随葬有铁马镫 2 件，墓主耳部随葬铜耳环 2 件，盆骨左侧随葬铜柄铁刀 1 柄，珠子 2 枚，贝饰 1 枚，左右胫骨下侧各随葬 1 条铜质带具（图一〇）。

　　M30　西邻 M31。地表有平面略呈圆形直径 3.4、高约 0.26 米的土石封堆，竖穴墓道平面呈东西向圆角长方形，长 2.5、宽 0.7、深 0.42 米。墓道内填黄褐色土，土质较为疏松，包含有大量卵石。偏室开口于墓道北壁，口部以三层卵石封堵，偏室底部与墓道口齐平，开口距墓口 0.7、进深 0.6、高 0.4 米。偏室内葬一人，仰身直肢，头西脚东，面向上，成年，性别不明。无葬具和随葬品。（图一一；图版三四，2、4）。

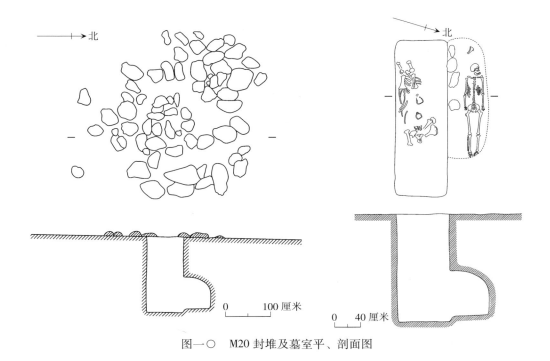

图一〇　M20 封堆及墓室平、剖面图

　　M36　北临 M35，南接 M37，墓向 353 度。地表有平面略呈圆形直径约 5.15、高约 0.15 米的土石封堆。竖穴平面呈东西向圆角长方形，长 1.98、宽 0.69、深 0.74 米，竖穴底部高于偏室底约 0.2米，偏室开口于竖穴东壁，平底，弧形顶。高约 0.5、进深约 0.6、长约 1.98 米。墓室内葬一人，仰身直肢，头北脚南，面向西，左手放置于腹下部，成年男性。墓主人双耳、右手腕、手指部位各戴铜耳环 1 对，铜手镯、铜戒指各 1 个，腰部随葬铜饰、铁刀及腐朽难辨的铁器（图一二）。

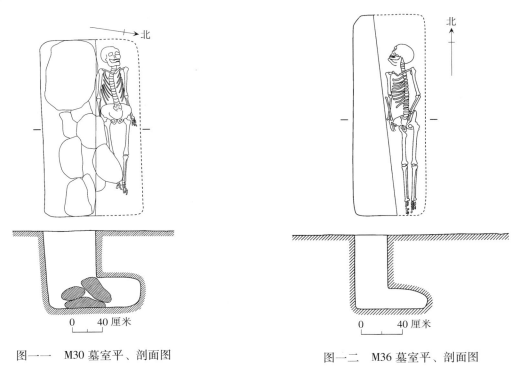

图一一　M30 墓室平、剖面图　　　　　图一二　M36 墓室平、剖面图

M47　南临 M46 约 10 米，东距公路约 200 米，墓向 227 度。地表封堆由土石混合而成，平面稍呈圆形，直径约 5 米，高度略与地表平齐。竖穴墓道开口于封堆下表土层，平面呈东西向长方形，长 2.3、宽 0.79、深 1.72 米，墓道内填土相对松软，包含大量石块，墓道底部殉马一匹，马头朝西，背对偏室，四肢弯曲，腹部随葬 1 对铁马镫。偏室开口于竖穴北壁，平底、弧形顶，长 1.96、进深约 0.63、开口距墓口 1.1、高约 0.65 米。墓室内葬一中年男性，仰身直肢，头西脚东，面朝北。骨架左侧盆骨至股骨间随葬装有铁镞的木质箭囊 1 件，箭囊腐朽严重未能采集（图一三；图版三六，2）。

（2）随葬品。

主要有陶器、铜器、铁器、料珠、骨器，大部分出土于墓室内，仅个别出土于填土中。

陶器仅 1 件。

M27：3　陶碗，口沿处略有缺损。夹砂红陶，手制，火候不均，局部呈黑褐色。方唇，敞口，弧腹，平底。素面。口径 8.7、底径 5、高 4.4、厚 0.3 ~ 0.4 厘米（图一四，1；图版三八，4）。

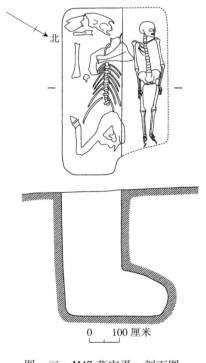

图一三　M47 墓室平、剖面图

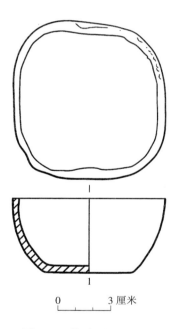

图一四　陶碗（M27：3）

铜器均青铜质，主要有铜饰件、铜带扣、铜戒指、铜耳环。

铜饰件共 25 件（套），依据平面形状的不同又可分为桃形铜饰、半圆形铜饰件、方形铜饰件、"品"字形铜饰件、圆头三角形铜饰件、不规则形铜饰件。

桃形铜饰件 5 件（套）。

M20：8 - 1　器身下部残损。中间鼓起呈乳纽状，后面相应形成圆形凹坑。器身正中处有一铆钉，已缺失。通长 2.6、宽 2.2、厚约 0.2 厘米（图一五，1）。

M20：8 - 2　中间有一"蝶"形孔，背部附两个铆钉。通长 2.1、宽 1.6、厚 0.2 厘米（图一五，2）。

M36：3　面部饰有一周凹槽，中间有一圆孔，背部附两个铆钉。通长 1.5、宽 1.4、厚约 0.2 厘米（图一五，3）。

M20：8 - 3　背部附一个铆钉。通长 1.3、宽 1.5、厚约 0.2 厘米（图一五，4）。

M20：2　器身中部残损。中间鼓起呈葫芦状，后面相应形成凹坑。背面附有三个铆钉，器身正中处一铆钉已缺失。通长 6.1、宽 4.9、厚约 0.2 厘米（图一五，5）。

半圆形铜饰 2 件（套）。

M42：5　由前后两部分分体制作后铆合而成。后部铜片残缺，近直边处有一长 1.5、宽 0.3 厘米的长方形孔眼，其底面两圆角和圆弧端各一铜铆钉。长 3.1、宽 1.9、厚约 0.3 厘米（图一六，6）。

M36：3 - 1　形制同上，长 2.5、宽 1.9、厚约 0.2 厘米（图一六，7；图版三九，5）。

方形铜饰 6 件（套）。

M36：3 - 2　前后二体分件制作后铆合而成。其底面四角各附一铜铆钉。长 2.9、宽 2.4、厚约 0.2 厘米（图一五，8）。

M36：3 - 3　由前后二体分件制作后铆合而成。近长边一侧有一长 1.3、宽 0.6 厘米的不规则形孔眼，其底面四角各附一铜铆钉。长 2.9、宽 2.3、厚约 0.2 厘米（图一五，9）。

M36：3 - 4　由前后二体分件制作后铆合而成。四边中两边平整，另两边的中部有突起和对应的凹槽。器身中下部有一直径约为 0.8 的圆形孔眼，其底部两角与上部中心各附一铜铆钉。长 2.1、宽 2、厚约 0.2 厘米（图一五，10）。

M20：1　由前后二体分件制作后铆合而成。一长边中心顶端处附一圆形纽，其底部近两短边的中间各附一铜铆钉，其正面饰有对称的几何纹饰。通长 3.2、宽 1.6、厚约 0.2 厘米（图一五，11）。

M36：3 - 5　由铜条扭曲而成，截面呈方形。长 1.7、宽 1.1、厚约 0.2 厘米（图一五，12）。

M36：3 - 6　由前后二体分件制作后铆合而成。四边中两边平整，另两边的中部有突起和对应的凹槽，正面中部起脊，其底部中心近两短边处各附一铜铆钉。长 2.2、宽 1、厚约 0.2 厘米（图一五，13）。

"品"字形铜饰 4 件（套）。

M20：1 - 5　由前后二体分件制作后铆合而成。三端各呈方块状，中间鼓包，其底面相应形成圆形凹坑。底面三端近边中间处各附一铜铆钉。长 2.2、宽 1.7、厚 0.2 厘米（图一五，14）。

M37：6 - 1　由前后二体分件制作后铆合而成。三端各呈三角状，中间鼓包，其底面相应形成圆形凹坑。底面三端中间各附一铜铆钉。长 1.6、宽 1.2、厚 0.3 厘米（图一五，15）。

M37：6 - 2　平面呈"品"字形，由前后二体分件制作后铆合而成。三端各呈半圆形，中间鼓包，其底面相应形成圆形凹坑。底面三端中间各附一铜铆钉。长 2.3、宽 1.7、厚 0.2 厘米（图一五，16）。

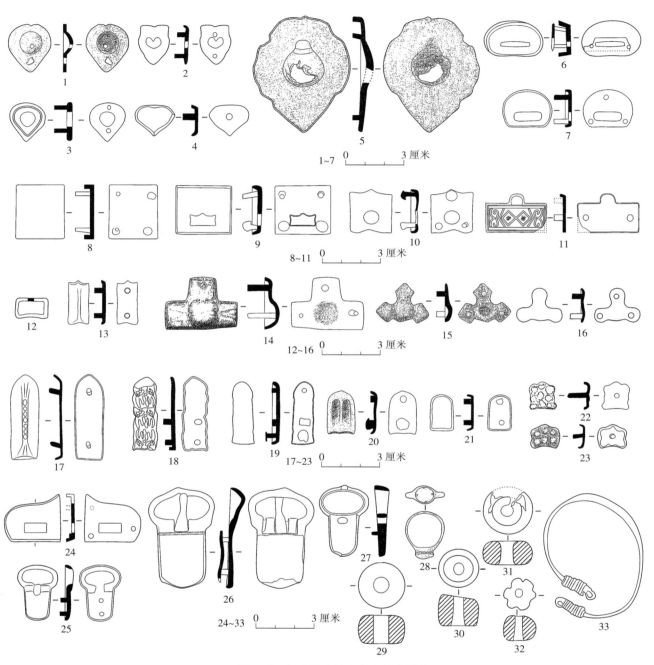

图一五　竖穴偏室墓中出土部分器物

1~5. 桃形铜扣饰（M20：8－1、M20：8－2、M36：3、M20：8－3、M20：2）　6~7. 半圆形铜扣饰（M42：5、M36：3－1）
8~13. 方形铜扣饰（M36：3－2、M36：3－3、M36：3－4、M20：1、M36：3－5、M36：3－6）　14~16. "品"字形铜扣饰
（M20：1－5、M37：6－1、M37：6－2）　17~21. 圆头三角形铜扣饰（M20：1－8、M36：3－7、M36：3－11、M36：3－8、
M36：3－12）　22~24. 不规则形铜扣饰（M20：1－11、M36：3－13、M36：3－9）25~27. 铜带扣（M36：3－5、M36：3－6、M20：3）
28. 铜戒指（M36：6）　29、31. 铜戒指（M20：14－1、M20：14）　30、32. 料珠（M20：10、M20：11）33. 铜手镯（M36：7）

　　圆头三角形铜饰，共5件（套）。

M20：1－8　平面呈圆头三角形，上端圆弧，下端方角。由前、后两部分制作铆合，以夹革带，其背面正中的上、下两端各附一铜铆钉。器表饰有竖线及乳突纹。通长4.6、宽1.4、厚约0.1厘米（图一五，17）。

M36：3－7　上端圆弧，下端方角。由前、后两部分制作铆合，以夹革带，其背面附有两颗铆钉。器表饰有不规则几何纹。通长3.9、宽1.2、厚约0.2厘米（图一五，18）。

M36：3－11　上端圆弧，下端方角。由前、后两部分制作铆合，以夹革带，其背面正中附三颗铜铆钉。通长3.3、宽1.1、厚约0.2厘米（图一五，19）。

M36：3－8　上端圆弧，下端方角。由前、后两部分制作铆合，以夹革带，其背面正中的上、下两端各附一铜铆钉。器表有两道凹槽，两槽间自然成脊。通长2.3、宽1.4、厚约0.1厘米（图一五，20）。

M36：3－12　上端圆弧，下端方角。由前、后两部分制作铆合，以夹革带，其背面正中附两颗铜铆钉。通长1.9、宽1.2、厚约0.1厘米（图一五，21）。

不规则形铜饰，共3件（套）。

M20：1－11　由前、后两部分制作铆合，以夹革带，其背面正中附一铜铆钉。器表饰9颗乳突。通长1.5、宽1.3、厚约0.2厘米（图一五，22）。

M36：3－13　由前、后两部分制作铆合，以夹革带，其背面正中附一铜铆钉。器表饰6颗乳突。通长1.5、宽1.3、厚约0.2厘米（图一五，23）。

M36：2－9　由前、后两部分制作铆合，以夹革带，近直边处有一长1.1、宽0.5厘米的孔眼。其背面附三颗铜铆钉，其中一颗缺失。长3、宽2.5、厚约0.2厘米（图一五，24）。

铜带扣3件，形制基本一致。

M36：3－5　残。由扣柄、扣环、扣针、扣轴相连而成，扣柄背面有两颗铆钉。因腐朽严重，扣针缺失。扣柄长方形，一端略狐；扣环扁环形，与扣针相接处向上拱起；扣轴铁质；圆柱形铆钉。通长2.9、扣柄宽2、厚约0.2厘米（图一五，25）。

M36：3－6　形制如上，通长5.4、扣柄宽2.4、厚约0.2厘米（图一五，26）

M20：3，残，形制如上，通长3.8、扣柄宽2.5、厚约0.3~0.5厘米（图一五，27）。

铜戒指　仅1件。

M36：6　平面近圆形，戒面镶有圆形宝石一块，宝石缺失。直径约2厘米（图一五，28；图版四〇，1）。

铜耳环2件。

M20：14－1　平面呈圆形，铜片卷合而成。直径2.4、高1.5厘米（图一五，29）。

M20：14　残。平面呈圆形，铜片卷合而成。直径2.5、高1.2厘米（图一五，31）。

铜手镯1件。

M36：7　麻布包裹。平面呈环形，一端不闭合，不闭合处两端由铜条回折成环状，而后在铜条端处以铜丝缠绕，周长20.1、厚约0.1厘米（图一五，33；图版四〇，2）。

料珠2件。

M20：10　石珠，呈算珠状，中部有圆形孔。直径2.1、高1.7厘米（图一五，30）。

M20:11　平面呈花瓣状，中部有圆形孔。直径 1.7，高 1.7 厘米（图一五，32）。

铁器主要有铁箭镞、铁刀、铁马镫，均锻造而成。

铁镞 4 件。

M47:3-1　头部残缺，带铤，铤及镞头横截面分别呈圆形。通长 9.4、镞头 3.8 厘米（图一六，1）。

M47:3　三翼，翼的平面呈叶状，带铤。通长 11.3、翼展 4.8 厘米（图一六，2）。

M36:1　三翼，翼部残缺。残长 7.5 厘米（图一六，3）。

M36:1-1　三翼，有铤，横截面呈圆柱形铤。通长 10.2、翼展 3.4 厘米（图一六，4）。

铁刀 2 件。

M20:9　铜柄铁刀，由铁刀和铜柄两部分组成。铁刀直背直刃，铜柄平面呈"工"形，截面呈椭圆形，中空。器身饰有压印的直线纹及镂空。通长 12.6、铁刀长 9.2、宽 0.6~1.4 厘米；铜柄长 4.5、宽 1.1~2.1、厚 0.14 厘米（图一六，5）。

M36:2　首、刃两端略有残缺。横截面呈三角形，背、刃微弧。通长 18.5、刃长 1.9 厘米（图一六，6）。

铁马镫 1 件。

M47:2　残。镫环圆形带孔，镫柄截面呈圆形，镫板扁平状。通长 17 厘米（图一六，7）。

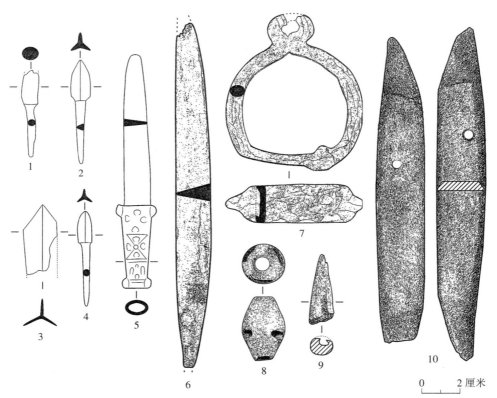

0　　　　2 厘米

图一六　竖穴偏室墓中出土部分器物

1~4. 铁镞（M47:3-1、M47:3、M36:1、M36:1-1）　5. 铜柄铁刀（M20:9）　6. 铁刀（M36:2）
7. 铁马镫（M47:2）　8、9. 骨器（M20:7、M36:11）　10. 骨弓弭（M25:1）

骨器 3 件。

M20∶7 平面呈橄榄形，中空，器身中部有三个长 1、宽 0.4 厘米的等间距孔眼。通长 3.4、宽 2.2 厘米（图一六，8）。

M47∶1 残。平面呈圆锥状，銎孔。通长 4、最大截面直径 1.2 厘米（图一六，9）。

M25∶1 骨弓弣一对，横截面呈梯形。一端钻有直径为 0.5 厘米的小孔。通长 17.8、16.3、厚约 0.5 厘米（图一六，10）。

3. 竖穴洞室墓

共发掘 13 座。分布较为集中，地表多有平面略呈圆形或长方形的土石封堆，极个别为石圈。竖穴平面呈东西向长方形，洞室统一开口于穴壁西侧，有的墓葬以卵石封堵墓口。除个别墓葬因盗扰葬式不明外，其余墓葬皆为单人一次葬，仰身直肢，头南脚北。有的墓葬在竖穴内殉葬有马，随葬品有陶器、铜器、铁器、骨器、石器。

（1）墓葬举例

M15 位于 M13 南 10 米、M14 东 10 米，墓向 160 度。地表有平面略呈长方形的土石封堆，长 4、宽 2 米，略高于地表。竖穴平面呈东西向圆角长方形，长 1.2、宽 0.9、深 1.20 米。洞室开口于墓室西壁，平面呈椭圆形，平底、弧形顶。口部距地表 0.75 米，长径 2.1、进深 0.65、高 0.5 米。洞室内葬 1 人，骨骼保存较差，头南脚北，仰身直肢，面朝上。头骨东随葬羊肩胛 1 件，羊骨北随葬木柄铁刀 1 件，刀尖下随葬"开元通宝"钱币 1 枚，墓室填土中出土银环 1 件（图一七）。

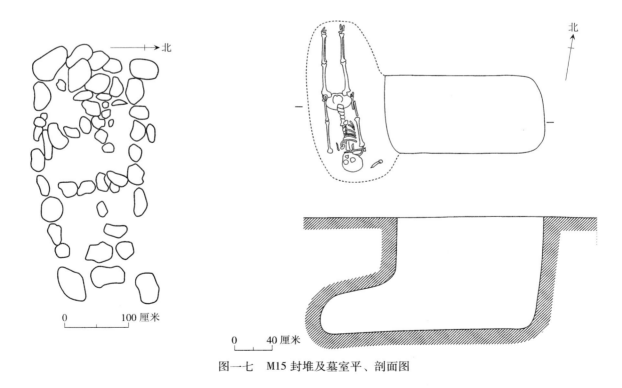

图一七 M15 封堆及墓室平、剖面图

M16 南距 M17 约 3 米，北距 M15 约 5 米，墓向 156 度。地表原有土石封堆，现仅残剩半圆形。长径约 3.3、短径约 2.2 米，高度与地表齐平。竖穴平面呈东西向长方形，长约 1.9、宽约 1、深约

1.5 米。竖穴内填黄褐色土，土质较为疏松。洞室开口于墓道西壁，平面呈南北向长方形，平底、弧形顶，长 1.85、进深 1、高 0.25 米。洞室内葬 1 人，仰身直肢，头南脚北，面向上。墓主左肱骨处随葬装有箭镞的木质箭囊 1 件，盆骨左侧出土铁器 1 件，头骨右侧出土马肩胛骨 1 块及铁器 1 件（图一八；图版三一，2）。

图一八　M16 封堆及墓室平、剖面图

　　M19　位于 M23 北 5 米，墓向 170 度。地表有平面略呈长方形的土石封堆，长 3.5、宽 2.7 米。竖穴平面呈东西向圆角长方形，直壁，长 1.6、宽 0.84、深 1.3 米。洞室开口于竖穴西壁，口部以自上而下的五层卵石封堵。洞室平面呈椭圆形，平底、弧形顶，长 2.2 米，进深 1.3、高 0.9 米。竖穴底部高于洞室底约 0.3 厘米。洞室内葬 1 人，仰身直肢，头南脚北，面朝上。墓主右肩胛骨处随葬羊肩胛 1 件，盆骨处随葬铁质钩形器 1 件、料珠 1 件（图一九；图版三一，3）。

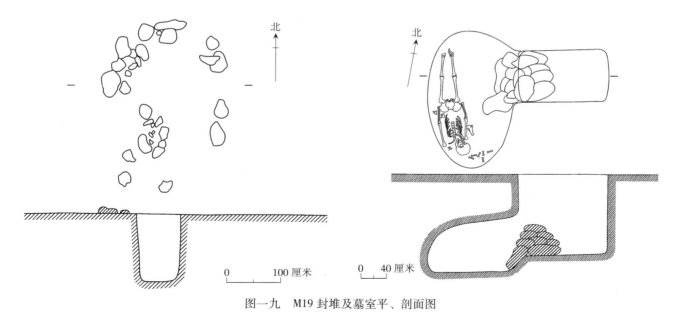

图一九　M19 封堆及墓室平、剖面图

M22 西距 M22 约 13 米，北距 M12 约 6 米。墓向 162 度。地表有平面略呈椭圆形的土石封堆，长径 3 米，短径约 2.8 米，高略与地表平齐（图版三二，2）。竖穴平面呈东西向圆角长方形，长1.7、宽 0.98、深 0.12 米。洞室开口于竖穴西壁，口部以卵石封堵。洞室平面呈南北向长方形，平底、弧形顶，长约 2.2、进深约 1.15、高约 0.58 米。竖穴底部高于洞室底 0.22 米。墓主左尺骨处随葬铁刀 1 件，胸骨处随葬铜环 1 件，右耳下随葬石质坠饰 1 件（图二〇；图版三三，1）。

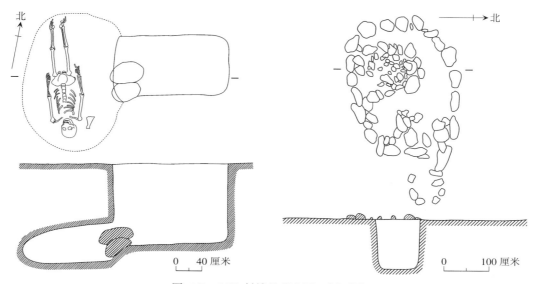

图二〇   M22 封堆及墓室平、剖面图

M35 北距 M34 约 15 米，南临 M36 约 5 米，墓向 261 度。墓葬地表有平面呈椭圆形的土石封堆，东西长径约 5 米，南北短径约 3 米，高度基本与地表齐平。竖穴平面呈东西向长方形，长约 2.2、宽约 0.9、深约 1.4 米，竖穴内填黄褐色土，土质较为疏松，包含有大量的小卵石。竖穴平面呈东西向长方形，长约 2.56、宽约 0.9、深约 1.45 米。在竖穴西壁，距墓室开口约 0.5 米处，有弧形顶小龛，东西长约 0.9、进深约 0.35、高约 0.4 米，龛底有巨形卵石一块。竖穴底部殉葬有马一匹，头西脚东，背靠南壁，四肢弯曲，嘴含铁马衔。洞室开口于竖穴南壁西端，在竖穴与洞室之间有长 0.7、宽0.44、高 0.7 米的甬道，甬道口以卵石封堵。洞室呈东西向长方形，平底、弧形顶，开口距地表0.73、长 2.01、进深 1.4 米。洞室内葬一人，仰身直肢，头西脚东，面朝上，中年男性。墓主头顶南侧随葬盛有羊肩胛的木盘 1 件（腐朽严重未采集），上身南侧随葬装有箭镞的木质箭囊 1 件（箭囊腐朽严重未采集，仅采集箭镞），腰部随葬铜腰带 1 件，左手处随葬铁刀 1 件，洞室东北端随葬铁马镫2 件（图二一；图版三五，1）。

M37 北临 M36，墓向 205 度。墓葬地表有平面略呈圆形直径约 5.8 米的土石封堆，封堆略高于地表，其西北侧有盗洞 1 个。封堆下距离盗洞不远处出土铁马镫 2 件、铁马衔 1 件，竖穴平面呈东西向圆角长方形，长 1.65、宽 0.65、深 0.98 米。竖穴内填黄褐色土，土质较为疏松。距竖穴口 0.65、有一根残长约 0.15 米的木柱。洞室开口于竖穴西壁，平面呈南北向椭圆形，长 2、进深 1.12、高0.52 米。洞室内葬一人，仰身直肢，头南脚北，面朝上，老年女性。墓主头骨右侧随葬羊排，耳部随葬铜耳环 2 件，左尺骨处随葬木柄铁刀 1 件，腰部随葬有残铜镜 1 件、铜刀柄 1 件、残铁刀 1 件，

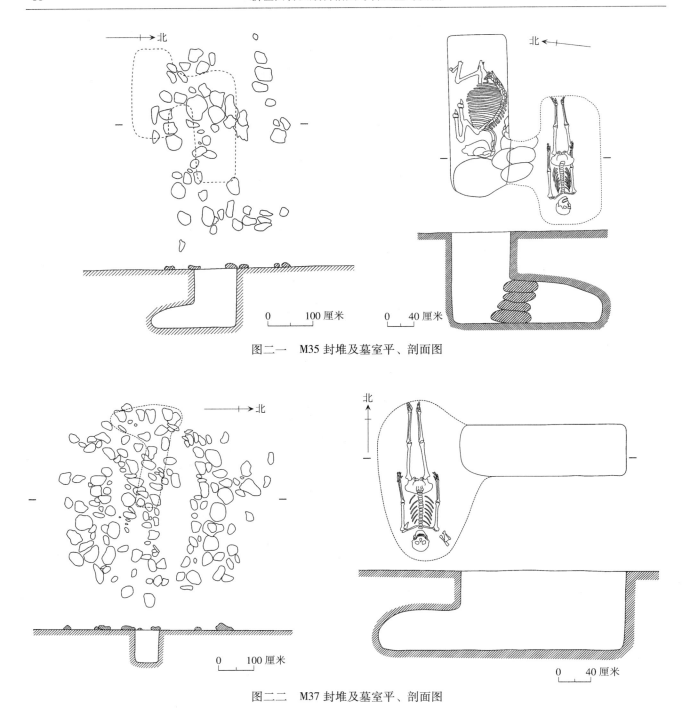

图二一　M35 封堆及墓室平、剖面图

图二二　M37 封堆及墓室平、剖面图

双腿腓骨外侧随葬有"心"形铜饰 2 件，脚踝处随葬有脚链 2 条（图二二；图版三五，2、3）。

（2）随葬品

主要有铁器、铜器、料珠、银器。

铁器　均锻造而成，主要有铁刀、铁马镫、铁马衔、铁剑、铁带扣。

铁刀　共 6 件。

M22：3　柄、刃分界明显，直背，弧刃，柄、刃部横截面呈长方形和三角形。通长 12.1、刃长

3.6 厘米（图二三，1）。

　　M21：2　刀端残缺。柄、刃部横截面分别呈长方形和三角形，弧背，弧刃。通长 11.1、刃长 4.3 厘米（图二三，2）。

　　M15：1　两端均残，柄、刃分界明显，直背，弧刃，刃部截面呈三角形。通长 12.7、刃长 9 厘米（图二三，3）。

　　M18：4　两端均残，柄、刃分界明显，弧背弧刃，刃端略微向上翘起，柄、刃横截面呈长方形和三角形。柄部有木质痕迹，已残朽不存。通长 12.8、刃长 8 厘米（图二三，4）。

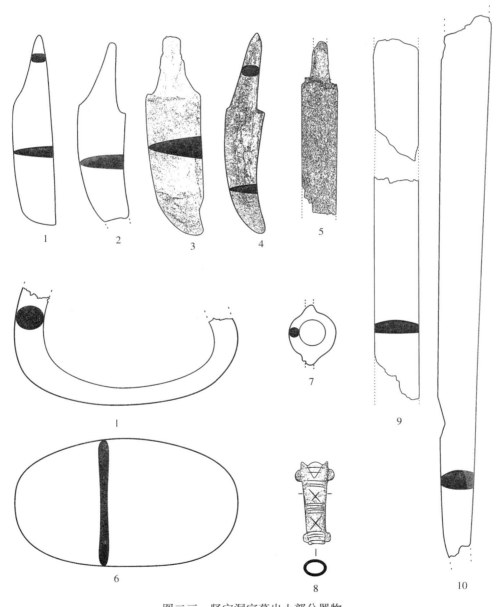

图二三　竖穴洞室墓出土部分器物

1～5、10. 铁刀（M22：3、M21：2、M15：1、M18：4、M37：2、M43：2）　6. 铁马镫
（M47：2-1）　7. 铁马衔（M35：2）　8. 铜刀柄（M37：4）　9. 铁剑（M43：1）

M37：2　柄、刃两端残缺，柄、刃分界明显，直背，直刃，纵剖面分别呈长方形和三角形。残长 11、刃部残长 8.3 厘米（图二三，5）；

M43：2　首、尾两端及刃部残缺，直背，弧刃，横截面呈三角形。通长 34.4、厚 1.2～1.6 厘米（图二三，10）。

铁马镫 1 件。

M47：2 - 1　残。镫系截面呈圆形，镫板平面呈椭圆形，截面呈扁平状。残高 7.4、镫板长径 8.1、短径 13.8 厘米（图二三，6）。

铁马衔 1 件。

M35：2　铁棍锻打弯曲而成，截面呈圆形，环之两端残缺。环径 2.9、截面直径 0.6 厘米（图二三，7）。

铁剑 1 件。

M43：1　剑首、身两端已残缺。纵剖面呈椭菱形。残长 24、厚约 0.85 厘米（图二三，9）。

铁带扣 1 件。

M13：2　残。由扣环、口舌、扣柄组成，扣柄缺失。扣环平面呈圆形，截面亦圆形，扣舌呈长条形，截面呈方形。扣环直径 3.5、截面直径 0.8 厘米（图二四，6）。

铜器　主要有铜刀柄、铜耳环、铜镜、铜饰件。

铜刀柄 1 件。

M37：4　平面呈"工"形，模制而成器表有直线及直、斜线相交叉的阴线纹饰。纵剖面呈椭圆形。通长 5.2、宽 1～2.4、厚 0.2 厘米（图二三，8；图版四〇，3）。

铜耳环 2 件。

M21：1　铜条弯曲成环，一端不闭合，不闭合处附近贴附铜丝制成的小穿。直径 6.4、截面直径 0.5 厘米（图二四，1）。

M37：1　铜片包裹而成，中空，铜片结合处有缝隙，纵剖面呈圆环状，一端不闭合，直径 3 厘米（图二四，3）。

铜镜 1 件。

M37：5　镜缘略残。圆形，三重圈由外而内将境分为外、中、内三区。外、中区间饰 13 组由正反倒置的数字"6"组合成对的几何纹，中区饰花草纹，内区饰 8 组"S"形纹。乳钉形纽，纽中部有圆形穿孔。直径 7 厘米（图二四，9）。

铜饰件 2 件。

M37：6　圆头三角形铜饰，平面呈梯形，上端外弧，阳面饰蝶形纹，阴面附三颗截面呈圆形的铆钉。通长 4、宽 1.3、厚约 0.2 厘米（图二四，7）。

M43：6 - 1　圆头三角形铜饰，平面呈半圆形，边缘处有数道凹槽，背面附有三颗截面呈圆形的铆钉。直径 4、高 2.1 厘米（图二四，8）。

料珠 1 件。

M19：1　石珠黑色，截面呈圆形，中部有圆形孔。通长 2.18、厚 0.2～0.3 厘米（图二四，4）。

石坠饰 1 件。

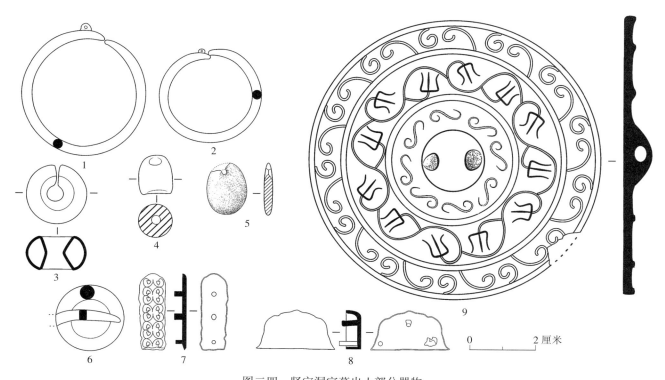

图二四　竖穴洞室墓出土部分器物

1~3. 耳环（M21∶1、M18∶1、M37∶1）　4. 料珠（M19∶1）　5. 石坠饰（M22∶4）

6. 铁带扣（M13∶2）　7、8. 铜饰（M37∶6、M43∶6－1）　9. 铜镜（M37∶5）

M22∶4　平面呈椭圆形，其一端有两面对钻的圆形孔。长径1.7、短径1.2、厚0.3厘米（图二四，5）。

银耳环1件。

M18∶1　模制而成，一端不闭合，环之一端贴附银丝制成的小穿。直径5.3、截面直径0.5厘米（图二四，2）。

三　结语

2010年白杨河墓地的发掘是阜康地区近年来又一处重要的考古发掘，本次所发掘的墓葬种类多样，出土器物丰富，其中尤以竖穴洞室墓最具特色，为新疆地区考古所罕见，为新疆地区史前考古增添了新的重要的资料。前文我们将本次发掘的墓葬进行了分类介绍，之所以采用这样的介绍方式，是因为在发掘的过程中，我们已经注意到了各个类型墓葬中的这些差异。当然，这只不过是大体上的一些差异，往细节上分析我们发现在竖穴土坑墓中仍然存在着随葬品、葬式、葬俗上的差异，且差异较大。

（一）墓葬的时代

由于缺乏可以利用的叠压及打破关系，对于这批墓葬年代的判断，我们是通过与典型墓葬的对比实现的。其具体的方法是首先在不同类型的墓葬中选择几座葬式、葬俗比较明确，随葬器物比较多的墓葬，而后将其余墓葬与之相比较，对整个墓地的墓葬进行分组，最后将各组墓葬与新疆特别是阜康近年来所发掘的墓葬进行比较，从而得出整个墓地的相对年代。另外，我们对墓地中几座比较典型的墓葬进行了碳十四测年，所测标本为本次发掘出土的骨骼，主要是墓主的手指骨和脚趾骨。

第一组墓葬为以 M2 为代表的竖穴土坑墓，还包括 M11、M45、M46，在葬俗上个别在墓葬的封堆下部、墓室外围一侧随葬陶罐，以单人仰身直肢葬为主，随葬品以陶器为主，未见铜器及铁器。此组墓葬与在阜康西沟墓地的一座墓葬在葬俗上基本一致[1]，另外与大龙口墓地[2]中个别墓葬也是统一的，在出土器物上也较为一致，属于苏贝希文化的范畴。根据邵会秋先生对苏贝希文化的分期，此次发掘的墓葬属于苏贝希文化的第二期，并且邵先生认为其绝对年代当在前 7 ~ 前 5 世纪[3]，这与我们测定的 M2 碳十四的年代（距今 2410 ± 30 年，树轮校正年代为公元前 580 ~ 前 430 年）较为一致。

第二组墓葬为以 M20 为代表的竖穴偏室墓，个别墓葬在墓道内殉葬有马，以单人仰身直肢葬为主，偏室绝大部分开口于墓室北壁，随葬品主要以马具为主，包括马镫、马衔以及马上的青铜饰件，另有一些铜刀、铁刀、铁箭镞、箭囊、耳环之类的器物，仅一座墓葬出土陶器。此类墓葬与阜康西沟以及在阿勒泰哈巴河[4]均有发现，其中中泰化学工地在墓葬形制上与本组墓葬形制相似，出土器物亦有相似性尤以殉马上铜饰件及铜腰带更为一致。此类墓葬经碳十四检测的两组数据分别为：M25 距今 1395 ± 30 年，树轮校正年代为距今 640 ~ 720 年；M36 距今 1170 ± 30 年，树轮校正年代为距今 860 ~ 900 年，相当于唐代。

第三组墓葬为以 M35 为代表的竖穴洞室墓，此类墓葬中个别墓葬有殉马的习俗，葬式上流行单人仰身直肢葬，洞室一般开口于竖穴西壁，随葬品主要有铁刀、马具（包括马镫、马衔及马皮带上的饰件）、耳环、戒指等随身器物。随葬品以及葬俗与第二组墓葬较为一致，值得一提的是本组墓葬中出土的银耳环与中泰化学工地一座墓葬中出土的银耳环如出一辙，只不过是大小稍有差别。鉴于以上的这些，我们认为本组墓葬当与第二组墓葬年代相当，在其中一座墓葬中出土有"开元通宝"，说明此类墓葬不早于唐代。所做的几组碳十四年代测定，也为我们分析墓葬的年代提供了重要的参考，M12 距今 890 ± 25 年，树轮校正年代为距今 1155 ~ 1260 年；M13 距今 980 ± 30 年，树轮校正年代为距今 1020 ~ 1170 年；M16 距今 995 ± 25 年，树轮校正年代为距今 1020 ~ 1060 年；M37 距今 1155 ± 25 年，树轮校正年代为距今 880 ~ 990 年。

另外，这里还有一组墓葬即以 M4 为代表的竖穴石棺墓，此组墓葬流行单人二次葬，出土器物甚少，仅有个别铁刀及银器等，由于缺乏必要的对比材料，目前不宜对其年代做相应的分析。

（二）经济形态

第一组墓葬的随葬品以陶器为主，器型有罐、釜、碗、杯等，这些器物有双耳器和单耳器，又可分为平底器和圜底器，部分陶器器表残留大面积烟炱，表明其为生活中的实用器。这些迹象，尤其是平底陶器占有一定的比例，表明此阶段的人群从事着农业经济活动。另外，墓葬中普遍附葬羊骨，有些墓出土大量马骨，说明这些人群还从事一定的牧业活动。综上所述，我们初步推断第一阶段的墓主人从事半农半牧的经济活动。

第二组墓葬中普遍随葬羊骨和铜铁器，器型以刀、箭、带扣、饰品为大宗，陶器仅见一陶碗和数块陶片。另外，少数墓葬还存在殉葬整牲的葬俗。从随葬品组合及附葬动物肢体甚至整牲的葬俗判断，这批墓主人主要从事游牧及狩猎活动。

第三组墓葬中普遍随葬羊骨，个别墓葬在竖穴墓道中存在殉马的现象。其次，器物组合上，竖穴洞室墓中大量随葬铁器，尤以铁刀为最。铁刀形制较一致，绝大多数带柄，从个别保存相对较好的铁刀判断，这些铁刀的铁柄曾用木片包裹且都为实用器。从随葬品的功能角度分析，该型墓中不见陶器甚至连一块陶片亦未能伴出，装饰品却相对更为丰富、别致，这成为竖穴洞室墓的又一显著特征。综上所述，我们推断第三阶段墓葬的墓主人是典型的从事游牧狩猎活动的游牧民族。

领队：阮秋荣

发掘：阮秋荣　王永强　田小红　苏玉敏　冯　超　胡望林　于英俊

绘图：冯　超　王永强　张　杰

照相：阮秋荣　刘玉生　王永强

执笔：胡望林　张　杰

注　释

[1] 资料正在整理。

[2] 新疆文物考古研究所：《吉木萨尔县大龙口古墓葬》，《新疆文物》1994 年第 4 期。

[3] 邵会秋：《新疆史前时期文化格局的演进及其与周邻地区文化的关系》，吉林大学博士学位论文，2007 年。

[4] 资料正在整理。

阜康市臭煤沟墓地发掘简报

新疆文物考古研究所

2010年6月为了配合阜康市晋泰实业有限公司三煤矿建设，新疆文物考古研究所对工程所涉及的古墓葬进行了发掘，共发掘墓葬21座，现将本次发掘情况介绍如下：

一 地理环境

阜康市地处天山山脉东段北麓，准噶尔盆地东南缘，市境南高北低，由东南向西北倾斜，分成显明的山区、平原、沙漠三个地貌单元，属典型中温带大陆气候。南部山区横居连绵起伏的博格达山，主峰博格达峰海拔5445米，终年冰雪覆盖，山峰向北岗峦起伏，形成辽阔的山冈丘陵地带，其间有冰川、盆地、森林、草场、戈壁，中部平原，地形平坦，土层深厚，为洪水冲积地带，地下水丰富，北部沙漠地区，覆有固定、半固定沙丘。臭煤沟位于南部五工乡上斜沟村，北距上斜沟村约5公里，地理坐标为：北纬44°03′54.9″，东经88°11′56.2″。本次发掘的墓葬主要位于三煤矿矿井口部以及矿区的建设用地范围以内（图一；图版四一）。

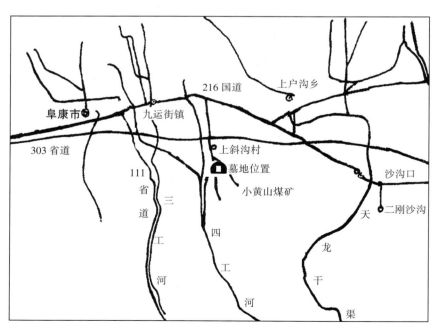

图一 阜康市臭煤沟墓地位置图

二　墓葬形制

墓葬地表一般均有平面呈圆形的土石封堆，封堆直径 2 ~ 4 米，高度 0.1 ~ 0.5 米。依据墓葬形制的不同，我们将本次所发掘的墓葬分为竖穴土坑墓、竖穴偏室墓、竖穴石棺墓。竖穴石棺墓的建造方式为首先建竖穴，而后在竖穴内用片石修建石室，最后在石室上部竖向盖有一层或几层的石盖板，形成石棺。竖穴偏室墓基本构造为：首先建一竖穴土坑，而后在土坑的一侧横向的挖掘偏室，均为南偏室。

三　葬式、葬俗

所发掘的 21 座墓葬中，葬式主要有仰身直肢、侧身屈肢、二次葬。以仰身直肢为主，其次为侧身屈肢，最后为二次葬。以单人葬为主，仅两座墓葬为双人合葬。在墓葬封堆下部与墓室开口处于同一平面的个别墓葬中，墓口北部发现有少量的陶片。另一个值得注意的现象是，我们发现所有的石棺墓的二次葬，其上部的石棺盖板有的不存，有的已被破坏。

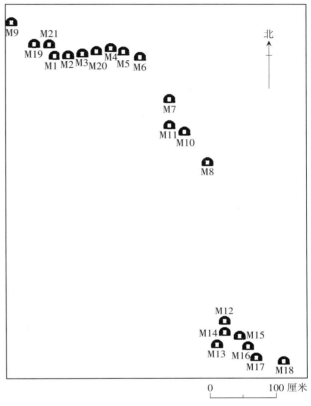

图二　墓葬分布图

四　墓葬形状与墓向

从发掘情况来看，竖穴土坑墓和竖穴石棺墓，墓葬形状绝大多数平面呈圆角长方形。竖穴偏室墓的竖穴均呈圆角长方形。从总体来看，竖穴土坑墓相对较浅，竖穴石棺墓和竖穴偏室墓相对较深，墓葬均东西向。

五　随葬品

21 座墓葬中，共出土随葬品 57 件（套），有陶器、铜器、铁器、骨器。陶器共 40 件，均为夹砂陶，夹砂陶中又以夹细砂陶为主，火候较高，陶器绝大多数出土于墓主头顶部，仅个别在墓室填土、封堆下部及墓室中部。均手制，器形主要有陶杯、陶罐、陶钵。其中以单耳陶杯为最多，以平底器为主，少量的圜底器，未见彩陶，有的在器表有一周附加堆纹，有的在器物腹部有两个或三个月牙形或乳突形錾，个别陶片在口沿下有一周穿孔，大多数器物在腹部及底部有烟熏痕。铜器共 4 件，均青铜质，主要是一些饰件。铁器共 8 件，均锻造而成，可辨器形的有铁刀、铁剑、鹤嘴锄、铁镢等。骨器仅 3 件，主要有带扣、骨饰件。

六　墓葬分述

M1　东南距 M2 约 5 米，北距 M19 约 7 米，墓向 245 度，地表有平面呈圆形的土石封堆，直径约 5、最高处约 0.3 米。墓室位于封堆中部，竖穴土坑墓，平面略呈东西向长方形，长约 2.25、西端宽约 0.84、东端宽约 0.6、深约 0.7 米，墓口有积石，积石下平铺一层石板，墓室内填土较为疏松，包含有大量的页岩，土色黄褐色。墓室内人骨一具，仰身直肢，头西脚东，面向上，头部枕有一块石板，在墓主额部、后脑、顶部均发现有钻孔（图版五〇，2）。在墓室西北端出土陶壶 1 件（图三、图四）。

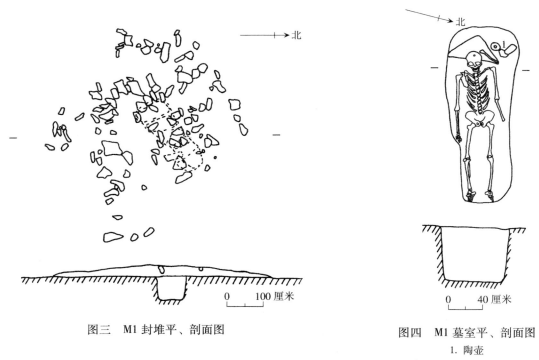

图三　M1 封堆平、剖面图

图四　M1 墓室平、剖面图
1. 陶壶

随葬品 1 件。

陶壶 M1：1　夹砂灰陶，手制，侈口，平沿，高颈，鼓腹，平底。腹部有两个对称乳钉，高约 14.4、口径 2.6、最大腹径 8.2、底径 5 厘米。底部及腹部一侧有烟熏痕（图五，1；图版四八，1）。

M2　北距 M1 约 5 米，东南距 M3 约 6 米，墓向 230 度。地表有平面略呈圆形的土石封堆，直径约 5、最高处约 0.15 米。竖穴土坑墓，墓室位于封堆西部，平面呈东西向长方形，长约 1.7、宽约 0.74、深约 0.84 米。墓室口部有积石，墓室内填土较为疏松，包含有大量的页岩，土色黄褐色。墓室内人骨两具，分上下层，两层人骨之间无间隙。上层人骨为青年女性，侧身右屈肢，头向北，面向下，左腿斜向伸直，右腿卷曲较为严重。下层人骨为儿童，仰身直肢，头西脚东，面向上，头部位于上层人骨右腿膝盖处。墓室填土内出土陶钵口沿残片 2 件，墓室西部出土陶杯 1 件、上层人骨腹部及墓室西部紧贴南壁分别出土陶钵口沿 1 件，此两件口沿可拼对为一件（图六、图七；图版四二，1）。

随葬品：

陶杯 M2∶1　夹砂灰陶，直口，平沿，尖圆唇，圜底。口径 15、最大腹径 18、高 8 厘米（图八，1）。

陶钵 M2∶2　夹砂红陶，手制，直口，平沿，微鼓腹，平底。腹部有扁平桥形单耳，与耳相对一侧腹部及器底有烟熏痕，口径 7、最大腹径 8、底径 4.4、高 6 厘米（图八，3）。

铜饰件 M2∶3　形制不辨，青铜质，残长约 1.6、宽 1.4、厚 0.2～0.4 厘米（图八，2）。

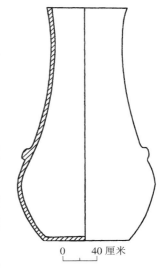

图五　M1 出土陶壶
（M1∶1）

图六　M2 封堆平、剖面图

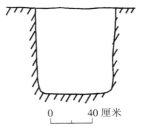

图七　M2 墓室平、剖面图
1. 陶钵　2. 陶杯　3. 残铜件

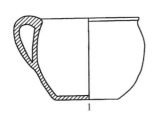

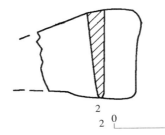

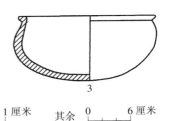

图八　M2 出土陶器与铜器
1. 陶杯（M2∶1）　2. 铜饰件（M2∶3）　3. 陶钵（M2∶2）

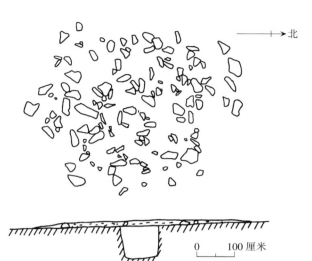

图九　M3 封堆平、剖面图

M3　北距 M2 约 6 米，南距 M4 约 7 米，墓向 235 度。地表有平面呈圆形的土石封堆，直径约 6、最高处约 0.2 米。竖穴石棺墓，墓室位于封堆中部，竖穴平面呈东西向长方形，长约 2.3、宽约 0.9、深约 1.3 米。竖穴口部有积石，填土较为疏松，包含有大量石块，土色黄褐色，竖穴内石棺一具，平面呈东西向梯形，长约 1.9、西部宽约 0.6、东部宽约 0.44、深约 0.4 米。石棺两端各有一块石板、侧面分别由两块石板拼合而成，石棺上部有数块片石拼合而成的石质盖板。石棺内人骨一具，仰身直肢，头西脚东，面向南，头部枕有一块片石。墓主左侧胸部出土铁刀 1 把、盆骨东侧出土陶片数个。均残损严重，无法描述（图九—图一一；图版四二，2；图版四三；1）。

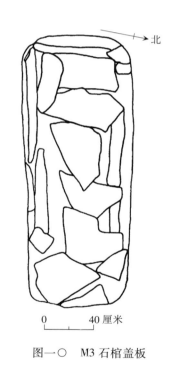

图一〇　M3 石棺盖板

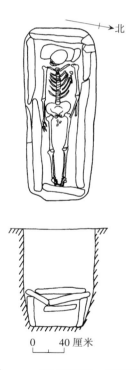

图一一　M3 墓室平、剖面图

M4　北距 M3 约 7 米，南距 M5 约 6 米，墓向 250 度，地表有平面略呈椭圆形的土石封堆，东西长径约 5、南北短径约 4、最高约 0.1 米。竖穴偏室墓，墓室位于封堆中部，竖穴呈东西向长方形，长约 2.2、宽约 0.7、深约 1.8 米。竖穴北部有长约 2.2、宽约 0.4～0.2 米的生土二层台，二层台北高南低，北部高约 40 厘米，南部基本于偏室底部齐平。偏室开口于竖穴南壁，略呈不规则梯形，平底弧形顶，长约 2.26、西端宽约 0.5、东端宽约 0.2、高约 1 米。偏室内葬一人，仰身直肢，头西脚东，面向上。头骨南侧出土陶罐 1 件、单耳陶杯 1 件、陶钵 1 件（图一二、图一三；图版四三，2）。

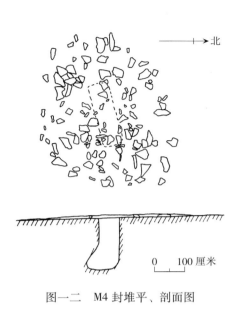

→北

0 100 厘米

图一二 M4 封堆平、剖面图

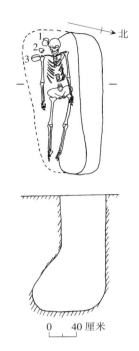

→北

0 40 厘米

图一三 M4 墓室平、剖面图
1. 陶罐 2. 陶杯 3. 陶钵

随葬品共 3 件。

陶罐 M4：1 夹砂灰陶，侈口，平沿，束颈，鼓腹，腹部有圆柱形单耳，平底。底部及腹部一侧有烟熏痕，口径 9、最大腹径 13、高 13.6、底径 6.8 厘米（图一四，3；图版四八，4）。

陶钵 M4：3 夹砂红陶，侈口，方唇，斜直腹，平底，腹部有两个相对称的月牙形錾，腹部有烟熏痕，口径 15.4、最高 6.5、底径 7 厘米（图一四，1）。

陶杯 M4：2 夹砂红陶，直口，平沿，束颈，鼓腹，腹部有圆柱形单耳，平底。口径 6.6、最大腹径 8、底径 4.2 厘米（图一四，2；图版四八，5）。

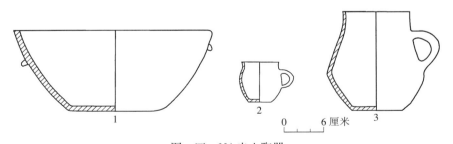

0 6 厘米

图一四 M4 出土陶器
1. 陶钵（M4：3） 2. 陶杯（M4：2） 3. 陶罐（M4：1）

M5 墓向 276 度，地表有平面略呈圆形的土石封堆，直径约 8 米，最高约 0.5 米，墓室位于封堆中部，竖穴石棺墓，竖穴平面呈东西向长方形，长约 2.3、宽约 1.2、深约 3 米。竖穴内填土较为疏松，包含有大量的石块，土色黄褐色。竖穴内有石棺 1 具，由片石垒砌而成，其中东西两壁各有 1 块石板，南北两壁各 3 块，石板厚约 8~10 厘米，在石棺上部有 4 层盖板，每层盖板均有几块石板拼合而成，每两层石板之间有厚约0.1～0.15米的填土。石棺内部长约2、西端宽约0.8、东端宽约0.4、高约0.54米。石棺内葬一人，仰身直肢，头西脚东，面向上。墓主头部西端出土陶钵1件，右耳部出土耳环1件，左肩部出土双耳陶罐1件，右手处出土单耳陶杯1件，左臂部及左手部各出土陶片1件（可拼对为同一件器物），盆骨处出土铁带钩1件（图一五—图一七；图版四四，1、2）。

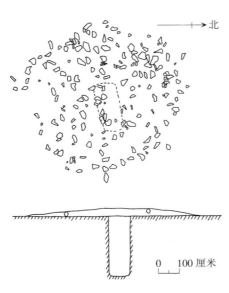

图一五　M5封堆平、剖面图

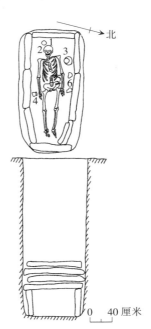

图一六　M5墓室平、剖面图
1. 陶钵　2. 银耳环　3. 双耳陶罐
4. 单耳陶杯　5. 铁带钩　6. 残陶罐

随葬品共7件。

陶罐 M5：3　夹砂红陶，手制，器表施红色陶衣，侈口，平沿，方唇，束颈，鼓腹，腹部有对称的扁平桥形单耳，器耳顶部有圆形的乳突，颈部有一周附加堆纹，平底，底部及腹部有大量烟熏痕。高20.2、口径11.2、最大腹径18、底径9厘米（图一八，1；图版四八，2）。

陶杯共2件。M5：1夹砂灰陶，手制，侈口，尖圆唇，斜直腹，平底。腹部有扁平桥形单耳，底部与耳相对一侧有烟熏痕，口径8.4、高7.5、底径3.6厘米（图一八，5；图版四九，1）。M5：4夹砂红陶，手制，口微侈，平沿，尖圆唇，束颈，鼓腹，腹部有圆柱形单耳，平底，底部与耳相对一侧有烟熏痕。口径6.6、最大腹径6.6、高6.8厘米（图一八，7）。

银耳环 M5：2　上部由银条弯曲而成，在银条下缠绕一条金丝，金丝末端为四个小金球，在金丝上穿有三个料珠，从上至下为白色两个，蓝

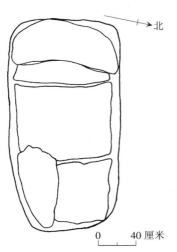

图一七　M5石棺盖板

色一个，通长3.4、银环直径1.3、金丝长1.6厘米（图一八，6）。

铁带钩 M5：5　锻造而成，由一根铁条弯曲而成，长约7.6、宽约0.8～1.3、厚约0.8厘米（图一八，4）。

残铜件 M5：6　青铜质，一端残，残长3.5、宽0.9、厚0.2～0.3厘米（图一八，2）。

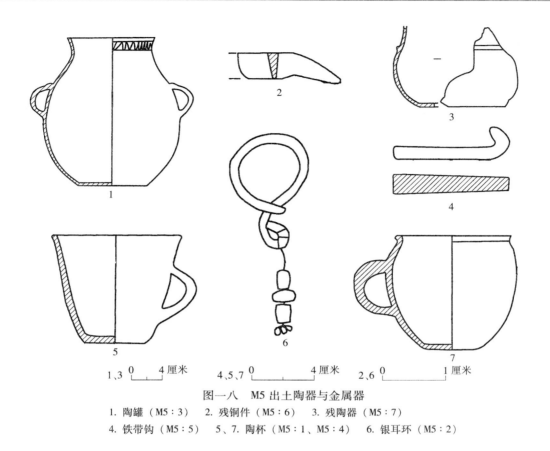

图一八 M5 出土陶器与金属器

1. 陶罐（M5：3）　　2. 残铜件（M5：6）　　3. 残陶器（M5：7）
4. 铁带钩（M5：5）　　5、7. 陶杯（M5：1、M5：4）　　6. 银耳环（M5：2）

残陶器 M5：7　夹砂灰陶，口沿及腹部残，鼓腹，平底，上腹部有一道凸棱。宽约 11、高约
12.4、厚约 0.6 厘米（图一八，3）。

M6　墓向 230 度，地表右平面略呈圆形的土石封堆，直径约 6 米、最高约 0.5 米。墓室位于封堆东
部，竖穴石棺墓，竖穴平面呈东西向长方形，长约 2.4、宽约 1、深约 2.3 米，竖穴内填土较为疏松，包
含有大量石块，土色黄褐色。竖穴内有石棺一具，石棺内部，长约 2.1、西端宽约 0.6、东端宽约 0.4、
高约 0.6 米，石棺由几块片石拼合而成，其中东西两端各有一块，南北两壁各有两块，上部有两层石盖
板，盖板已坍塌。石板厚约 8~10 厘米。墓室内葬一人，仰身直肢，头西脚东，面向北。在竖穴西北角
距墓口深约 0.25 米处出土残陶杯 1 件，墓主头骨左侧出土陶杯 1 件，左手部出土铁箭镞 3 件，墓主右尺
骨上有漆器 1 件，已腐朽，现仅残剩漆皮，采集到部分标本（图一九、图二〇；图版四四，3）。

随葬品共 5 件。

陶杯共 2 件。M6：1，夹砂灰陶，手制，侈口，尖圆唇，束颈，鼓腹，腹部有圆柱形单耳，平
底。口径 6.4、最大腹径 8.6、底径 4 厘米（图二一，1）。M6：2，夹砂红陶，手制，侈口，尖圆唇，
束颈，鼓腹，腹部有圆柱形单耳，圜底。口沿及腹部与耳相对一侧有烟熏痕，口径 5.4、最大腹径
6.2、高 5 厘米（图二一，3）。

铁镞共 3 件，形制相同。M6：3，锻造而成，平面呈三棱形，三翼，底部有铁铤，镞长约 4.8、
铤长约 2.2 厘米（图二一，2）。

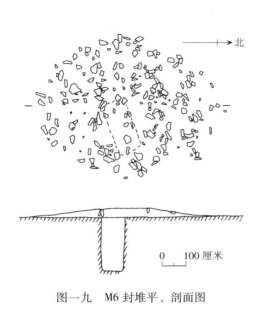

图一九　M6 封堆平、剖面图

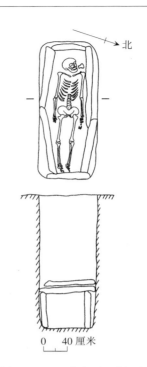

图二〇　M6 墓室平、剖面图

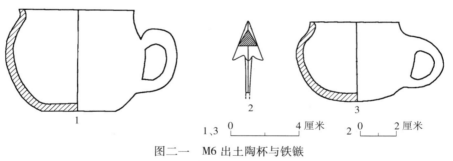

图二一　M6 出土陶杯与铁镞
1、3. 陶杯（M6：1、M6：2）　2. 铁镞（M6：3）

M7　墓向 265 度，墓葬地表有平面略呈圆形的土石封堆，直径约 3、最高约 0.1 米的土石封堆，墓室位于封堆东部，竖穴石棺墓，竖穴平面呈东西向长方形，长约 2.3、宽约 1.1、深约 1.2 米，竖穴内填土较为疏松，包含有大量的石块，土色黄褐色。竖穴内石棺一具，石棺由几块石板拼合而成，其中东、西两端分别有 1 块石板，北壁 3 块，南壁 2 块。石棺上部有盖板，盖板已坍塌。石棺内部长约 2.1、西端宽约 0.8、东端宽约 0.56、高约 0.44 米。石棺内葬一人，仰身直肢，头西脚东，面向上，头部枕有一块石板。在竖穴西端填土内出土陶钵 1 件，墓主头骨西侧出土陶罐 1 件、陶钵 3 件（图二二、图二三）。

随葬品共 5 件。

陶钵 4 件。M7：1，夹砂红陶，敛口，尖圆唇，微鼓腹，平底。口径 5.8、底径 3.4、高 4 厘米（图二四，2）。M7：3，夹砂红陶，直口，窄平沿，尖圆唇，微鼓腹，平底。口径 12.6、高 6、底径 3.2 厘米（图二四，4）。M7：4，夹砂红陶，手制，敛口，平沿内斜，鼓腹，平底。腹部有三个呈品字形分布的圆形乳突，底部及腹部有烟熏痕，口径13.2、最大腹径14、高6.8、底径7.4厘米（图二四，1）。M7：5，夹砂红陶，手制，侈口，平沿，方唇，束颈，鼓腹，圜底。底部及腹部一侧有烟熏痕，口径7.4、高5、最大腹径8.4厘米（图二四，5）。

陶罐 M7：2　夹砂红陶，手制，侈口，尖圆唇，束颈，鼓腹，平底。腹部有扁平桥形单耳，底部及与而相对一侧腹部有烟熏痕，口径8.4、最大腹径11、高11、底径5厘米（图二四，3）。

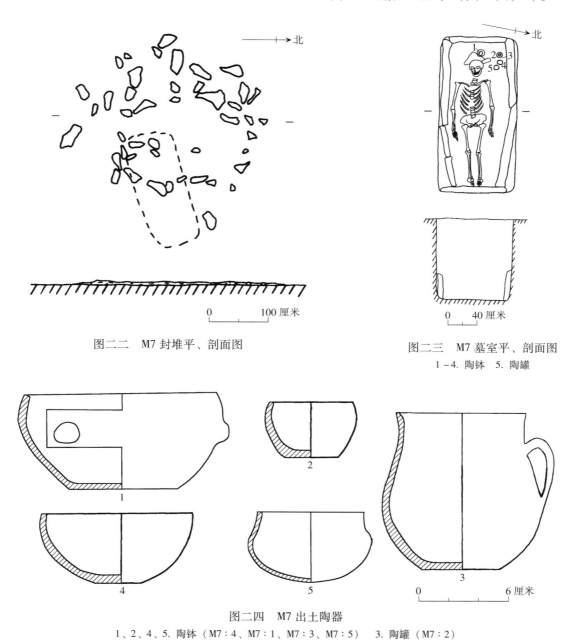

图二二　M7 封堆平、剖面图

图二三　M7 墓室平、剖面图
1～4. 陶钵　5. 陶罐

图二四　M7 出土陶器
1、2、4、5. 陶钵（M7：4、M7：1、M7：3、M7：5）　3. 陶罐（M7：2）

M8　墓向280度，墓葬地表有数块砾石，平面略呈圆形，直径约3、最高约0.2米。墓室位于封堆东部，竖穴石棺墓，竖穴平面呈东西向长方形，长约1.7、宽约0.9、深约0.8米。竖穴内填土较为疏松，包含有大量石块，土色黄褐色。石棺由几块紧贴竖穴壁的片石拼合而成，其中东、西两端各一块，南、北两壁各两块，石棺上部无盖板。石棺内部长约 1.5、宽约 0.7、深约 0.5 米。石棺内葬一人，二次葬，仅在墓室内发现有部分肋骨、指骨、脊椎骨。墓室中部出土串饰 1 件（图二五、图二六）。

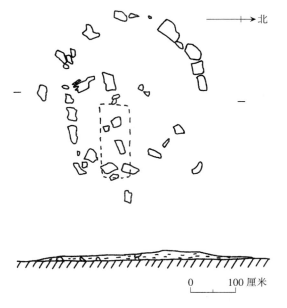

图二五　M8 封堆平、剖面图

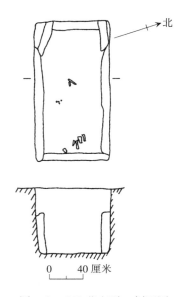

图二六　M8 墓室平、剖面图

图二七　M8 出
土铜珠
（M8：1）

随葬品 1 件串饰。

铜珠 M8：1　共 15 颗，大小相同，圆柱形，中部有圆形孔，直径 0.7、孔径 0.3、厚约 0.4 厘米，出土时数个黏结在一起（图二七，1）。

M9　南距 M19 约 10 米，墓向 223 度，地表有平面略呈圆形的土石封堆，直径约 4.5 米，最高处约 0.2 米。墓室位于封堆东部，竖穴土坑墓，平面呈东西向长方形，长约 2.2、宽约 1.3、深约 1.3 米。墓室内填土较为疏松，土色黄褐色，包含有大量的石块。在墓室北部有长约 2.2、宽约 0.54、北部高约 0.16 米，南部与墓地齐平的斜坡状生土二层台。墓室内葬 1 人，右侧身屈肢，头西脚东，面向南，双腿微屈，头骨西侧随葬有羊尾骨（图二八、图二九）。

M10　墓向 85 度，地表有平面略呈圆形的土石封堆，直径约 4、最高约 0.2 米，墓室位于封堆东部，竖穴石棺墓，竖穴平面呈东西向长方形，长约 2、宽约 1、深约 1.2 米。竖穴内填土较为疏松，包含有大量石块，土色黄褐色，竖穴内石棺一具，石棺位于竖穴中部，除北壁外，其余各壁均未贴近竖穴壁面。石棺呈东西向长方形，内部长约 0.94、宽约 0.6、高约 0.4 米，由几块片石拼合而成，其中东、西两端各 1 块，南壁 3 块，北壁 1 块。石棺上部有石质盖板，但已坍塌，部分盖板压于人骨上。由于石棺部分倾斜，南壁有一块石板压于人骨左臂上。石棺内葬一人，侧身右屈肢，头东脚西，面向北。在石棺外，竖穴西端出土装有粮食的双耳陶罐 1 件，在墓主头部北侧出土陶罐 1 件，头骨南侧出土单耳陶杯 1 件，人骨头部南侧出土羊尾骨 1 件（图三〇、图三一；图版四五，1）。

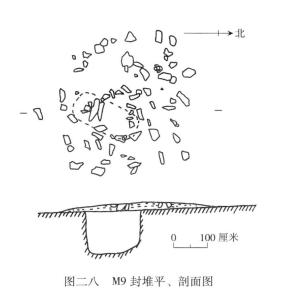

图二八　M9 封堆平、剖面图

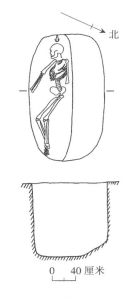

图二九　M9 墓室平、剖面图

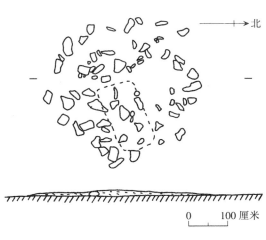

图三〇　M10 封堆平、剖面图

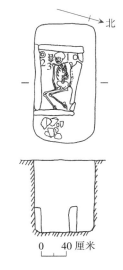

图三一　M10 墓室平、剖面图
1. 陶罐　2. 单耳杯　3. 羊尾骨

随葬品共 3 件。

陶罐 M10：1　夹砂红陶，敛口，平沿，束颈，微鼓腹，圜底。腹部有相对称的扁平桥形耳，底部及腹部有大量烟熏痕，高 30、口径 16、最大腹径 30 厘米（图三二，3）。

陶杯共 2 件。M10：2，夹砂灰陶，手制，平沿，束颈，鼓腹，平底。腹部及底部有烟熏痕，口径 7.2、最大腹径 9.4、高 7.6、底径 5 厘米（图三二，1）。M10：3，夹砂灰陶，手制，口微敛，尖圆唇，鼓腹，圜底，腹部一侧有圆柱形单耳，底部有烟熏痕。口径9.7、最大腹径10.2、高6.8厘米（图三二，2）。

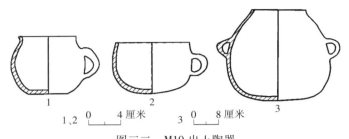

图三二　M10 出土陶器

1、2. 陶杯（M10∶2、M10∶3）　3. 陶罐（M10∶1）

M11　墓向260度，地表有平面呈圆形的土石封堆，直径约4、最高约0.2米。墓室位于封堆中部，竖穴土坑墓，呈东西向长方形，长约2、宽约0.7、深约0.50厘米。墓室内填土较为疏松，包含有大量石块，土色黄褐色。墓室内葬一人，仰身直肢，头西脚东，面向北。在墓主头部北侧出土陶罐1件、陶杯1件、陶钵1件及1段羊脊椎，墓主颈部出土残铁刀1件，右侧盆骨处出土铁带钩1件（图三三、图三四；图版四五，2）。

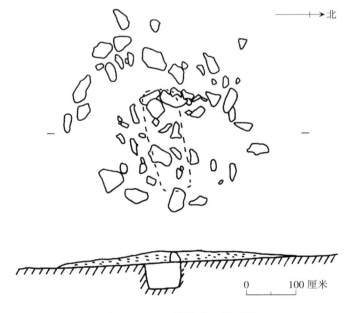

图三三　M11 封堆平、剖面图

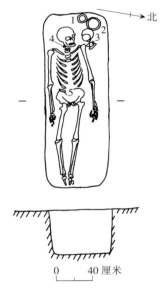

图三四　M11 墓室平、剖面图

1. 陶杯　2. 陶罐　3. 陶钵

4. 残铁刀　5. 铁带钩

随葬品共5件。

陶罐 M11∶2　夹砂红陶，侈口，尖圆唇，束颈，鼓腹，平底。腹部有扁平桥形单耳，底部及腹部一侧有烟熏痕，口径6、最大腹径10、高14.2、底径7.2厘米（图三五，5）。

陶杯2件。M11∶1，夹砂红陶，手制，敛口，平沿，方唇、鼓腹，腹部有四个相对称的月牙形錾，平底。口径 12.4、最大腹径 14、底径 6.4、高 5.8 厘米，底部及腹部一侧有烟熏痕（图三五，3；图版四九，2）。M11：3，夹砂灰陶，手制，口微敛，平沿，方唇，鼓腹，平底。腹部有单耳（已残）及烟熏痕，口径 6.2、最大腹径 7、高 5、底径 3.6 厘米（图三五，1）。

铁带钩 M11：5　锻造而成，长约 10、宽约 1.6 ~ 1.4、厚约 0.7 ~ 0.5 厘米（图三五，2）。

残铁刀 M11：4　锻造而成，柄部及尖部残，直背、弧刃，残长约 3.5、宽 1.6、厚约 0.2 ~ 0.6 厘米（图三五，4）。

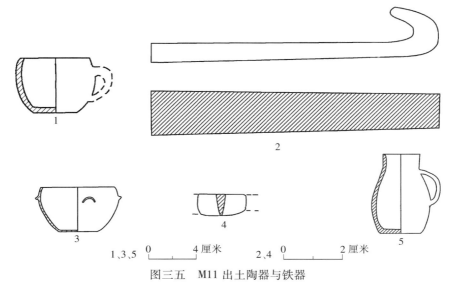

图三五　M11 出土陶器与铁器

1、3. 陶杯（M11：3、M11：1）　2. 铁带钩（M11：5）　4. 残铁刀（M11：4）　5. 陶罐（M11：2）

M12　南距 M13 约 5 米，东南距 M16 约 15 米。墓向 280 度，墓葬地表有平面略呈圆形的土石封堆，直径约 6 米，最高约 0.4 米，封堆边缘石块较多，中心较少。竖穴偏室墓，竖穴平面呈东西向长方形，长约 3、宽约 1.5、深约 2.7 米，竖穴内填土较为疏松，包含有大量的石块，偏室开口于墓室南壁，平底弧形顶，进深约 0.5、高约 1.2 米。人骨位于竖穴内，部分位于偏室内，仰身直肢二次扰乱葬，盆骨以下在处于生理位置上，盆骨以上扰乱。在偏室中部偏南出土单耳陶杯 1 件、骨管 1 件，封堆下部墓室开口处北部出土残陶片 1 件（图三六、图三七）。

随葬品共 2 件。

料珠 M12：2　石质，绿色，圆柱形，中部有圆形孔，直径 0.7、孔径 0.3、残高约 1.5 厘米（图三八，2）。

陶杯 M12：1　夹砂红陶，手制，侈口，鼓腹，平底。腹部一侧有扁平桥形单耳，口径 5.2、高 5.5、最大腹径 6.2、底径 3 厘米。腹部与耳相对一侧有烟熏痕（图三八，1）。

M13　北距 M12 约 5 米，南距 M14 约 10 米，墓向 285 度，墓葬地表有平面呈圆形的土石封堆，直径约 6 米，最高约 0.4 米。竖穴偏室墓，竖穴平面呈东西向长方形，长约 2.8、宽约 1.2、深约 1.7 米，竖穴内填土较为疏松，包含有大量填石，土色黄褐色。偏室开口于墓室南壁，平底弧形顶，

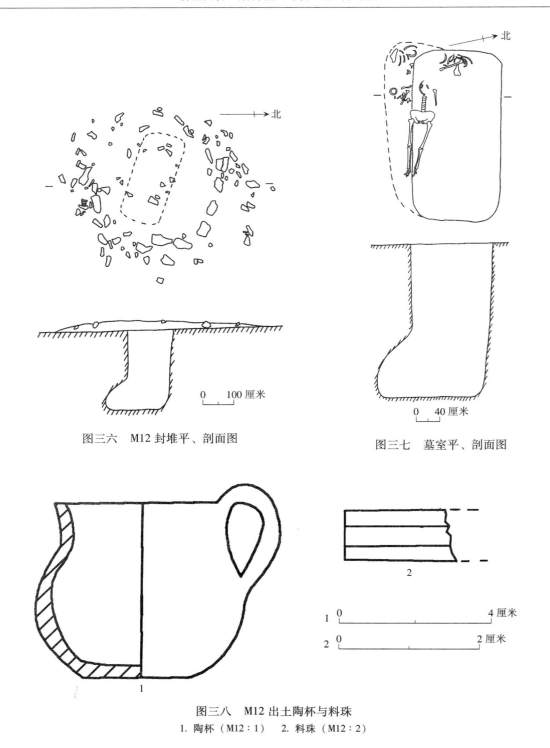

图三六　M12 封堆平、剖面图

图三七　墓室平、剖面图

图三八　M12 出土陶杯与料珠
1. 陶杯（M12∶1）　2. 料珠（M12∶2）

长约3.1、进深约0.4、高约0.7米。偏室内葬一人，仰身下肢微右屈，头西脚东，面向上。偏室西端出土陶罐2件，羊尾骨及肋骨1件，墓主右臂处出土铁刀1件。右手处出土铁剑1把，盆骨处出土骨带扣1件、残铁刀1件，封堆下部墓室开口处北部出土残陶片1件，无法描述（图三九、图四〇；图版四六，1）。

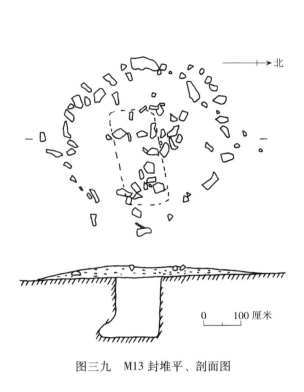

图三九　M13 封堆平、剖面图

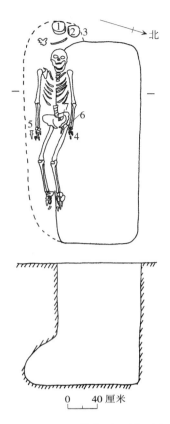

图四〇　M13 墓室平、剖面图
1、2. 陶罐　3. 陶杯　4. 骨饰件
5. 铁剑　6. 残铁刀　7. 骨带扣

随葬品共 7 件。

骨饰件 M13：4　平面略呈三角形，剖面呈梯形，中空。上部边长约 1、下部边长约 1.4、孔边长约 0.9 厘米（图四一，6）。

陶杯 2 件。M13：1，夹砂灰陶，直口，窄平沿，方唇，束颈，鼓腹、平底。颈部至腹部有桥形单耳，器底及器耳相对相对一侧有烟熏痕，口径 9.6、高 8.4、最大腹径 12.2、底径 6.8 厘米（图四一，1）。M13：3，夹砂灰陶，手制，口微敛，平沿，方唇，微鼓腹，平底，腹部一侧有扁平桥形单耳，口径 7.2、高 5、最大腹径 7.4、底径 3.6 厘米（图四一，4）。

骨带扣 M13：7　一端残，平面呈长方形，残长约 5.5、宽 4 厘米。在另一端有平面呈长方形孔，孔长 1.8、宽 0.4、厚 0.4 厘米（图四一，2）。

铁刀 M13：6　锻造而成，直背，弧刃，柄部残断，残长 6.4、宽 1.5、厚 0.3～1 厘米（图四一，5）。

铁剑 M13：5　锻造而成，剑首略呈梯形，柄部呈四楞形，有蝶形剑格。柄长约 6.4、剑锋长约 17、通长约 28、柄部厚约 1.8 厘米（图四一，3；图版五〇，1）。

M14　北距 M13 约 10 米，东北距 M15 约 15 米，墓向 296 度，地表有平面略呈圆形的土石封堆，直径约 6 米、最高约 0.3 米。墓室位于封堆中部，竖穴石棺墓，竖穴平面呈东西向长方形，长约 2.3、

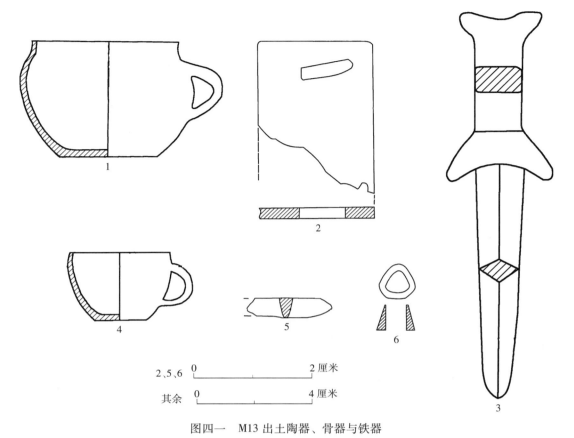

图四一　M13 出土陶器、骨器与铁器

1、4. 陶杯（M13：1、M13：3）　2. 骨带扣（M13：7）　3. 铁剑（M13：5）　5. 铁刀（M13：6）　6. 骨饰件（M13：4）

宽约 0.9、深约 1.5 米。竖穴内内填土较为疏松，包含有大量的填石，土色黄褐色。竖穴内石棺一具，石棺内部长约 2、西端宽约 0.54、东端宽约 0.38、高约 0.44 米，石棺有几块片石拼合而成，其中东端未砌石，西端有 1 块砌石，南壁 4 块，北壁 3 块，石棺上部无盖板。石棺内葬一人，二次葬，头骨位于石棺西北角，面向下，盆骨缺失，盆骨以上为俯身葬。无随葬品（图四二、图四三；图版四六，2）。

M15　西南距 M14 约 15 米，东距 M16 约 10 米，墓向 260 度。墓葬地表有平面呈圆形的土石封堆，直径约 5.5 米，最高处约 0.45 米。竖穴石棺墓，竖穴平面呈东西向长方形，长约 2.4、宽约 1.1、深约 2 米。竖穴内石棺一具，石棺有数块石板拼合而成，其中东、西两壁各 1 块，南壁 3 块，北壁 4 块，上部盖板坍塌，部分压于人骨上。石棺平面呈梯形，内部长约 2、西端宽约 0.58、东端宽约 0.32、高约 0.4 米。石棺内葬 1 人，仰身直肢二次扰乱葬，下颌位于石棺外竖穴西端，石棺西北角有部分肋骨及脊椎骨，头骨以下基本完整，墓主右手处出土鹤嘴锄 1 件、骨管 1 件、腹部出土铜饰件 4 件，左大腿处出土铁刀 1 件（残损较重，无法描述），两腿之间出土铁箭镞 6 件（图四四、图四五）。

随葬品共 5 件。

骨饰件 M15：2　平面略呈梯形，柱状，中空。长边 2.4、短边 1.6、孔径 1.3～0.6、高 1.2 厘米（图四六，7）。

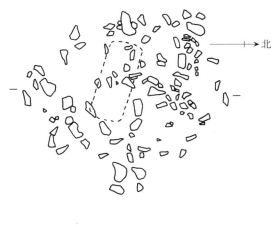

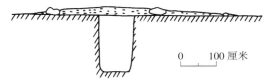

图四二　M14 封堆平、剖面图

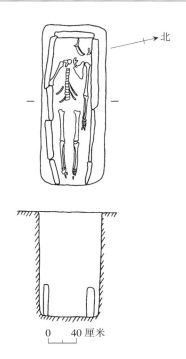

图四三　M14 墓室平、剖面图

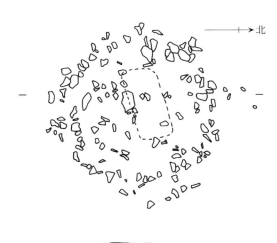

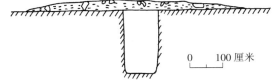

图四四　M15 封堆平、剖面图

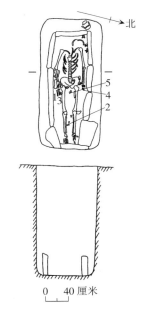

图四五　M15 墓室平、剖面图
1. 鹤嘴锄　2. 铁镞　3. 骨饰件　4. 铜饰件　5. 铁刀

　　铁镞共 5 件，形制相同。M15：3，锻造而成，均三棱形，后部有铁质铤杆，铤杆上残留木质痕迹，长 2.8、铤残长约 1.6 厘米（图四六，2）。

　　铜饰件 4 件。M15：4-1，阳面形似卧着的大角羊，上有阴线刻胡须等，后部有阴线刻翅膀，在羊头后部及尾端各有一个长方形孔。长约 5、厚约 2 厘米（图四六，1；图版四九，5）。M15：4-2，

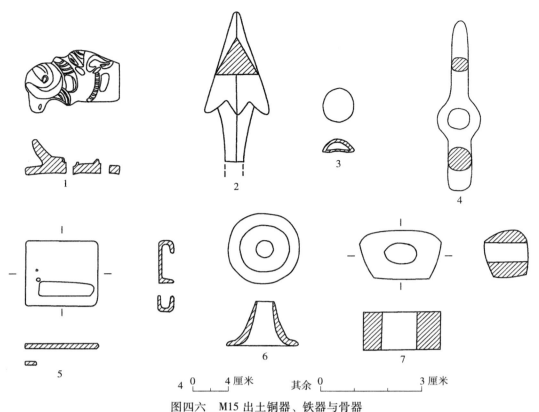

图四六　M15 出土铜器、铁器与骨器

1、3、5、6. 铜饰件（M15：4－1、M15：4－4、M15：4－3、M15：4－2）

2. 铁镞（M15：3）　4. 鹤嘴锄（M15：1）　7. 骨饰件（M15：2）

平面呈圆柱装，剖面略呈梯形，上部直径约 0.9、下部直径约 3.7、高约 2.5 厘米（图四六，6）。M15：4－3，略呈凹形，阳面一端有长方形孔，在孔一端有两个圆形小孔，边长约 3.8、高约 1.2 厘米（图四六，5）。M15：4－4，平面略呈椭圆形，阴面内凹，有铜条将阴面分为两部分。长径约 2、短径约 1.6、高约 0.7 厘米（图四六，3）。

鹤嘴锄 M15：1　锻造而成，顶端呈圆柱状，尾端呈锥状，中间有圆形孔。通长约 23、顶端直径约 3、孔径 2.8 厘米（图四六，4）。

M16　东南距 M17 约 20 米，西距 M15 约 10 米，墓向 190 度，墓葬地表有平面略呈圆形的土石封堆，直径约 5 米，最高处约 0.25 米，竖穴偏室墓，竖穴呈南北向长方形，长约 2、宽约 1、深约 1.6 米，填土较为疏松，包含有大量的石块，在距竖穴开口约 30 厘米处发现一儿童，仰身直肢，头南脚北。偏室开口于墓室南壁，平底弧形顶，长约 2.1、进深约 0.4～0.2、高约 0.6 米。偏室内人骨一具，仰身直肢，头西脚东，面向南，墓主头骨西侧出土单耳陶杯 1 件，上层墓主头部南侧出土陶杯 1 件，封堆下墓室开口北部出土残陶器 1 件（图四七、图四八；图版四七，1）。

随葬品共 2 件。

陶杯 2 件。M16：2　夹砂灰陶，手制，窄平沿，方唇，鼓腹，平底。口沿处至腹部有扁平桥形单耳，底部及与器耳相对一侧有烟熏痕，口径 6.8、最大腹径 7.4、底径 4、高 5.5 厘米（图四九，1）。

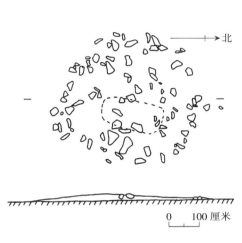

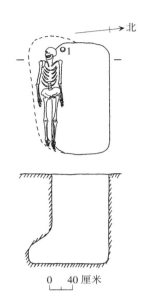

图四七 M16 封堆平、剖面图

图四八 M16 墓室平、剖面图
1. 陶杯

M16：3 夹砂灰陶，手制，口微侈，平沿，方唇，束颈，鼓腹，腹部及口沿处有扁平桥形单耳，平底。口径6、最大腹径6.4、底径4、高7厘米（图四九，2）。

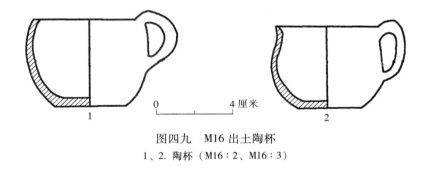

图四九 M16 出土陶杯
1、2. 陶杯（M16：2、M16：3）

M17 西距 M16 约20米，西北距 M12 约50米，墓葬地表有片石垒砌的方形标志，边长约1.7米。向下发掘1.2米见生土，墓室内未见人骨及随葬品（图五○、图五一）。

M18 墓葬地表堆有数块石块，高度基本与现地表平，墓向235度。竖穴土坑墓，平面呈东西向长方形，长约1.4、宽约0.66、深约0.5米。墓室内填土较为疏松，包含有大量的石块，土色黄褐色，墓室内葬1人，侧身右屈肢，头西脚东，面向南，下肢微屈。头部西端出土陶钵2件（图五二、图五三）。

随葬陶钵2件。

M18：2，夹砂红陶，手制，敛口，圆唇，微鼓腹，平底。口沿下有一周凹槽，器底有烟熏痕，口径11.4、底径7.6、高6.6厘米（图五四，1）。M18：1，夹砂红陶，敛口，平沿内斜，鼓腹，平底，腹部一侧有烟熏痕，口径9.6、底径7、最大腹径11厘米（图五四，2）。

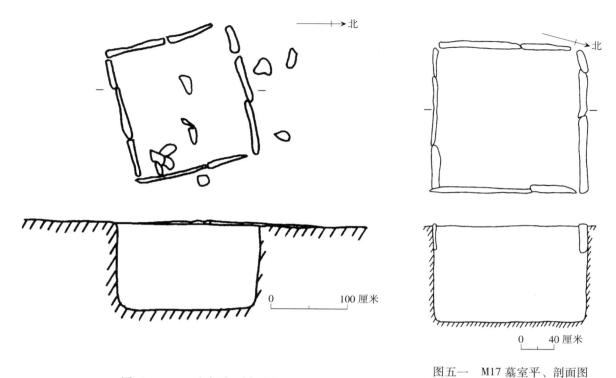

图五〇　M17 地表平、剖面图

图五一　M17 墓室平、剖面图

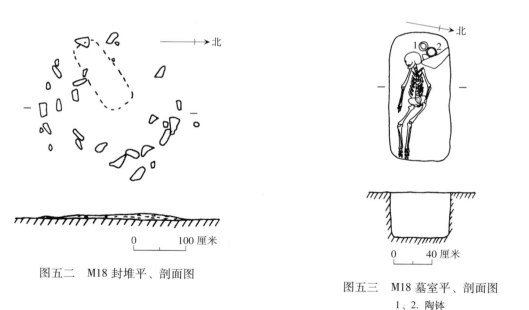

图五二　M18 封堆平、剖面图

图五三　M18 墓室平、剖面图
1、2. 陶钵

　　M19　北距 M21 约 10 米，南距 M1 约 7 米，墓向 253 度，地表有平面呈圆形的土石封堆，直径约 3、最高处约 0.30 厘米。墓室位于封堆北部，竖穴土坑墓，平面呈东西向长方形，长约 1.9、宽约 0.7、深约 0.4 米。墓室内有少量填石，填土较为坚硬，墓室内人骨一具，仰身直肢二次扰乱葬，头骨及左半部分缺失。在墓室西端出土陶罐 1 件（图五五、图五六）。

　　随葬品仅 1 件。

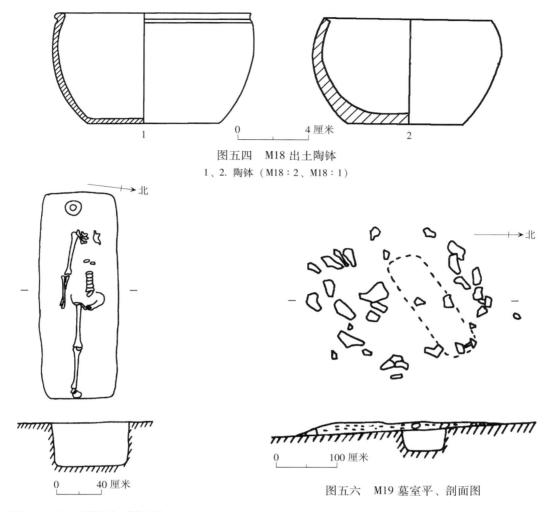

图五四　M18 出土陶钵

1、2.陶钵（M18：2、M18：1）

图五五　M19 封堆平、剖面图

图五六　M19 墓室平、剖面图

　　陶罐 M19：1　夹砂灰陶，手制，侈口，尖圆唇，束颈，鼓腹，腹部有对称的四个鋬，其中一对呈月牙形，一对呈椭圆形，平底。口径 8.2、最大腹径 11.2、高 14.4、底径 6.8 厘米（图五七）。

　　M20　东距 M4 约 2 米，北距 M3 约 4 米，墓向 249 度，地表有数块砾石。墓室位于封堆中部，竖穴土坑墓，平面呈东西向长方形，长约 2.2、宽约 0.84、深约 1.1 米，墓室内有大量填石，填土较为疏松，土色黄褐色，墓室内人骨一具，二次扰乱葬，其中胫骨以下处于生理位置，在墓室西部发现有脊椎骨、下颌骨部分肋骨，在墓室中部发现有部分手指骨、一段大腿骨、盆骨及骶骨。在墓室西端出土残陶杯 1 件，残损较为严重，无法描述。（图五八、图五九）。

　　M21　墓向 180 度，墓葬地表有平面略呈圆形的土石封堆，封堆直径约 1.4、高约 0.1 米，竖穴土坑墓，墓室平面层东西向圆角长方形，长约 2.3、宽约 1、深约 1.1 米，墓室东壁，近墓底

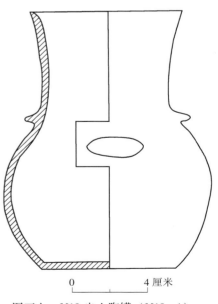

图五七　M19 出土陶罐（M19：1）

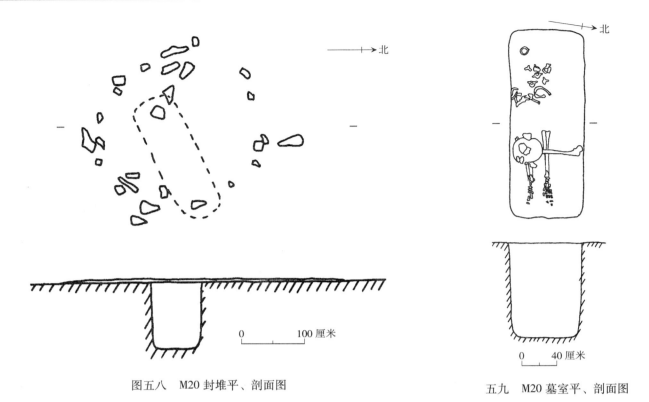

图五八　M20 封堆平、剖面图　　　　　　　五九　M20 墓室平、剖面图

处开有平面略呈南北向长方形的小龛，龛进深约 0.14、高约 0.25 米，平底弧形顶。墓室内填土呈黄
褐色，土质较为疏松，墓室内葬一人，仰身直肢，头西脚东，面向南，右手置于腹部。墓室东端小龛
内随葬有羊骨 1 件、陶杯 1 件、陶钵 1 件、陶罐 2 件，墓室填土内出土有残陶片数件（图六〇、图六
一；图版四七，2）。

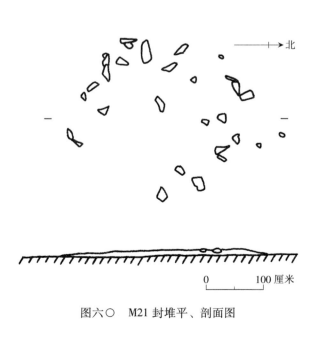

图六〇　M21 封堆平、剖面图

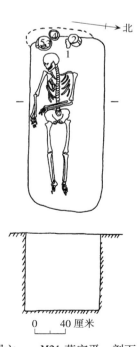

图六一　M21 墓室平、剖面图
1. 羊骨　2. 陶罐　3. 单耳钵
4. 残陶罐　5. 陶杯

随葬品共 7 件。

陶杯 M21：1 夹砂褐陶，手制，口微敛，平沿，方唇，微鼓腹，圜底，腹部一侧有竖向长方形錾（錾已残），底部及腹部有烟熏痕，口径 8.4、最大腹径 8.8、高 5.4 厘米（图六二，7）。

陶钵 M21：5 夹砂红陶，敛口，平沿内斜，微鼓腹，平底，口沿至腹部有扁平桥形单耳，底部与耳相对一侧有烟熏痕，口径 17、高 7、最大腹径 17.6、底径 13 厘米（图六二，5；图版四九，3）。

陶罐 2 件。M21：3 夹砂红陶，手制，侈口，平沿，束颈，鼓腹，平底。腹部有扁平桥形单耳，底部及与耳相对一侧有烟熏痕，口径 10.4、最大腹径 13.4、底径 7.8、高约 12.8 厘米（图六二，1；图版四八，3）。M21：4 残，夹砂灰陶，手制，口沿残，鼓腹，平底，腹部一侧有扁平桥形单耳，残高 8.4、最大腹径 12、底径 8.4 厘米（图六二，3）。

陶器口沿 3 件。M21：2-1 夹砂红陶，敛口，圆唇，微鼓腹，口沿下有数个又内向外穿的圆形小孔，腹部又大量烟熏痕，残长约 23、高约 12、厚约 0.8 厘米（图六二，2）。M21：2-2 夹砂红陶，敛口，平沿，圆唇，微鼓腹。上腹部有一道曲尺形的附加堆纹，堆纹上有按压的涡纹，残高约 20、残宽 11.6、厚 1 厘米（图六二，4）。M21：2-3 夹砂红陶，敛口，平沿内斜，鼓腹，残高约 8、宽约 14.4、厚约 0.8 厘米（图六二，6）。

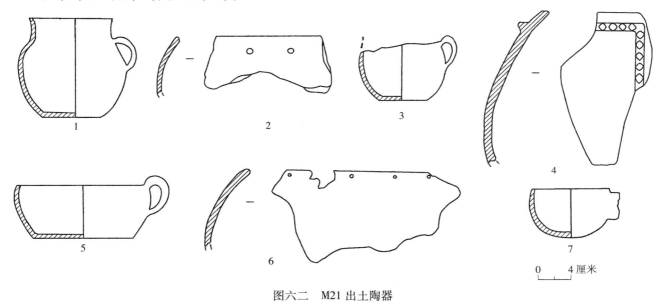

图六二　M21 出土陶器

1、3. 陶罐（M21：3、M21：4） 2、4、6. 陶器口沿（M21：2-1、M21：2-2、M21：2-3） 5. 陶钵（M21：5） 7. 陶杯（M21：1）

七　结语

陶器在本次的发掘中出土量最大，均夹砂陶，有夹砂红陶及灰陶，以单耳器为主，仅 1 件双耳器，主要有单耳杯、单耳罐、双耳罐、无耳罐、高颈壶、钵等，均素面，未见彩陶。器形与苏贝希一号墓地、苏贝希二号墓地、乌拉泊水库墓地极为相似，均属于苏贝希文化的范畴，其中陶器上有附加堆纹、腹部有乳钉纹以及带錾耳的特点与吐鲁番艾丁湖古墓葬、乌拉泊水库古墓葬、半截沟遗存等，极为相似。

韩建业及邵会秋先生在各自的文章中均对苏贝希文化的分期做了一些探讨，其中韩先生将整个新疆地区的考古学文化分为九区，而后根据各区器物的特点对各区墓葬进行分组，最后在分组的情况下，得出整个新疆地区史前文化的分期，苏贝希文化相当于吐鲁番盆地—中部天山北麓第3、4、5，其中3、4组处于韩文的第二阶段文化，第5组位于第三阶段文化。邵先生将墓地中出土最多的单耳罐作为典型器，而后依据其他器物与之的共存关系，将整个苏贝希文化分为三期五段。总的来看，邵文更能反映苏贝希文化的演变，本次发掘出土的这批陶器与邵文中三期早段器物极为相似，年代相当于公元前5～前3世纪。在M6墓主的右手处出土一件彩绘的漆器（无法提取，线条不明显），也显示这批墓葬的时代应该已经到了汉代。

我们测定了四座墓葬的碳十四年代，所测标本为墓主的手指骨及脚趾骨，其中M1碳十四年代为距今2275±30年，树木年轮校正400BC～340BC，M6碳十四年代为距今2210±30年，树木年轮校正380BC～190BC，M13碳十四年代为距今2215±30年，树木年轮校正380BC～200BC，M16碳十四年代为距今2145±30年，树木年轮校正240BC～50BC。大体相当于西汉时期，与我们通过器物分析得出的年代基本是一致的。

依据墓葬的密集程度整个墓地可分为北、中、南三部分，三部分中竖穴土坑墓和竖穴石棺墓并存，但北部以竖穴土坑墓为最多，南部以竖穴石棺墓为主，在出土器物方面，铁器均出土于石棺墓及北部地区以外的竖穴土坑墓中，北部的竖穴土坑墓中却未见，这说明墓葬可能有时代上的差别。

M15墓葬中出土的鹤嘴锄、羊形牌饰以及M13中出土的铁短剑，均具有欧亚草原风格，表明苏贝西文化与欧亚草原地区的古代文化存在联系。这两件器物均出土于竖穴石棺墓中。反映出墓葬形制可能代表同一文化的不同人群。关于苏贝希文化与欧亚草原地区的文化交流，前述两位先生在各自的文章中也有提及。

苏贝希文化是以苏贝希墓地命名的一支中心区域位于吐鲁番盆地的考古学文化，近年来通过调查和发掘的属于苏贝希文化的墓葬近50余处，出土物普遍显示出既有农业也有一定的牧业的一种混合经济。早期墓葬普遍流行竖穴土坑墓，复杂一点的墓葬在墓室口部有棚木，棚木上有一层芨芨草，以单人屈肢葬为主，有少量的合葬墓。出土器物中有大量的彩陶；中期墓葬在吐鲁番以外的地区开始出现竖穴偏室墓，合葬墓开始增多，彩陶比例开始下降；晚期墓葬在鱼儿沟墓地出现了竖穴木椁墓，乌拉泊水库墓地、阜康臭煤沟墓地开始出现石棺墓，陶器以素面陶为主。这种墓葬形制随着时代的变化不断地增长，显示出整个文化有新的人群融入。在整个新疆青铜时代至早期铁器时代，各类人群是在不断的迁徙，这种迁徙最终往往导致一个文化有多个葬式、葬俗，有多种不同的墓葬形制。

领队：阮秋荣

发掘：佟文康　于英俊　胡望林　冯　超

绘图：冯　超　胡望林

执笔：胡望林

阜康市优派能源墓群发掘报告

新疆文物考古研究所

　　优派能源墓群位于新疆维吾尔自治区昌吉州阜康市上户沟乡优派能源阜康二期工程厂址内、天山北麓前洪积扇上，地势南高北低，地表长满了碱蒿等植被。墓葬在地表均存有明显的土石封堆。墓群西距阜康市约 38 公里，北为爱迪新能源、金鑫铸造和永新焦化三厂的厂区用地，南为优派能源石庄沟煤矿用地，东为石庄沟。地理坐标范围在北纬 44°04′53.6″，东经 88°27′06.7″至北纬 44°04′43.6″，东经 88°27′00.4″之间，海拔 887～907 米（图一）。

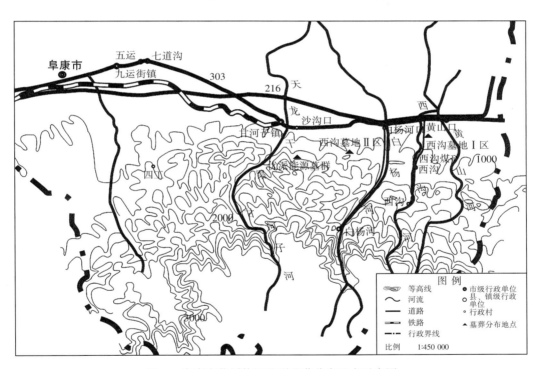

图一　阜康市优派能源墓群墓葬分布地点示意图

　　为配合优派能源煤焦化厂二期工程的建设，2010 年 9～10 月，新疆文物考古研究所对该厂区用地内的墓葬进行了抢救性的勘探与发掘。共清理墓葬 5 座。出土文物 3 件。发掘者自南向北将墓葬依次编号为 M1～M5。现将发掘概况简报如下。

一　M1

（一）墓葬形制

M1 为竖穴土坑墓。地表存有平面形状大致呈圆形的石堆。直径约 9 米。高约 0.75 米。石堆表面为间杂有大量戈壁砾石与卵石的黄土所覆盖，上面长满了碱蒿等植被。

墓室开口于石堆下的中部位置，呈东西向。墓口平面形状呈不规则的椭圆形。长径约 3 米，最宽处约 0.95 米，最窄端约 0.55 米。墓壁较直，墓底两端较高，中间低。最深处距墓口深约 0.3 米，最浅距墓口约 0.25 米。方向 300°（图二、图三）。

墓内填有大量黄褐色填土，夹杂少量的小石子与草根，质地疏松，含沙量大。

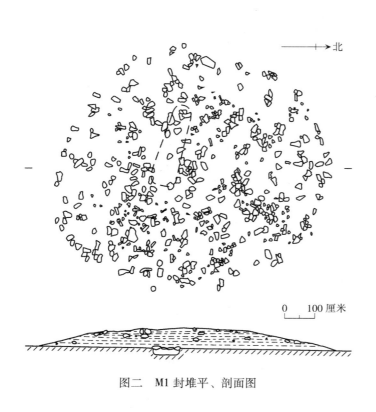

图二　M1 封堆平、剖面图

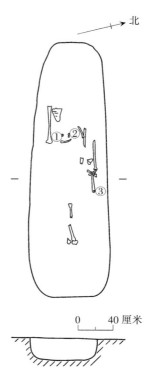

图三　M1 墓室平、剖面图
1. 残骨器　2. 骨结绳扣　3. 铜刀

（二）随葬品

在墓底北侧指骨下发现铜刀 1 把，已断为三截。在墓底中部发现骨器 2 件：

2010CFYM1：1 铜刀。保存较好。连柄刀，柄刃不分明。刀身较窄，背微凸，弧刃，柄部有圆形穿。全长约 19 厘米，宽约 0.2～1.8 厘米，厚约 0.2～0.6 厘米（图四，3）。

2010CFYM1：2 骨结绳扣。保存完好。形状大致呈哑铃形，两端为圆柱状，中部较细。全长 3.2

厘米，厚 0.6~1.3 厘米（图四，2）。

　　2010CFYM1：3 骨器。已残。平面呈圆环状。外径 1.5 厘米，内径 0.7 厘米，高 0.6 厘米（图四，1）。

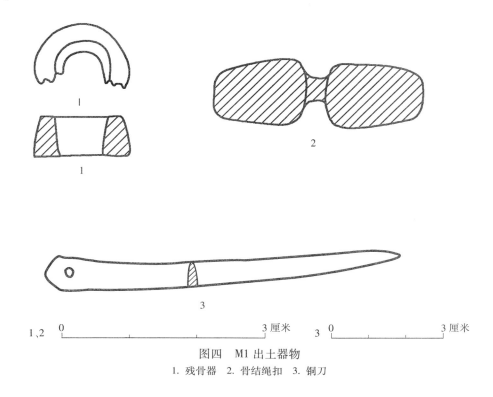

图四　M1 出土器物
1. 残骨器　2. 骨结绳扣　3. 铜刀

（三）人骨及葬式

　　人骨保存较差，为二次葬。在填土中发现有零碎散乱的人骨残片，可辨有股骨关节，脚趾骨、桡骨、肋骨、骶骨等。在墓底西端发现腓骨 1 截，已残。在墓底中部偏东位置发现肱骨 1 根，北侧发现桡骨 1 根，手指骨若干。

二　M2

（一）墓葬形制

　　M2 为石堆墓。在地表存有平面形状大致呈圆形的石堆，长径约 6.75 米。残高约 0.45 米。其表面为间杂有大量戈壁砾石与卵石的黄土所覆盖，上面长满了碱蒿等植被。

　　在石堆之下未发现墓室（图五）。

（二）随葬品

未发现任何随葬器物。

（三）人骨及葬式

在石堆下中部发现有零碎的人骨，可辨有肋骨、趾骨。另有少量羊骨，糟朽严重。

三　M3

（一）墓葬形制

M3 为石堆墓。在地表存有平面形状大致呈圆形的石堆，直径约 10 米，残高约 0.7 米。其表面为间杂有大量戈壁砾石与卵石的黄土所覆盖，上面长满了碱蒿等植被。将表面的黄土层揭取后，下部为卵石堆积。

在石堆之下未发现墓室（图六）。

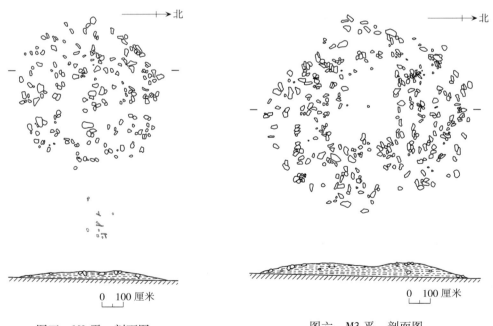

图五　M2 平、剖面图　　　　　　图六　M3 平、剖面图

（二）随葬品

未发现任何随葬器物。

（三）人骨及葬式

仅在石堆下中部的地表上发现一截人趾骨。

四　M4

（一）墓葬形制

M4 为石堆墓。在地表存有平面形状大致呈圆形的石堆，直径约 6.5 米，残高约 0.35 米。其表面为间杂有大量戈壁砾石与卵石的黄土所覆盖，上面长满了碱蒿等植被。将表面的黄土层揭取后，下部为卵石堆积。

在石堆之下未发现墓室（图七）。

（二）随葬品

未发现任何随葬器物。

（三）人骨及葬式

仅在封堆下中部的地表上发现少量骨骼残渣。

五　M5

（一）墓葬形制

M5 为石堆墓。在地表存有平面形状大致呈圆形的石堆，直径约 7.5 厘米，残高约 0.45 米。其表面为间杂有大量戈壁砾石与卵石的黄土所覆盖，上面长满了碱蒿等植被。将表面的黄土层揭取后，下部为卵石堆积。在石堆的中部有一直径约 1.55 米的圆形盗洞，深约 0.45 米，盗洞中填满了石块与现代垃圾。

在石堆之下未发现墓室（图八）。

（二）随葬品与人骨

未发现随葬品及人骨。

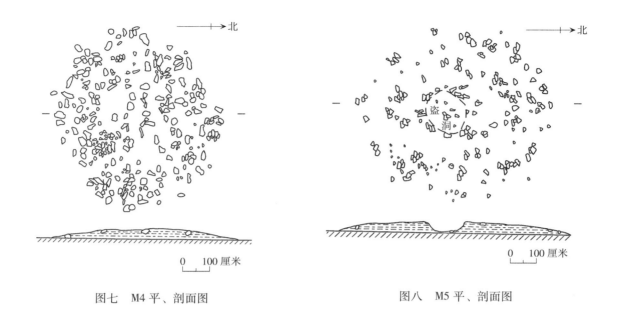

图七　M4 平、剖面图　　　　　　　　　　　图八　M5 平、剖面图

结　语

　　此次发掘的 5 座墓葬，地表均存有较大的土石封堆，封堆下墓室极浅或者没有墓室，只发现少量人骨或者没有人骨，随葬品缺乏。同样类型的墓葬在新疆地区的和静察吾乎沟二号墓地[1]，米泉大草滩[2]，阜康三工乡[3]、西沟墓地[4]，伊犁恰甫其海龙口墓地[5]、阿勒泰布尔津地区[6]以及哈密巴里坤东黑沟墓地[7]中均有发现，除此之外，在甘肃马鬃山地区[8]也发现有同样类型的墓葬。

　　由于发现材料不多，且随葬器物匮乏，因此，关于该种类型墓葬的年代与性质在上述简报中均有不同。察吾乎沟二号墓地的整体年代为距今 2645 ± 130 年至 2405 ± 90 年[9]。阜康三工乡 M5 出土两枚斯基泰风格铜箭镞，发掘者依此将其年代上溯到公元前 6 ~ 7 世纪。阿勒泰同类型的墓葬封堆中出有残陶罐 1 件，发掘者将其年代推定为汉晋时期。东黑沟墓地与甘肃马鬃山地区中所发现同类墓葬，调查者认为其年代当在战国秦汉之际。此次发掘的墓葬，仅 M1 有出土器物，所出铜刀，刀体呈长条形，刀身刀柄不分明，与鄯善洋海一号墓地 M159：6[10]及宁夏中宁县倪丁村 M2：12[11]形制基本相同，洋海一号墓地据随葬器物的绝对年代暂定为公元前 2000 年末到前 1000 年前半期的青铜时代晚期至铁器时代；有学者认为该类型铜刀的流行年代应在春秋中期。因铜刀具有一定的延续性，因此发掘者结合以往材料，推定该批墓葬的年代上限至少不会早于春秋中期，下限不晚于汉。

　　关于这批墓葬的性质，在以往的工作中多将其判定为墓葬，而近年在巴里坤东黑沟以及甘肃马鬃山所发现的同类墓葬，有明显的排列分布规律，因此，调查者多将其认为是作为祭祀用的特殊遗迹或者是路标。我们认为，该类型的墓葬，多分布于天山北麓一线，且多集中在山口附近，虽无墓室，但多会发现骨骼残迹，很可能是与游牧民族的祭祀活动有关。至于其具体用途、性质、族属等有待材料进一步丰富以及研究的进一步深入。

后记：此次发掘得到阜康市文物局的大力支持，在此表示感谢！

领队：于志勇

发掘：胡望林　尼加提　于英俊　党志豪

绘图：冯　超　党志豪

修复：佟文康

执笔：党志豪　胡望林

注　释

［1］ 新疆文物考古研究所：《和静县察吾乎沟二号墓地发掘简报》，《新疆文物》1989 年第 4 期。

［2］ 新疆社会科学院考古研究所：《米泉大草滩发现石堆墓》，《考古与文物》1986 年第 1 期。

［3］ 新疆文物考古研究所：《阜康市三工乡古墓葬发掘简报》，《新疆文物》1999 年第 3、4 期。

［4］ 新疆文物考古研究所：《新疆昌吉州阜康市西沟墓地发掘简报》，尚未发表。

［5］ 新疆文物考古研究所：《伊犁恰甫其海水利枢纽工程南岸干渠考古发掘简报》，《新疆文物》2005 年第 1 期。

［6］ 新疆文物考古研究所：《阿勒泰市、布尔津县古墓葬考古发掘简报》，《新疆文物》2010 年第 1 期。

［7］ 西北大学文化遗产与考古学研究中心等：《新疆巴里坤东黑沟遗址调查》，《考古与文物》2006 年第 5 期。

［8］ 西北大学文化遗产与考古学研究中心等：《甘肃马鬃山区考古调查简报》，《考古与文物》2006 年第 5 期。

［9］ 新疆文物考古研究所：《新疆察吾呼——大型氏族墓地发掘报告》第 339 页，东方出版社，1999 年。

［10］ 新疆文物考古研究所等：《鄯善县洋海一号墓地发掘简报》，《新疆文物》2004 年第 1 期。

［11］ 宁夏回族自治区博物馆考古队：《宁夏中宁县青铜短剑墓清理简报》，《考古》1987 年第 9 期。

阜康市大黄山一分厂墓地发掘报告

新疆文物考古研究所

2010 年 7 月，为配合阜康市优派能源泉水沟煤矿施工建设，新疆文物考古研究所对工程建设涉及的古墓葬进行了抢救性清理发掘，共计发掘墓葬 6 座。现将发掘情况报告如下。

一 地理位置和环境

大黄山一分厂墓地位于阜康市上户沟哈萨克乡白杨河村，地理坐标北纬 44°02′57.9″，东经 88°31′19.3″，海拔 1078 米。北距白杨河墓地 2 千米，东距白杨河 400 米，东南百米处为大黄山一分厂厂部。6 座墓葬西南—东北向分布于白杨河西岸的一处二级台地上。台地黄土堆积较厚，地表生长有低矮的耐旱植被（图一；图版五一）。

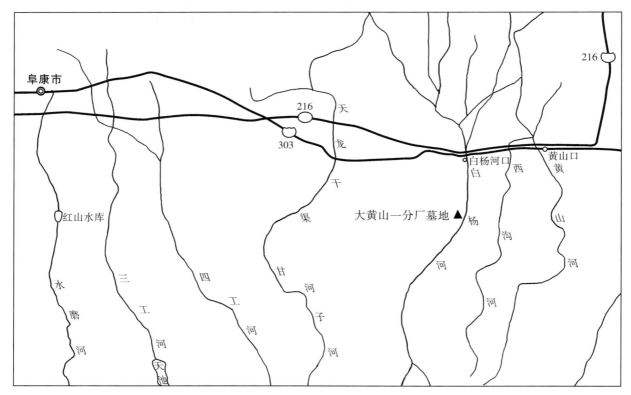

图一 阜康市大黄山一分厂墓地位置示意图

二 墓葬分述

墓葬地表封堆由土石混合堆积而成。个别因自然或人为搬运而凌乱不全（图版五二，1）。除 M1 封堆下不见墓室外，其余皆为竖穴土坑墓。M3～M6 墓口西侧各随葬双耳罐 1 件，墓室内有马骨而无人骨。

M1 位于墓地西南端，东为 M2。石堆呈不规则长方形。东西长 4.5、南北长 3.5、高 0.2 米。地表封堆下为生土层，不见人骨和其他遗迹现象。

M2 位于墓地西南，西为 M1。墓向 260 度。封堆呈圆形，直径 5.9、高 0.17 米。墓室位于封堆下中部偏东，墓口处填有黄土夹卵石，下侧填纯黄土。墓室呈圆角长方形，长 2.3、宽 1.2、深 1.4 米。填土中见有凌乱人骨和大量的木炭屑。墓底中部偏东见人骨膝部以下骨骼，偏西北处出土有 1 件骨纺轮（图二、图三）。

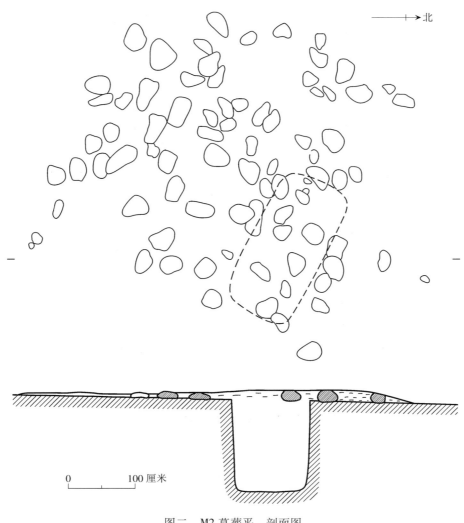

图二 M2 墓葬平、剖面图

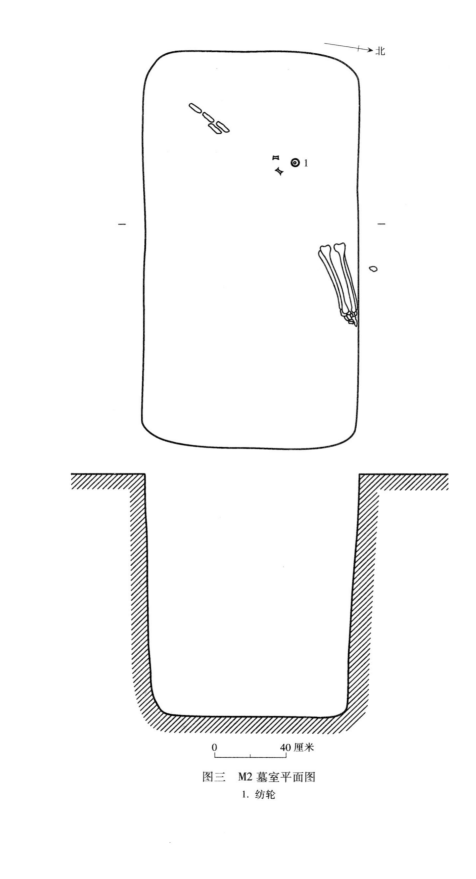

图三　M2 墓室平面图
1. 纺轮

M3 位于墓地中部，南为 M2，北为 M4。墓向 265 度。地表封堆呈圆形，东侧因修路部分被破坏。直径 6.1、高 0.12 米。墓室位于封堆下中部位置，在墓口周缘垒砌有一圈卵石。墓室呈长方形，长 2.2、宽 1.1、深 0.9 米，内填黄土。在填土中有较多的陶片、马骨出土。陶片厚薄不均，为不同陶器的残片，另有錾耳和大的桥形耳各 1 件。马骨有肢骨、牙齿等，多酥碎。墓底未见人骨。墓口西 0.5 米处出土 1 件双耳彩陶罐（残损），罐口上盖有一块卵石。陶罐埋葬在深约 0.4 厘米的"U"形土坑中，陶罐与土坑壁之间有两层填土，其中外侧填纯黄土，内侧填细砂砾（图四、图五、图六）。

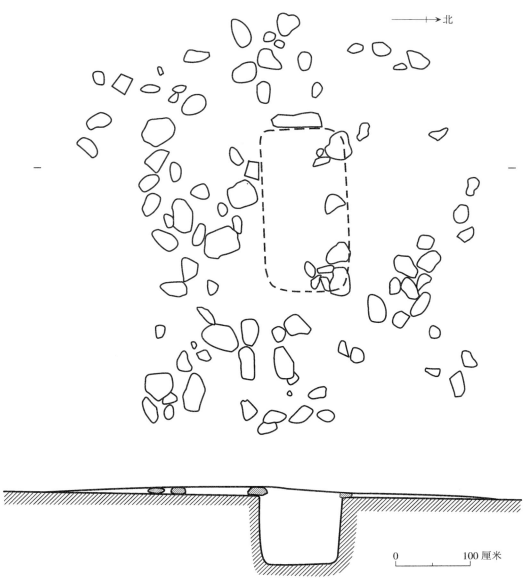

图四 M3 墓葬平、剖面图

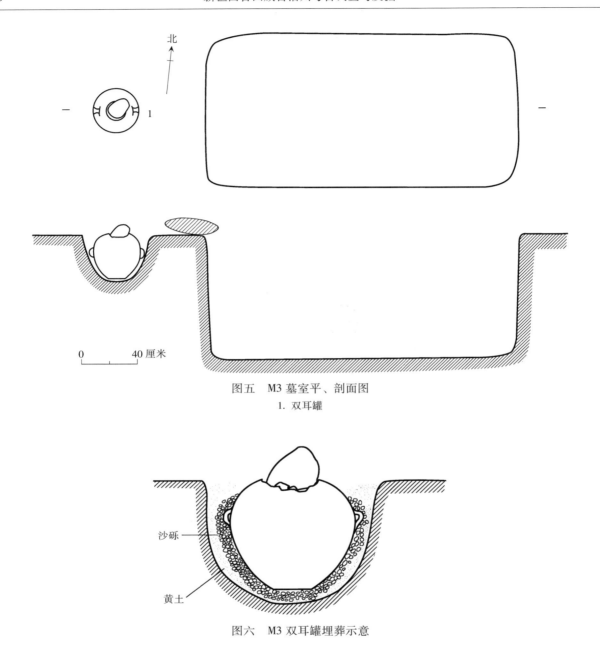

图五　M3 墓室平、剖面图
1. 双耳罐

图六　M3 双耳罐埋葬示意

M4　位于墓地中部，南为 M3，北为 M5。墓向 270 度。地表封堆大致呈圆形，由黄土夹卵石堆积而成，局部石块缺失。直径 7.1、高 0.15 米。墓室为竖穴土坑，开口于封堆下中部南侧。墓室呈西宽东窄的梯形，墓口周缘围砌有石圈。长 1.8、宽 1.6、深 1.1 米。墓室内填黄土，出土有残碎的马骨，不见任何人骨。在墓室西侧随葬有 1 件双耳彩陶罐（图七、图八；图版五二，2；图版五三，1）。

M5　位于墓地中部偏北，南为 M4，北为 M6。墓向 292 度。地表封堆大致呈圆形，由黄土夹石块堆积。因人为取石，封堆部分缺失。直径 7.3、高 0.15 米。墓室为圆角长方形竖穴土坑，开口于封堆中部下，长 1.9、宽 1、深 1.3 米。墓口边缘垒砌有卵石，内填黄土。墓室内出土有大量马骨，根据出土骨骼情况来看，墓室内埋葬有一匹整马，不见任何人骨出土。在墓口西侧 0.5 米处有一个"U"形土坑，内置有 1 件双耳罐。在陶罐与坑壁间填充有一层砂砾（图九、图一〇）。

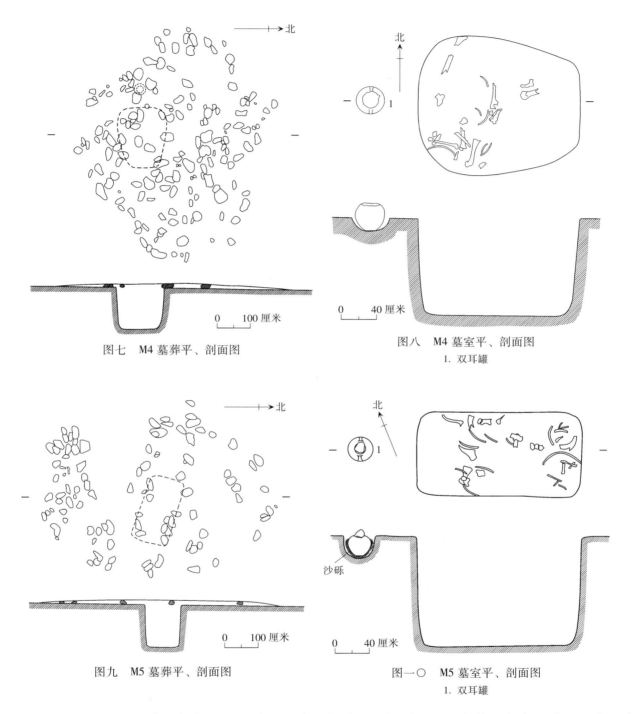

图七　M4 墓葬平、剖面图

图八　M4 墓室平、剖面图
1. 双耳罐

图九　M5 墓葬平、剖面图

图一〇　M5 墓室平、剖面图
1. 双耳罐

　　M6　位于墓地东北端，南为 M5。墓向 295 度。封堆呈不规则圆形，由黄土夹卵石堆积而成，直径 5、高 0.2 米。墓室呈长方形，开口于封堆中部下。长 2.1、宽 1、深 1.3 米。在墓口周缘垒砌有卵石，墓室内填黄土，含零星卵石。墓室内埋葬有一匹马，部分马骨被扰乱。头西脚东，背脊贴南壁。马嘴中见有残碎的铁马衔。不见任何人骨出土。在墓口西侧 0.65 米处有随葬的双耳罐 1 件（图一一、图一二；图版五三，2；图版五四，1）。

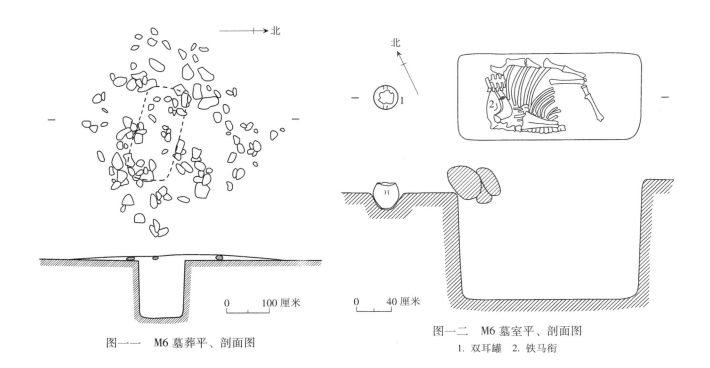

图一一　M6 墓葬平、剖面图　　　　　图一二　M6 墓室平、剖面图
　　　　　　　　　　　　　　　　　　　　　1. 双耳罐　2. 铁马衔

三　出土遗物

　　墓地出土遗物较少，共计6件。包括双耳罐4件（1件残碎），骨纺轮、铁马衔各1件。

　　双耳罐3件　均夹砂褐陶，手制。

　　M4：1，器身颈部以上残缺。球腹，平底。上腹对称饰双耳，与双耳垂直一侧饰有一鋬耳。红衣、黑彩，图案为数组变体三角纹。腹径36.7、底径13.1、残高31.9厘米（图一三；图版五四，2）。

　　M5：1，器身上部残缺。球腹，小平底。双腹耳。外表施红色陶衣。腹径36.4、底径8.8、残高32.2厘米（图一四；图版五五，1）。

　　M6：1，口部残缺。垂腹，平底。双腹耳。外表施红色陶衣。腹径25.6、底径11、残高23.5厘米（图一五；图版五五，2）。

　　骨纺轮　1件

　　M2：1，呈圆饼状，中部有钻孔。直径3.7、厚1.5厘米（图一六；图版五五，3）。

　　铁马衔　1件

　　M6：2，锈蚀严重，残碎。中部两圆环相套咬合。

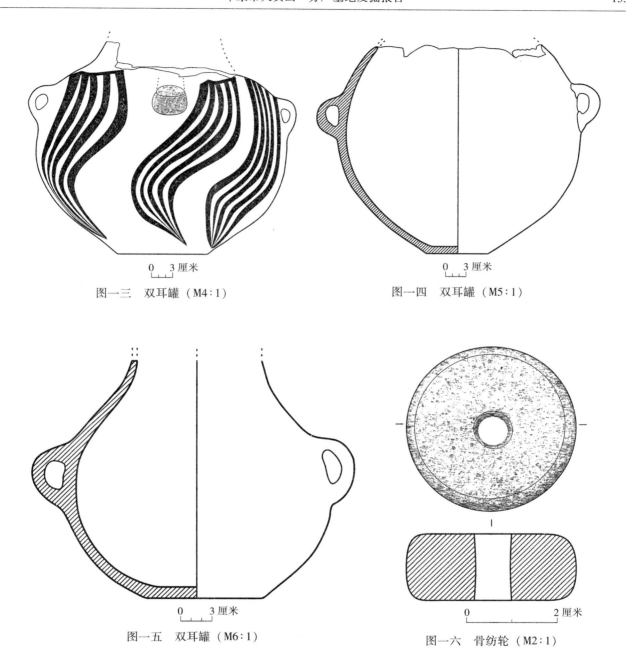

图一三　双耳罐（M4∶1）

图一四　双耳罐（M5∶1）

图一五　双耳罐（M6∶1）

图一六　骨纺轮（M2∶1）

四　结语

　　大黄山一分场墓地地处天山北麓中段，近年在其邻近区域进行的考古发掘工作有阜康市白杨河墓地[1]、臭煤沟墓地[2]，吉木萨尔县大龙口墓地[3]、二工河水库墓地[4]等。大黄山一分场墓地的发掘为进一步了解天山北麓中段古代文化面貌提供了一批新的材料。

　　本次发掘的6座墓葬中，除M1未见墓室外，其余5座墓室均为长方形竖穴土坑。M3、M4、M5、M6在墓口西侧均随葬1件双耳罐，墓葬形制和葬俗较为统一。其与邻近的白杨河墓地中第一组墓葬的形制、葬式葬俗、器物形制等方面有诸多相似之处，二者应属同一考古学文化范畴。出土器物与吉木萨尔县大龙口、阜康市臭煤沟、乌鲁木齐市柴窝堡林场[5]等墓地同类器形基本一致。根据出土器物的器形、纹饰等特征推测，大黄山一分场墓地属于苏贝希文化范畴，时代在公元前5世纪前后，下限不晚于西汉。另外四座墓葬中仅埋葬有马，不见任何人骨出土，并随葬有陶器，这是否为一种新的葬俗，值得关注。

附记：此次考古发掘工作得到了昌吉州文物局，阜康市文物保护管理所、乌鲁木齐市文物保护管理所的大力支持和协助，在此表示衷心感谢！

领　　队：阮秋荣

发掘人员：胡兴军　梁　勇　张海峰　冯　超

绘　　图：冯　超　张　杰

执　　笔：胡兴军　王永强

注　释

[1] 新疆文物考古研究所：《阜康市白杨河墓地考古发掘简报》，《新疆文物》2012年第1期。

[2] 新疆文物考古研究所：《阜康市臭煤沟墓地考古发掘简报》，《新疆文物》2012年第1期。

[3] 新疆文物考古研究所：《吉木萨尔县大龙口古墓葬》，《新疆文物》1994年第4期。

[4] 新疆文物考古研究所：《吉木萨尔县二工河水库墓地》，《新疆文物》2013年第1期。

[5] 新疆文物考古研究所、乌鲁木齐市文物管理所：《乌鲁木齐市柴窝堡林场Ⅱ号点墓葬》，《新疆文物》1999年第3~4期。

阜康市三工乡古墓葬发掘简报

新疆文物考古研究所

1998 年 6 ~ 7 月上旬，新疆文物考古研究所对位于阜康市三工乡的古墓葬进行了抢救性清理发掘，共发掘石棺墓 1 座，石堆墓 6 座，出土了一批文物。参加发掘的除了新疆文物考古研究所的三位工作人员外，还有昌吉回族自治州文管所、阜康市文管所的同志以及新疆大学历史系 94 级少数民族考古班部分师生。在发掘过程中，自治区文物局、昌吉州文管所、阜康市文化局的领导对发掘工作给予了大力支持和协助，特此表示感谢。现将此次发掘情况简报如下。

一　地理环境和发掘概况

三工乡位于昌吉回族自治州阜康市南 23 公里处，地处天山山脉北麓山脚，通往新疆著名旅游名胜——天池的公路从乡中穿过。源于天池的三工河由南向北纵贯该乡。这里存在大量古代墓葬及岩画，但地点分散。墓葬主要类型为石堆墓和石棺墓两种，遭破坏程度较为严重。此次发掘是该地区的首次考古发掘，为了全面了解该地区墓葬情况，掌握各墓地之间的联系，使墓葬免遭人为破坏，本次发掘工地共选择三处（图一）。

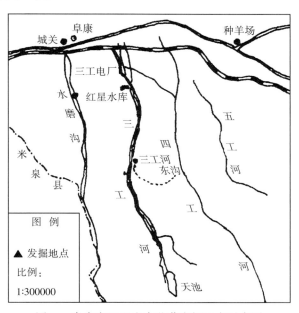

图一　阜康市三工乡古墓葬发掘地点示意图

1. 位于三工乡清真寺东面山前地带，东西向公路横穿山前，山坡地势南高北低，周围是农田和房舍。地理坐标为北纬 44°00′56″，东经 88°03′59″，其海拔 846 米。地表散见零星陶片，断面露出残石板，地表标志不明，运用探沟发掘法，未发现遗迹和遗物，只在山坡南部断面处清理了一座已遭扰乱的石棺墓，编号为 98FSM1。

2. 位于三工乡东沟河道两侧的山前地带，零星分布有三五成群的石堆墓，因受河水冲刷，墓葬安全受到严重威胁，选择了相连的 3 座墓进行了抢救性发掘（图版五六，1）。地理坐标：北纬 44°00′38.4″，东经 88°04′52.5″，海拔 960 米，距三工乡政府约 3 公里。编号分别为 98FSM2、98FSM3、98FSM4。

3. 位于三工乡三工河左岸山梁之上的墓地，沿山梁南北向链状排列，间隔不等，规模不一，共约有 20 余座，地理坐标为北纬 44°00′37.3″，东经 88°03′23.6″，海拔 1150 米。由于墓葬石堆受到破坏，也选择了 3 座石堆墓进行抢救性发掘，编号分别为 98FSM5、98FSM6、98FSM7。

二　墓葬形制

此三处墓地共发掘墓葬 7 座，其形制不一，M1 为石棺墓，出土少量随葬品。M2、M3、M4 属石堆无穴墓，不见人骨架，几乎无随葬品。M5、M6、M7 属石堆竖穴土坑墓，随葬品也贫乏。下面就其具体形制分别介绍：

（一）石棺墓　1 座

98FSM1　地表无明显墓葬标识，断崖显露人骨、石板等。从地表下挖 0.8 米即见石棺，由于扰乱严重，墓葬形制不清，推断为竖穴土坑墓，西北—东南向，坑残长约 1.1、宽约 0.8 米。石棺也破损，仅残留头及左侧石板，盖板破碎散于尸体之上，下无垫板。石板残长约 1、宽 0.4、厚 0.05 米。内葬人骨一具，保存较差，大腿骨以下均不存，仰身直肢，头向西北，面上，属中老年女性个体。在其耳部下出土 1 对铜耳饰，脖颈处出土若干骨珠（图版）和 1 对石坠，不见陶器和铁器（图二；图版五六，2）。

（二）石堆墓　6 座

可分为两种形制，一种是积石堆，主体由小块岩石构成，且无墓室，东沟发掘的 3 座墓葬均属此类。另一类即西山梁所发掘的 3 座墓葬，石堆主体由大块卵石构成，封堆下即见墓室，内葬尸体，但

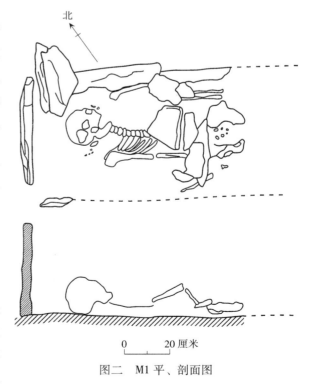

图二　M1 平、剖面图

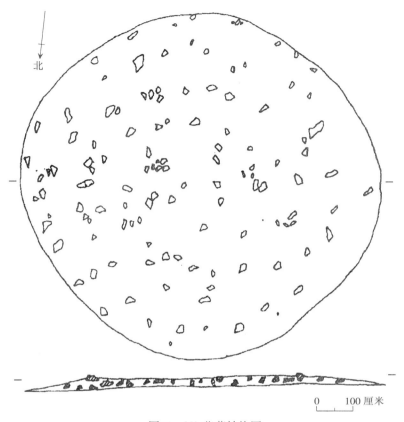

图三　M2 墓葬结构图
1. 耳饰　2. 骨珠　3. 石坠　4. 铜饰件

随葬品贫乏。

98FSM2、M3、M4　位于东沟山脚下，呈东西向分布，地表起圆丘形石堆，石堆表层为碎小岩石块，中部为砾石。M2 封堆直径约 9、高 0.2 米；M3 封堆直径 9、高 0.5 米；M4 封堆直径约 17、高 0.7 米。积石堆下不见墓圹和墓室，不见人骨架，仅 M3 封堆中部石缝中夹有零星腐朽人骨、牙齿、兽骨和若干夹砂灰陶片、夹砂红陶片，另外出土 1 件铁器。M4 封堆中出土 1 件满布沙眼的铁杆及若干朽骨、碎小陶片（图三）。

98FSM5　位于三工乡西山梁墓地南部，北距 M6 约 100 米，地表有小型圆丘形石堆，直径 4、高 0.2 米。揭去表层砾石，下挖约 0.2 米，即露出长方形墓坑。墓圹呈东西向，长 2.5、宽 0.9、深 0.9 米。仰身直肢，头西向，身长约 1.7 米，属一男性个体。骨殖朽蚀严重，无随葬品，仅在背腹部出土 2 枚铜镞，推断墓主人应是中箭身亡（图四；图版五七，1）。

98FSM6　位于基地中部，南与 M7 紧邻，封堆直径约 6、高 0.5 米，石堆含大量黄土，砾石主要集中在封堆南部。揭去封堆即见墓口。墓室为长方形竖穴土坑，东西向，长 1.9、宽 1.25、深 0.88 米。无葬具，长 0.54、宽 0.35、厚 0.15 米的砾石立于墓主小腿左侧。内葬人骨 1 具，骨架残损零乱，仰身直肢，头西向，在其左肩部位出土骨簪 1 枚，腹部右侧随葬 1 残铁刀，另有骨珠 1 枚，已残损呈粉状（图五）。

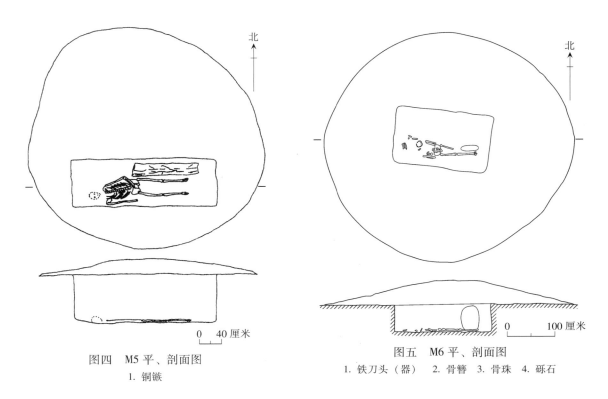

图四　M5 平、剖面图
1. 铜镞

图五　M6 平、剖面图
1. 铁刀头（器）　2. 骨簪　3. 骨珠　4. 砾石

　　98FSM7　北与 M6 紧邻，属大型石堆墓，封堆直径 16、高 0.5 米，封堆主体由大块砾石组成。揭去封堆即见椭圆形墓坑开口于黄土层，坑内也有大量大块砾石。墓坑开口大，底部小，坑口长 3、宽 1.75 米；坑底长 2.1、宽 1、深 1.3 米。在接近墓底处填一层黄土，少量人骨夹杂其中，还有个别兽牙、兽骨。头骨残片出现在墓坑西部，推断为头西脚东，葬式不明，无葬具和随葬品，仅在封堆下墓口北侧、西侧及中部发现 3 个破损严重的陶罐。

三　出土文物

　　此次发掘墓葬 7 座，但随葬器物极其贫乏，种类有铜器、铁器、骨器、陶器，但大多数已破碎或残朽，现分类介绍如下。

（一）陶器　两件

　　单耳陶钵　98FSM7：1，夹砂红陶，手制，敛口，圆唇，浅腹，圜底，沿上宽带耳。口径 13.2、高 8 厘米（图六，3；图版五七，2）。

　　陶罐　98FSM7：2，夹砂红陶，敞口，方唇，鼓腹，圜底，单耳已残。口径 9.7、高 10.1 厘米（图六，1；图版五七，3）。

（二）铜器　四件

铜镞　98FSM5：1，两枚，双翼，圆筒形銎，銎部带倒钩。长3.8、宽1.4、銎径0.8厘米（图六，10；图版五八，1）。

铜饰　98FSM1：1，一对，正面为铜片，上有圆形镂孔，背面为弯曲铜条，似为发卡。长4、残宽1.45厘米（图六，11；图版五八，2）。

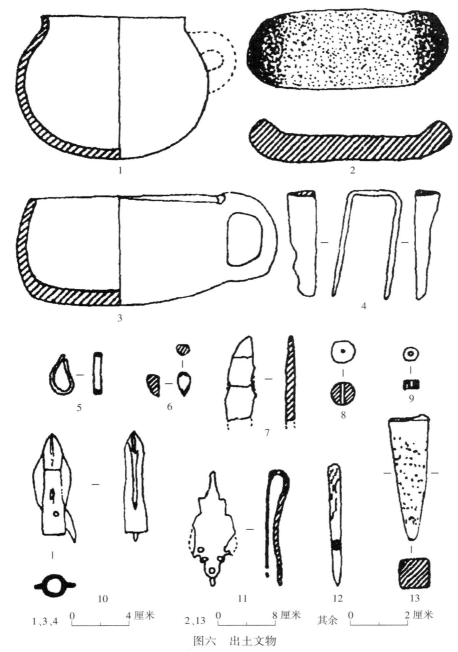

图六　出土文物

1. 陶罐　2. 石磨盘　3. 单耳陶钵　4. 铁件　5. 铜饰件　6. 石坠　7. 铁刀　8、9. 骨珠　10. 铜镞　11. 铜饰　12. 骨簪　13. 铁杵

铜饰件　98FSM1：4，4件，由一长3.4、宽0.25厘米的铜条对接成扁环状（图六，5）。

（三）铁器　三件

铁杵　98FSM4：1，呈四棱锥形，顶部截面呈正方形，器表遍布砂眼，尖部较钝，顶部凹陷口通长17.3、边长5.5厘米（图六，13；图版五八，5）。

铁件　98FSM3：1，由一铁片折成"n"形，用途不明，长7.8、宽3.8，铁片宽1.8厘米（图六，4）。

铁刀　98FSM6：1，残损仅剩刀尖部，锈蚀严重，残长3、残宽1.1、厚0.3厘米（图六，7）。

（四）骨器　三件

骨簪　98FSM6：2，圆锥形，残长4.3、径0.35厘米（图六，12）。

骨珠　98FSM6：3，呈圆柱形，中间穿孔，磨制细腻光滑。直径0.5、厚0.3、孔径0.15厘米（图六，8；图版五八，3）。

（五）石器　两件

石坠　98FSM1：3，一对，鸡心状，磨制光滑。长0.8、宽0.45、厚0.4厘米（图七，6；图版五八，4）。

石磨盘　98FSC：1，马鞍形，平面呈椭圆形。长27.7、宽11.3、厚6厘米（图七，2）。

四　结语

此次发掘的6座石堆墓可分为两种类型，东沟的3座石堆墓（M2、M3、M4）只有地表封堆，无墓室。其他地区如和静县察吾乎沟二号墓地、米泉大草滩也见这种墓葬形式[1]。从封堆中夹杂零乱骨骼和几乎不见随葬品看，这类墓葬应属二次葬。另外在封堆中出土铁器，其年代不会太早。西山梁的3座石堆墓（M5、M6、M7），从清理和发掘过程看，地表均有明显石堆标志，墓葬沿山梁南北向链状排列，揭去地表石堆即见墓室，墓室均呈东西向，人骨架基本上都是头西向，随葬品也十分贫乏，M5出土的2枚铜镞形制特别，在新疆尚属首次发现，在斯基泰文化中这种青铜兵器屡见不鲜[2]，其年代大致可上溯到公元前六、七世纪，这也为我们确定这批石堆墓年代的参考依据，可以看出其年代比以往发掘的石堆墓时代要早。

石堆墓和石棺墓是新疆地区常见的两种墓葬形式，尤其在北疆地区分布范围广，数量众多，多年以来通过对此类石堆墓遗存进行的大量考古发掘，对其墓葬形制、埋葬风俗、年代、族属等有了一定认识。此次阜康市三工乡发掘的墓葬，与以往发掘的石堆墓既有共性，又存在一定差异。石棺墓在该地区数量是比较多的，在附近随处可见石板石条，由于当地人开地、盖房，大多数石棺墓已遭破坏。M1 地表无标志，竖穴土坑，随葬品贫乏，仅见少许铜饰件及若干骨珠，不见铁器和陶器。阜康市文管所曾在这里征集有金箔饰片、穿孔骨珠等，可以看出这类石棺墓与伊犁地区昭苏、新源县境内、塔城市卫校古墓葬发现的石棺墓存在明显差异[3]，其具体文化内涵有待进一步研究。

此次发掘是该地区的首次考古发掘，因工作规模所限，随葬品物又贫乏，对于墓葬的具体年代、族属等问题还难以提出成熟的看法，具体文化内涵有待进一步探讨。

参加发掘人员：于志勇　阮秋荣　再帕尔　陈金宝　阎伦昌
新疆大学历史系考古班部分师生

绘　　　图：再帕尔

摄　　　影：刘玉生

执　　　笔：阮秋荣　再帕尔　阎伦昌

注　释

[1] 新疆文物考古研究所：《和静县察吾乎沟二号墓地发掘简报》，《新疆文物》1989 年第 4 期；新疆社会科学院考古研究所：《米泉大草滩发现石堆墓》，《考古与文物》1986 年第 1 期。

[2] 帕戈列鲍娃等：《斯基泰考古问题》，苏联科学院出版社，1952 年；玛尔古兰、阿基舍夫等：《中哈萨克的古代文化》．哈萨克科学院出版社。

[3] 新疆社会科学院考古研究所：《新源巩乃斯种羊场发现石棺墓》，《考古与文物》1985 年第 2 期；李肖：《新疆塔城市考古新发现》，《西域研究》1991 年第 1 期。

阜康市阜北农场基建队古遗存调查

新疆文物考古研究所　阜康市文管会

1993 年 5 月至 8 月间，我们在对阜康市阜北农场进行古遗存的考古调查时，根据当地群众提供的线索，在阜北农场基建队砖厂附近首次发现了一处古文化遗存分布点，发现、采集了一批遗物标本，并陆续从群众手中收集了多件保存相当完好的文物；同时对遗物出土地点及埋藏情况做了首次踏勘调查。调查工作承蒙阜康市人民政府、市文管会、阜北农场党委及当地群众的大力支持与协助，我们在此向他们谨致谢忱。

现将调查情况及初步的认识简报如下。

一　遗存点所在地理位置及埋藏、发现情况

遗存点位于阜康市北 20 公里阜北农场基建队砖厂南部和西部，南距阜北农场场部 4 公里北；距古尔班通古特沙漠南缘约 5 公里，海拔高度近 470 米。遗存点所在的区域，地处天山山脉北麓的冲积平原上，地势略由东南向西北倾斜，平坦宽广，土壤为次盐渍化灰漠土，土层较厚；植被多为耐干旱、盐碱的低矮草本植物；南部有源自天山山脉的两条河流——三工河和水磨河：三工河自上游支流汇入天池后北流，年径流量 5214.7 立方米，流程 48 公里，现注入冰湖水库；水磨河在三工河西，年径流量 1957.7 立方米，源自天山北流 42 公里，现注入柳城水库[1]（图一）。

发现、采集和收集的全部遗物均出自基建队砖厂南、西部呈东南—西北向连续分布的大小沙坑内的沙层中。沙坑系 1958 年兵团农场建立以来，屯戍垦荒，攫土取沙而形成。沙层一般距地表 160～180 厘米，厚约 50～100 厘米，上有灰黄色洪积土，沙层砂粒均匀，颗粒均小而无河砾石；洪积土层与沙层均有若干层堆积，层理清晰显见。

20 世纪 60 年代以来，当地群众一直在砖厂南、西

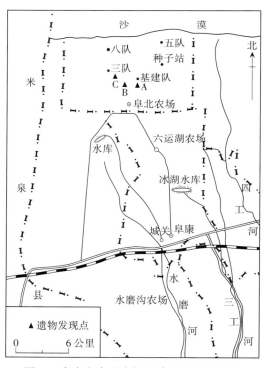

图一　阜康市阜北农场基建队遗物发现点
所处位置略图

取土挖沙。据了解，至 80 年代末，在这里曾零星出土过一些陶器残片和石磨盘；1992 年初，当地砖厂职工在砖厂南取沙时发现一完整夹砂红陶罐，同时还发现有人头骨；之后，在这一区域曾又出土过五六件基本完整的陶器、石器。1993 年 5 月，我们根据有关线索在对遗物出土地点首次进行全面调查时，在砖厂南部地带（此地点暂称"A"点）发现并采集了部分遗物，收集了群众取沙时发现的、保存较好的遗物；同时对人头骨发现点做了勘查，可惜仅见残留甚微的部分头骨，未见任何遗迹现象。1993 年 7 ~ 8 月间，我们又做了三次调查，在"A"点采集、收集了部分遗物；在"A"点西约 1 公里的沙坑地带（暂称"B"点）发现、采集了部分夹砂红陶碎片和石磨盘残段；在西约 3 公里，农三队南部的沙坑地带（暂称"C"点）发现并采集了一件可基本复原完整的夹砂红陶双耳罐，一夹砂红陶彩陶片。在上述 A、B、C 三点及周近区域未发现任何遗迹现象或其残留部分。

二　典型器物标本描述

发现、采集和收集的遗物共计 60 余件[2]，其中典型标本 30 余件；有保存完整者，有基本完整而可复原者，也有器物残片；器类有石器、陶器、铜器和骨器，石器类有砺石、纺轮、石磨盘，铜器有镂孔器，骨器有纺轮，陶器类有杯、盆、釜、纺轮；各型式罐及其口沿残片等。以下，我们按器类对典型器物标本进行描述，同类器物形态差异较大者，给以型别的划分；同型器物存在个体差异者，我们给予式别的划分；式别为器物划分的最小单位[3]。器物标本除注明出土点者外，均出自"A"点。

1. 石器

凡 8 件。计纺轮 3 件，砺石 2 件，石磨盘 3 件。另外还发现有一些石杵、石臼、石磨棒等。

①轮　形制均基本相同。

标本 93FFGC：001，圆形，灰色石质，一面残缺；磨制而成，中有穿孔。直径 3 厘米，穿孔直径 0.85 厘米（图二，1；图版六一，4）。

标本 93FFGC：002，保存完整，青灰石质，圆形，两面及边缘系磨制而成，形态规整，周缘一部分略厚，正中有对钻穿孔。直径 3.9 厘米，厚约 0.7 ~ 0.8 厘米，孔径 0.5 厘米（图二，2；图版六一，3）。

标本 93FFGC：003，保存完整，青灰石质，上下两面平整，边缘亦磨制加工，正中对钻穿孔。直径 4.5 厘米，孔径 0.65 厘米，厚 1.1 厘米（图二，3；图版六一，2）。

②砺石　可分 a、b 二式。

a 式：标本 93FFGC：004，完整，稍有缺损，土黄色石质，系用长方形扁砾工加工制成。平面呈长方形，上下两面及边缘均有磨痕，砥磨面光滑平整，一端中部对钻穿孔。长 11.6 厘米，宽 3.9 ~ 4.5 厘米，厚 0.8 ~ 10 厘米，孔径 0.55 厘米（图二，4；图版六一，1）。

b 式：标本 93FFGC：005，完整，略有缺痕，石质灰黄，系用扁长砾石制成。平面呈圆角长方形，器身略弧，砥磨面光滑，一端被磨平，另一端中部对钻穿孔。长 10.7 厘米，最大宽度 2.8 厘米，厚 1.2 厘米，孔径 0.5 厘米（图二，5；图版六○，6）。

③石磨盘　可分 a、b、c 三式。

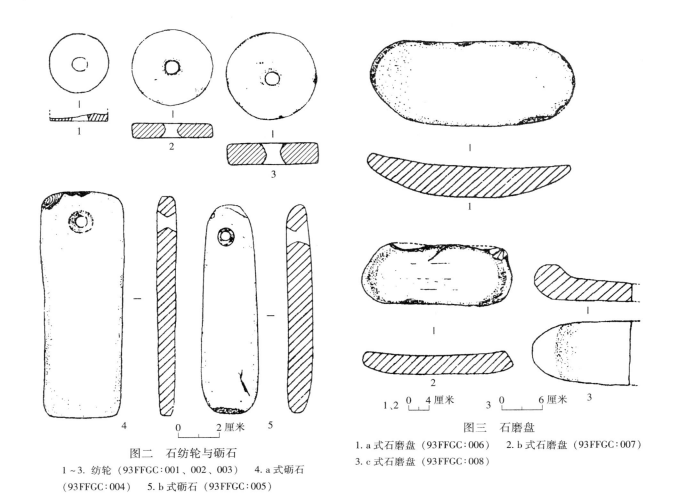

图二　石纺轮与砺石
1~3. 纺轮（93FFGC：001、002、003）　4. a 式砺石
（93FFGC：004）　5. b 式砺石（93FFGC：005）

图三　石磨盘
1. a 式石磨盘（93FFGC：006）　2. b 式石磨盘（93FFGC：007）
3. c 式石磨盘（93FFGC：008）

　　a 式：标本 93FFGC：006，基本完整，有残缺，石质青黑，系用长条砾石加工而成。平面呈马鞍形，砥磨面纵向内凹，底部呈弧形；两端略薄，中部略厚。长 40 厘米。宽 17.2 厘米，中厚 6.8 厘米（图三，1）。同型式器物尚见有一残为四段，但可复原完整的大型器，通长 51.6 厘米，宽 21 厘米。

　　b 式：标本 93FFGC：007，基本完整，有部分残缺，石质青灰，系用宽扁砾石加工制成。平面呈不规则长方形，砥磨面纵向内凹，光滑，平底。长 29.6 厘米，宽 12.4 厘米，厚 4 厘米（图三，2）。

　　c 式：标本 93FFGC：008，残断，石质青灰，系用长条砾石加工制成。平面呈马鞍形，砥磨面平整光滑，平底。残长 14.4 厘米，宽 9.6 厘米，厚 3~5.4 厘米（图三，3）。"B"点采集。

　　2. 陶器

　　凡 29 件。计单耳杯 3 件，夹砂红陶罐 15 件，釜 3 件，圈足小杯 1 件，纺轮 2 件，圆形陶饼 1 件，彩陶片 2 件，盆 2 件。

　　①耳杯　可分 a、b、c 三式。

　　a 式：标本 93FFGC：009，夹砂红陶，手制，方唇直口，圜底，腹壁略厚，单耳上部起于口唇之上，器宽大于器高，素面。口径 8.6 厘米，通高 5.3 厘米（图四，1；图版五九，3）。

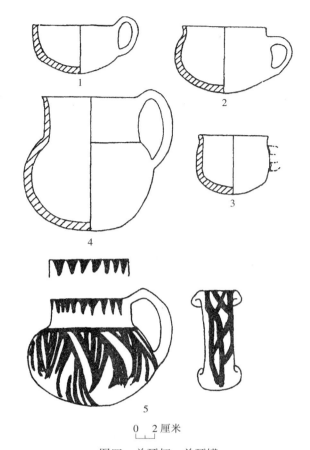

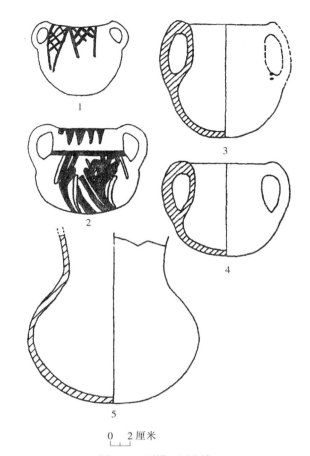

0　　2厘米

0　　2厘米

图四　单耳杯、单耳罐

1. a式单耳杯（93FFGC：009）　2. b式单耳杯（93FFGC：010）
3. c式单耳杯（93FFGC：011）　4. Ia式单耳罐（93FFGC：012）
5. Ib式单耳罐（93FFGC：013）

图五　双耳罐、圜底罐

1. IIa式双耳罐（93FFGC：014）　2. IIb式双耳罐（93FFGC：015）　3. IIc
式双耳罐（93FFGC：016）　4. IId式双耳罐（93FFGC：017）　5. III型
圜底罐（93FFGC：018）

b式：标本93FFGC：010，夹砂红陶，手制，方唇直口，腹壁略鼓，圜底，单耳附于腹部；器壁似经打磨，内外皆施红陶衣，器宽大于器高。口径8厘米，通高7.2厘米（图四，2；图版五九，2）。

c式：标本93FFGC：011，夹砂红陶，手制，方唇，口微侈，腹壁较直，圜底，单耳附于腹部，已残损，素面，器高大于器宽。外壁见烟炱迹。口径6.8厘米，通高6.6厘米（图四，3）。

②罐　含口沿标本共可分10型。

I型　单耳罐　可分a、b二式。

Ia式：标本93FFGC：012，夹砂红陶，完整，手制。素面，方唇，口微敞，高直领，球腹，圜底，宽大扁耳，器身着红陶衣，规整。口径9.8厘米，通高14.5厘米（图四，4；图版五九，4）。

Ib式：标本93FFGC：013，保存完整，夹砂红陶，手制。方唇直口，直领，鼓腹，扁宽大耳，圈底略平，器形矮胖；口沿内外施倒三角形黑彩，腹部施弧线，斜竖线组成的多组几何纹样，宽大扁耳起于口唇，至中腹，宽耳上施网状几何纹样黑彩。口径7.4～9.2厘米，通高11.8厘米（图四，5；图版五九，1）。

II型　双耳罐　可分a、b、c、d、e五式。

Ⅱa 式：标本 93FFGC：014，保存完整，夹砂红陶，手制。方唇直口，口部呈略微马鞍形，双耳，圜底，一耳略残，器外施网状交叉几何纹黑彩，色彩部分不清晰。器底见有烟炱。口径 5.8 厘米，通高 7.3 厘米（图五，1；图版六〇，1）。

Ⅱb 式：标本 93FFGC：015，复彩双耳罐。保存完整，夹砂红陶，手制。方唇直口，鼓腹圜底，双大宽扁耳；口沿内外施倒三角形黑彩，颈部施一周黑彩，下施弧线、斜线等组成的黑彩几何形纹样；腹部黑彩纹样间，施有土黄色竖线、弧线纹，彩线纹样部分漫漶难辨。口径 6.4 厘米，通高 9.4 厘米（图五，2）。

Ⅱc 式：标本 93FFGC：016，基本完整，夹砂红陶，手制，器形规整。素面，方唇侈口，束颈鼓腹，双大宽耳，圜底，双耳有部分残失。口径 8 厘米，通高 12.4 厘米（图五，3；图版六〇，2）。"C" 点采集。

Ⅱd 式：标本 93FFGC：017，残破可复原完整，夹砂红陶，手制。素面，方唇侈口，束颈，双大宽扁耳，坠腹，圜底，通体内外施红色陶衣，口径 7.6 厘米，通高 l0 厘米（图五，4）。

另外，发现有宽大扁耳类砂红陶口沿，无法辨明整体器形为单耳或双耳。暂归于双耳罐类，即Ⅱe 式：标本 93FFGC：032，夹砂红陶，素面，手制，方唇，口微敞，宽大耳，束颈。（图七，1）。

Ⅲ型　圜底罐，仅 1 件。

标本 93FFGC：018，残，口沿部分缺失。夹砂红陶，手制，束颈，球腹，无耳，圜底，素面，器型较大。现残高 18 厘米，最大腹径 17.6 厘米（图五，5）。

Ⅳ型　鼓腹小罐，仅 1 件。

标本 93FFGC：019，夹砂红陶，素面，方唇直口，溜肩，鼓腹；手制。口径 7.2 厘米（图六，1）。

Ⅴ型　直口罐口沿，仅 1 件。

标本 93FFGC：020，夹砂红陶，手制，直口，方唇，素面。口径 17 厘米（图六，6）。

Ⅵ型　小口罐，仅 1 件。

标本 93FFGC：021，完整，夹砂红陶，手制，制作粗糙。方唇，口部小，球腹，圜底，口沿下对称横穿两系孔，瘤状。口径 4 厘米，通高 10.4 厘米（图六，2；图版六〇，4）。

Ⅶ型　鋬耳罐口沿，仅 1 件。

标本 93FFGC：033，夹砂红陶，手制，半月形鋬耳附联于口唇部（图六，3）。

Ⅷ型　附加堆纹罐口沿，仅 1 件。

标本 93FFGC：034，夹砂红陶，手制，圆唇直口，口沿外下施一周附加堆纹，堆纹上月牙状切痕装饰（图六，4）。

Ⅸ型　小耳敛口罐口沿，仅 1 件。

标本 93FFGC：035，夹砂红陶，质较细，手制，敛口，尖唇，小宽扁耳附于口沿外下，素面（图六，5）。

Ⅹ型　带嘴罐口沿，仅一件。

标本 93FFGC：036，夹砂红陶，手制，尖唇敛口，短嘴；嘴口呈圆形，向上，素面（图七，2）。

③釜　可分 3 型。

Ⅰ型　附加堆纹圜底釜，仅 1 件。

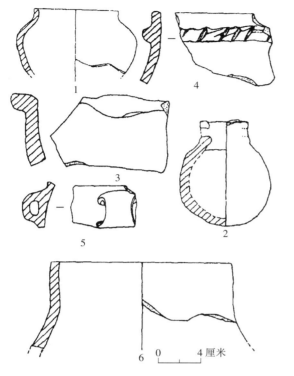

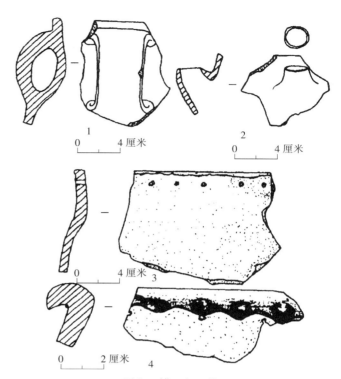

图六　陶罐（口沿）

1. Ⅳ型罐（93FFGC：019）　2. Ⅵ型罐（93FFGC：021）　3. Ⅶ
型罐口沿（93FFGC：033）　4. Ⅷ型罐口沿（93FFGC：034）
5. Ⅸ型罐口沿（93FFGC：035）　6. Ⅴ型罐口沿（93FFGC：020）

图七　罐、釜、盆

1. Ⅱe式罐（93FFGC：032）　2. Ⅹ型罐口沿（93FFGC：036）
3. C型釜口沿（93FFGC：037）　4. Ⅰ型盆（93FFGC：038）

标本93FFGC：022，保存完整，夹砂红褐陶，手制。素面，方唇直口，鼓腹圜底，口沿外下有约18个等距离分布的小孔一周，孔系由外向内戳成；小孔下有一周附加堆纹，两鸡冠形錾耳对称置于中腹外鼓处，器形规整，做工精美。底部及腹部见有烟炱痕迹。口径10.8厘米，通高9.6厘米，最大径15.5厘米（图八，1）。

Ⅱ型　平底釜，仅1件。

标本93FFGC：023，完整，手制，素面，夹砂红褐陶，方唇直口，耸肩，两半月形錾耳设于肩部，腹壁较直，平底内凹。器形不甚规整，较粗糙，见有经久使用痕迹及黑炱痕迹。口径12.3厘米，通高11.7厘米（图八，2；图版五九，5）。

Ⅲ型　直口釜口沿，仅1件。

标本93FFGC：037，夹砂红陶，手制，方唇，直口，口部见有刮抹而压平的痕迹，口沿下有数个由内向外的小戳穿孔。质地较粗，素面，见黑炱痕迹（图七，3）。

④盆　可分2型。

Ⅰ型　折沿盆，仅1件。

标本93FFGC：038，夹砂红陶，折沿，有波折状边，按有小窝。折沿下有一周戳孔，由内向外戳孔。手制，质地较粗糙（图七，4）。

Ⅱ型　平底盆，仅1件。

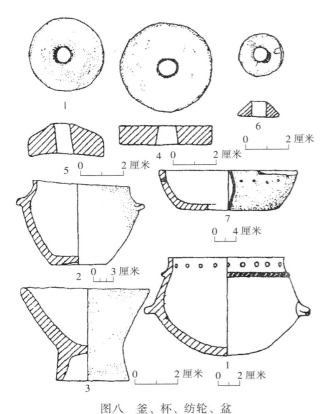

图八　釜、杯、纺轮、盆

1. Ⅰ型釜（93FFGC：022）　2. Ⅱ型釜（93FFGC：023）　3. 圈
足小杯（93FFGC：024）　4、5. 纺轮（93FFGC：025、026）　6. 骨
纺轮（93FFGC：031）　7. Ⅱ型盆（93FFGC：039）

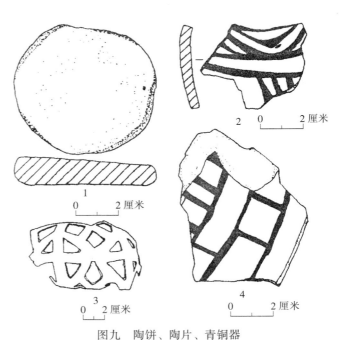

图九　陶饼、陶片、青铜器

1. 圆陶饼（93FFGC：027）　2～4. 彩陶片（93FFGC：028、029）
3. 青陶器（93FFGC：030）

　　标本93FFGC：039，残，夹砂红陶，素面，手制，圆唇，口微敛，口沿下有一周由外向内戳穿的小孔；外有黑炱痕迹，制作较粗糙。口径约26厘米，高7.5厘米（图八，7）。

　　⑤圈足小杯　仅1件。

　　标本93FFGC：024，完整，夹砂红陶，素面，捏制成。圆唇，大敞口，高圈足。口径6厘米，通高4.6厘米（图八，3；图版六〇，3）。

　　⑥纺轮　2件。

　　标本93FFGC：025，完整，采用一黄褐色陶片磨制成。圆形，正中穿孔，通体有火烧痕迹，部分呈灰黑色。直径4.4厘米，孔径0.8～1.9厘米，厚0.9厘米（图八，4）。

　　标本93FFGC：026. 完整，夹砂黄褐陶，素面，手制，上部略突凸，底面微凹，正中穿孔。直径3.6厘米，孔径0.7～0.8厘米，厚0.9～1.6厘米（图八，5）。

　　⑦圆形陶饼　1件。

　　标本93FFGC：027，圆形，系磨制一夹砂红陶片而成，边缘有砥磨痕。或以为陶纺轮之半成品。直径6.6厘米，厚1～1.4厘米（图九，1）。

　　⑧彩陶片　2片。

　　标本93FFGC：028，夹砂红褐陶，施赭色彩，纹样为曲线、弧线三角组成的几何纹。4×5平方厘米，厚0.5厘米（图九，2）。"C"点采集。

标本93FFGC：029，夹砂红陶，施黑彩条格状（网纹？）纹样。6×7平方厘米，厚0.9厘米（图九，4）。

3. 青铜器（？）　仅一残破的镂孔器。

标本93FFGC：030，器形不明，似略有变形。半扁球状，存留部分镂空图案，似为横向连续菱格内填"＋"字，相隔形成三角或四角状镂孔，通体绣蚀斑。制作虽古朴，但工艺已显得成熟。质料为铜或青铜，尚未测定（图九，3；图版六〇，五）。

4. 骨器　仅一件纺轮。

标本93FFGC：031，基本完整，略残，磨制，圆形，正中穿孔，剖面呈梯形。直径1.9厘米，孔径0.8厘米，厚0.8厘米（图八，6）。

三　结语

阜康市阜北农场基建队附近发现、采集和收集的遗物中，石器类多见砥磨用具，型式多样，工艺技术已显得较为成熟。陶器均夹砂红陶或红褐陶，手制，火候不甚高，部分器物见慢轮修整；器型有单耳罐、双耳罐、釜、盆、单耳杯、直口罐和附加堆纹罐等，器物质地多粗糙，圜底、带耳器占多数，单耳杯类质地较细，器表有经打磨后施红陶衣者，多数罐及釜可能因长期使用，器身多有烟炱痕迹；素面陶居多，也见附加堆纹和戳穿孔等，耳有宽大扁耳也有鸡冠形鋬耳，半月形鋬耳，舌状鋬耳等，彩陶制作已显得很熟练。彩陶有黑彩、赭色彩和土黄色彩，纹饰有连续倒三角纹、网纹、弧线大三角内填竖斜线纹等；均器外施彩亦见沿内施彩者，有单彩，也有复彩。罕见的镂孔铜器形制虽尚未明确，但其制作工艺技术已显示了较高水平。基建队所出的遗物虽均系采集，但从陶器陶质、陶色、制作工艺及器型来看，多数器物恐为时间跨度不大的同期遗存。

基建队所出的许多遗物标本，与木垒四道沟[4]、奇台半截沟[5]所出遗物有较多相似和接近，存在一些共同的因素。从器物质料、制作、器物形态特征来看，基建队点与四道沟、半截沟陶器均多为夹砂红陶或红褐陶，手制，多素面，圜底，宽扁耳，见有附加堆纹及口沿下一周穿孔；从彩陶器风格来看，均见黑彩，赭彩（或云深红色、紫色彩、朱彩），均有内外施彩，纹饰以网纹、倒三角、弧线为主；从器物类型来看，三处地点均见石磨盘、石杵、石臼，四道沟还见有与基建队相似的骨纺轮、圆形陶饼等；基建队所出的b式单耳杯与四道沟Ⅱ式单耳罐（T3：19）相似，基建队所出的Ⅰ型浅腹平底带戳孔陶盆，与四道沟的浅腹盆（T5：44）酷似；四道沟所出的釜（T5：18，器形较大，口稍敛，弧腹，圜底，半月形把手，口沿戳小孔一周，口径34厘米，高29厘米[6]），与基建队Ⅰ型陶釜特征接近，基建队所出Ⅰa式单耳罐、Ⅴ型直口罐口沿与四道沟Ⅰ式单耳罐（T2：23）、Ⅰ式双耳罐（T6：45）及半截沟所出直口罐（见原简报图二，1）口沿部分有较多近似。同时，基建队所出部分遗物如单耳杯、单耳或双耳罐、彩陶等在形制风格上与天山山区阿拉沟[7]、鱼儿沟[8]，天山山南吐鲁番地区鄯善苏贝希等地点出土遗物有相似之处。不言而喻，基建队与上述诸地点所出遗物在特征上也还存在许多差异，如彩陶纹样主题、器物组群总体特征等方面，但限于资料匮乏，探讨相互间的关系还很艰难，究明这其中所反映、暗示的是文化上的联系抑或是时代性特征，均尚需工作的进一步深入和资料的累积。

关于遗存的时代问题，前文中我们多次运用了四道沟遗址作对比材料。四道沟遗址可分早期和晚期，年代测定的七个数据除一个偏早外，其余大致接近，距今约 2600 ~ 2300 年[9]。若前文中我们所做的比较分析不误，那么，我们可初步推定，基建队所出遗物中与四道沟早期遗物相似者，其时代上限或者可能是下限应与四道沟早期相当；同样，与四道沟晚期相似者，其时代上限或下限当与四道沟晚期相当。我们认为，基建队所出遗物的时代多应同四道沟时代相当或接近，亦相当于中原地区东周时期。

阜康市阜北农场基建队的首次发现与调查，获取的一批重要实物资料，为阜康地区及北疆沿天山一带东部地区古文化遗存的认识与研究提供了新的线索和新的基础研究资料。迄今虽未发现一处明确的、有一定规模的遗迹现象，但曾切实发现过人头骨及伴出的陶器这一情况表明，这一区域内肯定存在与遗物密切相关的遗迹现象。调查情况显示，出土遗物的东南—西北向分布的大小沙坑，其沙层是古河床，说明在历史时期遗存点南部的三工河或水磨河有着更长的流程。1993 年 8 月我们在现遗存点东北约 3.5 公里种子站西发现细石器及一些夹砂红陶片[10]，已足以证明这一点。如此，这就要求我们需在更大的区域内做全面细致的调查工作，才能究明古文化遗存的历史面貌及诸文化遗存间的相互关系。

绘图：于志勇

摄影：祁小山

执笔：于志勇　阎伦昌

注　释

[1] 阜康县地名委员会编：《新疆维吾尔自治区阜康县地名图志》（内部资料），1994 年。

[2] 所有采集收集品现均藏于阜康市文管会。

[3] 本文中型式的划分仅为行文及今后研究者引用方便，仅反映个体差异。

[4] 新疆维吾尔自治区文管会：《新疆木垒四道沟遗址》，《考古》1982 年第 2 期。

[5] 新疆维吾尔自治区博物馆考古队：《新疆奇台半截沟新石器时代遗址》，《考古》1981 年第 6 期。

[6] 同[4]。

[7] 新疆维吾尔自治区文物普查办公室、乌鲁木齐市文物普查 1 队：《乌鲁木齐文物普查资料》，《新疆文物》1991 年第 1 期。

[8] 同[7]。

[9] 新疆文物考古所：《鄯善苏贝希墓群一号墓地发掘简报》，《新疆文物》1993 年第 4 期；新疆文物考古研究所、吐鲁番地区博物馆：《鄯善苏贝希三号墓地》，《新疆文物》1994 年第 2 期；吐鲁番地区文管所：《新疆鄯善苏贝希古墓群》，《考古》1984 年第 1 期。

[10] 文物保护科学技术研究所碳十四实验室：《测体闪烁法碳十四年代测定》，《文物》1978 年第 5 期。载四道沟七个标本年代测定值，其中 WB77 - 34C77MSTz：⑤，树轮校正年代为 B. P30lui - 10S 年，略早。

阜康市南泉"胡须"墓发掘简报

新疆文物考古研究所

1993 年，新疆维吾尔自治区高等级公路建设指挥部拟修建吐鲁番—乌鲁木齐—大黄山高等级公路，新疆文物考古研究所承担了对公路全线施工范围内文物遗存分布情况的调查任务。经过实地调查，发现托克逊县的小草湖遗址，乌鲁木齐县的柴窝堡墓群、乌拉泊墓群，以及阜康市甘河子附近的南泉墓群中的部分遗址和墓葬处在高等级公路施工范围内。为确保新建公路如期动工，文物遗存又不受损，经与公路建设部门协商，由文物考古部门在 1994 年 7 月以前，对处在施工范围内的遗址和墓葬组织抢救性清理发掘。阜康市南泉古墓葬的清理发掘已在 1994 年 6 月完成，现将发掘所获介绍于后。

南泉村，属阜康市滋泥泉乡，位于乡南 10 公里，甘河子镇东北 11 公里的公路旁。这里，北邻古尔班通古特沙漠，南依天山博格达山，乌鲁木齐至奇台公路在村南通过。

古墓葬分布在乌奇公路北侧的山前草滩上，在东西长约 700、南北宽约 350 米范围内有大小石堆墓 20 余座。石堆的外观为两种：大多为圆形卵石堆，大者高 0.7～1、直径 7～10 米，顶部微塌陷，呈南北向排列；小的微隆起于地表，散布在较大的石堆周围；另一种为带胡须的石堆，共有 5 座。所谓"胡须墓"，是因在其主封堆的两侧向东延伸有两列呈弧形的卵石阵，形似胡须，故名（前苏联考古学家在哈萨克斯坦草原上发现后命名）（图一）。

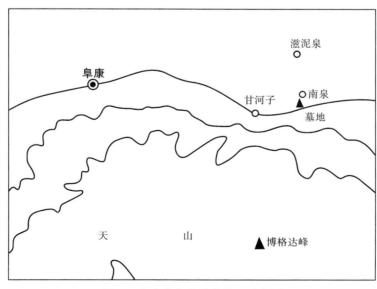

图一　阜康市南泉墓葬位置示意图

对处在公路施工范围内的 8 座石堆，我们均进行了清理，其中胡须墓 2 座，另外 6 座圆形石堆中有 4 座揭去封堆后不见墓穴和遗物，只有 2 座是墓葬。

胡须墓　2 座

M1：封堆大致呈半圆形，顶部微凹，高约 1、长约 15 米。两列须状石阵向东延伸，石阵宽 2 ~ 3 米，南边的较长，约为 23 米，北边的较短，为 11 米。皆用大小卵石或石块嵌入地表，微隆起。揭去半圆形封石堆，底部偏西南摆有一列呈弧形的大卵石，卵石的大小在 0.5 至 1 米之间，用途不明。墓穴位于封堆中心，是一圆形竖穴，直径 1、深 0.3 米。竖穴填土中见数节残碎的人骨和几块夹砂红陶片。两列须状石阵下不见遗迹和遗物（图二）。

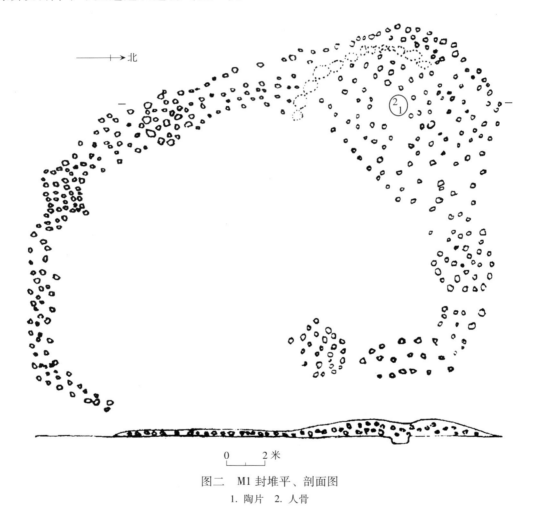

←——→北

0　　2米

图二　M1 封堆平、剖面图
1. 陶片　2. 人骨

M2：封堆规模较 M1 小一些。主封堆呈月牙形，高 0.6、长约 10 米。向东延伸的两列石阵宽约 2.5，长约 10 米。封堆下不见墓穴，须状石阵下亦不见遗迹和遗物。

圆形石堆墓　2 座

M4：卵石封堆微隆起，高 0.4，直径 3 米。封堆底部不见墓穴，只是在底层填土中见一残碎的陶盆，为夹砂红陶，口沿存一横錾耳。

M5：封堆高 0.4、直径 3 米。为竖穴偏室。竖穴口长 1.47、宽 0.62、深 1.1 米，偏室开在竖穴的北壁，长 1.47、宽 0.13、深 0.5 米，方向 245 度。偏室内葬一人，仰身，下肢微朝上屈，头西足东，为一儿童，颅骨上有一钻孔。无随葬品（图三）。

墓葬时代及文化内涵的推测：

胡须墓在新疆地区发现不多，据我们在公路沿线调查，在南泉至大黄山这段公路两侧，都有零星石堆墓分布。在接近五彩湾岔路口附近，乌奇公路北侧的草滩上还有数座同南泉所见形制相同的胡须墓，有的规模较南泉 M1 还要大，因不在公路施工范围内，这次未做发掘。据有关资料，1988 年在阿勒泰市的文物普查中，沙尔胡松乡西南 6 公里的一处石堆墓群中有 1 座为胡须墓，墓群位于阿勒泰市至布尔津县公路南侧，石堆墓有的环绕有石圈。这座胡须墓封堆直径 14 米，须状石阵亦是朝东延伸，一列长 40 米，另一列长 24 米[1]。另外一处胡须墓的资料见于天山巴音布鲁克草原。在和静县巴音布鲁克区二乡以西 25 公里处的草原上，有一大片不同形制的石堆墓。经粗略踏勘，有 2 座为胡须墓。这 2 座胡须墓，同另外 2 座石圈墓呈南北向列为一排，其中，石圈墓居中，胡须墓位于两端。2 座胡须墓的主封堆亦是不太高的圆形卵石堆，边缘环绕有石圈。两列弧形须状石阵亦是向东延伸[2]。除此之外，新疆其他地区还不见有关胡须墓的资料报导。

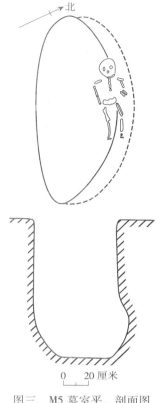

图三 M5 墓室平、剖面图

最早发现胡须墓并进行发掘的是前苏联考古学家，据有关资料，在哈萨克斯坦中部草原，分布的各类古墓葬中有许多是胡须墓，它们有的为土冢，有的是石堆，较典型的如卡拉干达地区希迭尔特河畔的塔斯摩拉土冢。它是由一座主冢和用来随葬马匹、陶器的小冢组成。小冢前方两侧用石块砌出两条向东延伸的弧形线。墓葬出土的青铜、金和骨制的饰件，多具早期斯基泰式动物形状和纹饰。对于哈萨克斯坦发掘的胡须墓的时代及其文化属性，前苏联考古学界的认识也不完全一致。有的认为是公元前 7～前 3 世纪的塞克遗存；有的推断为乌孙墓葬的特征；也有的称其为塞克—乌孙时期的遗迹；还有认为其时代要晚到公元 3 世纪以后[3]。从这些分析看，胡须墓的时代和属性主要似同塞克或乌孙人相关。

在新疆虽亦发现几处胡须墓，但发掘资料还仅限阜康南泉这一处，因发掘数量过少，且无较典型的随葬文物，准确地推断它们的时代和内涵还比较困难。但从胡须墓的外观特征看，南泉的发现同哈萨克斯坦草原上的胡须墓是一致的，即：主封堆都为半圆形或圆形（哈萨克斯坦胡须墓中主封堆也有呈半圆形的），胡须的延伸方向都是朝东。这应是它们同属一种文化类型的一个明显特征。M1 墓穴中出土的数块残陶片虽不能复原器形，但都是夹砂红陶，火候较高，基本特点与博格达山北麓奇台、吉木萨尔、阜康等地发现的相当于西汉以前的遗址或墓葬中的陶器特点类同[4]。如是，这些胡须墓也很有可能是曾在新疆北部、东部地区有过广泛活动的塞克或乌孙人的遗迹，其时代应不晚于西汉时期。

M4 虽不见人骨，但出土的残陶盆上附有一横鋬耳，这种鋬耳陶器在博格达山北麓地区屡见不鲜，其流行时间主要是在相当于西汉以前[5]。竖穴偏室 M5，不见随葬品，但墓穴形制颇有特点。新疆已经发掘的竖穴偏室墓数量不多，但地点不少，这批偏室墓中，偏室的口大多开在竖穴的南壁（如博格达山南麓吐鲁番盆地的苏贝希墓地，乌鲁木齐柴窝堡墓地）；个别开在竖穴的东壁或西壁；偏室口开在北壁的资料只见于伊犁河谷察布查尔县的索墩布拉克墓群，索墩布拉克墓群的时代大致在公元前 5~前 3 世纪，其族属似同塞克文比较密切[6]。南泉这座竖穴偏室墓的偏室口开在竖穴北壁，这一特点与近邻地区有异，而同以西较远的伊犁河谷的发现一致，是一偶然现象，还是它们属同一文化的反映．都只能留待今后这一地区更多的资料积累来解决。

根据以上分析，我们初步推测，南泉古墓葬的时代大概不会晚于相当于西汉时期，从墓群所处的地理环境看，应是古代游牧民的遗存。

发掘：张玉忠　董　佔　阎伦昌

执笔：张玉忠

注　释

[1] 资料尚未发表，存新疆文物普查办公室阿勒泰地区文物普查档案。

[2] 张玉忠：《天山尤鲁都斯草原考古新发现及相关问题》，《新疆文物》1996 年第 1 期。

[3] 见《中国大百科全书·考古学》第 724 页 "中亚土冢墓群"，伯恩斯坦 "塞族考古"，载《苏联考古学资料与研究》第 26 册；马尔古兰 "原始社会解体时期的建筑文化"，载《哈萨克斯坦建筑学》，汉译文均见新疆博物馆编：《新疆和中亚考古译文集》。

[4] 见昌吉回族自治州文管所编：《庭州文物集萃》图版 21~24，新疆美术摄影出版社，1993 年。

[5] 同 [4]。

[6] 新疆文物考古研究所：《新疆察布查尔县索墩布拉克古墓群》，《新疆文物》1995 年第 2 期。

阜康市天池博克达山庙发掘简报

新疆文物考古研究所

　　2010 年 9 月 30 日至 10 月 23 日新疆文物考古研究所对天池景区内的博克达山庙遗址进行了考古发掘，总共发掘面积近 2000 平方米。

　　博克达山庙遗址位于阜康市南约 38 公里，天池风景管理区内西部高山地区地名灯杆山下一块背阴经过人工修整过的坡地上。地理坐标：北纬 43°52′51.9″，东经 88°05′51.2″，海拔 2469 米（图一）。

　　山庙周围松树环绕，东南约 100 米处有一眼山泉。地势为由南向北倾斜，生长有高山草原植被和十余棵山庙坍塌后长出的松树。地表散布山庙坍塌后一些建筑材料，见有砖、瓦、瓦当、柱础等残件以及现代牧民搭建毡房的印迹和炉灶。遗址地表虽然被高山植被覆盖但还是能看出山庙的大致轮廓（图二）。

　　山庙遗址坐落在一块人工平整出的空地上，山庙四周可以看到这块空地在建山庙前修整的迹象，

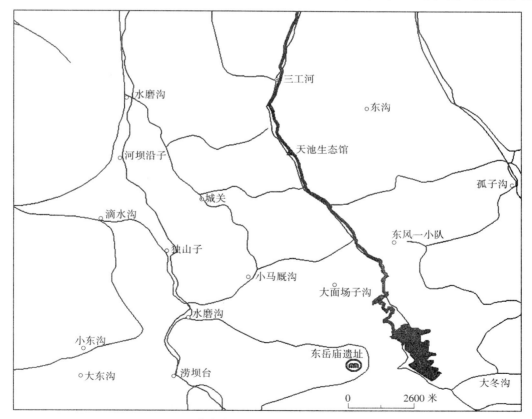

图一　阜康市天池博格达山庙遗址位置图

图二　发掘前全景

尤其是在西院墙外可以见到人工用石块垒砌的护坡。高达 3 米左右。山庙为坐南朝北的方形院落式建筑，从北向南一次为通往庙前广场的片石砌筑的台阶、庙前广场、山门、庙内庭院、院内"十"字形踏步、大殿、左右厢房等。

经过对遗址的清理和发掘，寺院南北长 25 米，东西宽 32 米，面积 800 平方米。山门长 5.5、宽 3.5 米（图三；图版六二，1）。

图三　发掘后全景

　　山庙遗址平面呈南北向的长方形，由庙前广场，山门，大殿，东西厢房、院墙及院内用砖铺就的"十"形由山门通往大殿和东西厢房的踏步等构成（图四）。大殿建筑在一用砖砌的方形台基上，台基东西 13 米，南北 11 米，高 1.6 米。为进深两间的三开间布局，大殿坐南朝北，保存的不是太好，大殿的地面铺有方形地砖和两排对称各四个大型的柱础。大殿的地面上堆积着房顶建筑构建的坍塌物，有木大梁、椽子、筒瓦、板瓦、瓦当及滴水等。大殿里南墙一侧为用砖砌筑的供神位台子。在大殿外西侧的台基下地表坍塌物中出土了碑额、石碑各一通。

　　山庙内东西两侧为厢房，各六间，房前带有廊檐，地表见有支撑廊檐的柱础，东西厢房靠南侧的三间房屋均为一明两暗结构，靠北侧的三间因坍塌严重及后来人为的破坏，建筑结构看的不是太清楚，但从地面清理出来结果可以看出，也是进深一间的三开间的结构，中间的房子铺有木质地板，在西侧的房间内有砖砌的土炕和连接土炕的炉灶。应该是道士起居的房间。院墙及东西厢房的构筑方法是，从基部开始往上 60 厘米为用砖砌的院墙和房屋墙，砌法为错缝平铺。砖砌墙再往上均为土坯砌的墙体，因特别的潮湿土坯和座泥都粘连在了一起。土坯的尺寸和土坯墙砌法不明。见墙面上刷白灰痕迹。并在南院墙上可以看到多次修补现象。

　　山门遗迹：山门为南北向，往南直对着大殿，通过庭院正对着上大殿的台阶。山门地面铺方砖，东西两侧各有三个对称的圆形柱础石。进口处有残朽的一木门槛。在山门的东外墙下整齐的码放这数百个板瓦和筒瓦。

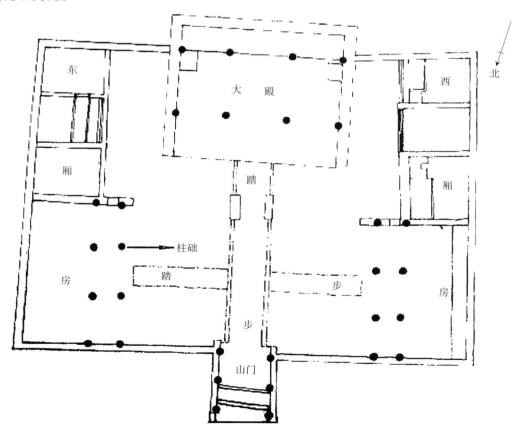

图四　博克达山庙平面示意图

"十"字形踏步：踏步内用长方形青砖平铺，两侧则立摆青砖。踏步南北向连接山门和大殿，在近大殿台阶处有一较踏步稍宽长方形砖铺地面现象，应该是放香炉的地方。踏步东西向通往东西厢房

遗址出土的文物：因该寺庙地处高山密林之中，雨雪的侵蚀，能保存下来的文物标本不是太多，出土及采集到的多是一些砖瓦类的建筑构件（图版六二，3、4）。出土采集的文物标本有石碑（残），碑额、板瓦，筒瓦，滴水，瓷片，铁钟残块，铁香炉残片等等。

此次考古发掘的最大收获就是出的石碑，经过释读，主要内容是自汉唐以来西域时通时绝，到了清代清朝政府把西域纳入清朝版图，清政府把博格达山列为所有祭祀的神山其中之一的行列。为此修建了博克达山神庙。石碑为清代新疆建省后第一任新疆布政使魏光涛撰文所刻，从徐旭生所写的《西游日记》一书叙述，博克达山庙山门及大殿上悬挂有清朝皇帝题字所赐的匾额。从山庙里出土的碑首上可以看出这座庙的级别是很高的。

碑额为半圆形，红褐色砂岩质地，弧高 60 厘米，底长 76 厘米，厚 14 厘米。正面浮雕有二龙戏珠图案，为对称的两条彩绘龙，龙身雕刻成鱼鳞状，涂蓝色颜料，两条龙的头部相向对着一个带有火焰纹的圆球，中间题记为阴刻填红颜料篆书的"建修博克达山庙记"（图版六二，2）。

碑身基本上呈长方形，红褐色砂岩质地，底部残。宽 76 厘米，残长 77 厘米，厚 17 厘米。竖书阴刻汉字 26 行，682 个字。所刻的文字内填橘红色颜料。

现就碑文释读如下：

建修博克达山庙记/圣王建极，抚有九有，主天下名山大川，于五岳之祭特隆。国/敕有司，增旧而廓新之。盖乃五岳者，秩三公，摄九灵，上为/天子镇疆土，下为斯民迓祥和。春秋崇报，礼固宜然。若夫究其/今之万壑来朝，三峰兀峙，专雄于乌鲁木齐。纪乘日博克（达）/荒之远王，灵也。汉唐以来，时通时绝，名山胜迹，湮没弗彰。/圣祖/世宗勘定回疆，卒平西域，胥隶版图，而博克达山亦列祀典。于是，/上神武震叠，命将征讨，/简太学士左公文襄督西师，刘爵宫太保总军前敌，霆摧电扫，/宦以奕赫，濯也其何。乃秩禋祀，恭都护镗捐廉，即山麓建数楹/宸翰表之。然而庙貌隆然，坛壝亦尚有议者。光绪十年，新疆改建行省，/节北来光焘亦奉/命，由陇右移藩斯土。自官制、军政、学校、农桑乃迄城郭沟池之创者，因/从奚奴度海门，双峡而上，阴晴倏忽，幻若金碧之楼台；松石离奇，森/叹五岳之大，不足蒂芬，而天下之大观，壮乎此也。归而纪诸，诎犹怅怅/云弥漫，甘澍沛焉。顾念斯山也，耸天拔峚，首尾华夷，意必有神明之陬。/群山拱拜，达摩合辅；其上，环翠亭翼，其下，左有柱天岩之峻，右有观海/之游。固未始得此，今乃得之。毋亦是默默中以栖诏也。神明之奥，清灵/工维固。经始光绪十四年六月迄十五年五月，土工、金工、木工、石工、漆者/祝司常供，饬有司匡岁修，煌煌乎，巍巍乎，允足隆上都而壮边围，维昔/峰插霄，冰雪晶莹，望之若琉璃世界者。胥沦诸泯泯芬芬之内，一朝/皇威远曁，涤荡镜清，唯见万仞凌虚，屹然上镇俾护，乃翼翼新庙。岁时报享，为/圣朝之景运，凑泊而蔚为佳气，而守土者躬逢其盛，抑亦千载式时之嘉会，而/钦命头品顶戴护理甘肃新疆巡抚部院新疆布政使司新疆布政使军功加四级/光绪十有六年岁次庚寅。/

此次考古发掘的最大收获就是出土的石碑，经释读，内容为自汉唐以来内地历代王朝与西域时通时绝，到了清代清朝政府把西域纳入清朝版图，并把博格达山列为所有要祭祀的神山其中之一行列。为此修建了博克达山神庙。石碑为清代新疆建省后第一任新疆布政使魏光涛撰文所刻，从徐旭生所写的《西游日记》一书叙述，博克达山庙山门及大殿上悬挂有清朝皇帝题字所赐的匾额。从山庙里出土的碑首上可以看出这座庙的级别是很高的。

碑首上雕刻有二龙戏珠，所有雕塑上都涂有色彩。非常的漂亮，做工非常的精细。就连所刻碑文的文字里都填有橘红色的彩。

根据出土碑记，博克达山庙是光绪十四年六月始建，十五年五月完工建成；十六年岁次庚寅，新疆布政使魏光焘为山庙的落成撰文立碑。

博克达山庙废弃的年代，应该是清末至中华民国建立初期。由于特殊的历史时期，清王朝政府无力维持例行的官主博克达山祭祀，祭祀活动亦因此告终结，博克达山庙之后随即废弃。

考古发掘和出土文物表明，博克达山庙遗址是清王朝实施官主山川祭祀的一处山庙。

此次考古发掘的成果，对天池景区历史文化研究，对清王朝山川祭祀制度及其深远历史意义的研究，有重要价值。

清代新疆地区的官主祭祀，是自上而下的国家政治精神、文化运作在新疆地区物化的仪式象征，其表现出的政治行为理念是满族统治者继承数千年来中原汉族祭祀山川的政治文化与精神内涵，并结合自身宗教信仰相互融合的产物，这种自上而下的国家政治行为在表达过程中具有鲜明的政治意义，是清政府意在将新疆纳入王朝统治秩序中去的重要象征。清政府祭祀博格达山早在乾隆时期就开始了，乾隆皇帝曾两次下文，"祭告"博格达山。乾隆二十四年间，清政府在博格达山举行了首次祭山仪式，并颁布《博格达鄂拉祭文》，将乌鲁木齐以东的天山博格达山作为"永镇西陲"的象征，列入祀典。从此，每年春秋两季，新疆官方都组织隆重的公祭博格达山神活动。那时是在乌鲁木齐由驻乌鲁木齐的最高长官遥祭，这在纪晓岚的诗集里有记载诗云："缥缈灵山行不到，年年只拜虎头峰"，形象地描述了当时的情景。而建庙祭祀应该是清政府光绪十四年（1895）新疆建省后。为了使西域祀典持久地进行下去，新疆布政使魏光焘还曾向光绪皇帝奏上《阜康县需用祭祀山神祭品由司库支发片》，恳请朝廷按照乾隆年间的传统列入祀典，每年春秋二季祭祀品需银，由司库支出。

《建修博克达山庙记》碑的发现，对于相关山川祭祀研究，具有重要的价值和意义。

博克达山庙遗址的发掘，为清代新疆地区历史文化研究，提供了重要的实物资料。深化了我们对清王朝山川祭祀等有关重要历史认识和了解的同时，亦助益于对当代边疆地区新世纪文化创新与发展的思考，助益于维护祖国统一，维护各民族团结的教育宣传。

这件石碑的出土，说明新疆历来就是伟大祖国不可分割一部分，对目前反分裂斗争，维护祖国统一有着非常重要的现实意义，是非常重要的一件文物。它对新疆近现代历史研究提供了重要的依据。

发掘人员：张铁男　梁　勇　于英俊
摄影绘图：张铁男　梁　勇
执　　笔：张铁男

昌吉市努尔加墓地 2012 年发掘简报

新疆文物考古研究所

2012 年，昌吉市努尔加水库实施建设，涉及努尔加古墓地大部区域，6 月 26 日至 8 月 3 日，新疆文物考古研究所对水库涉及的古墓葬进行了抢救性发掘，共清理发掘古墓葬 53 座，出土文物 81 件。

一　墓地环境

昌吉市位于新疆维吾尔自治区昌吉回族自治州昌吉市阿什里乡努尔加村南努尔加河西岸二、三级台地边缘。地处天山北麓前山草甸区，地势较为平坦，草场退化严重，生长少量耐旱植物，零星分布牧民住房，台地西缘牧民住房已经废弃。有一条西南—东北向乡村简易道路贯穿墓区东部，东部峡谷内洪沟为季节性河流，红沟东岸为降水侵蚀明显的山峰。洪沟上游源于天山深处，下游汇于三屯河。

墓地地理坐标 N43°50′12.88″；E087°02′45.54″，海拔 904 米。墓葬相对集中，地表形态多为石堆。地势平坦，地表植被稀疏，沙漠化严重。西部较高山梁上仍有类似墓葬，南为天山支脉山口（图一）。

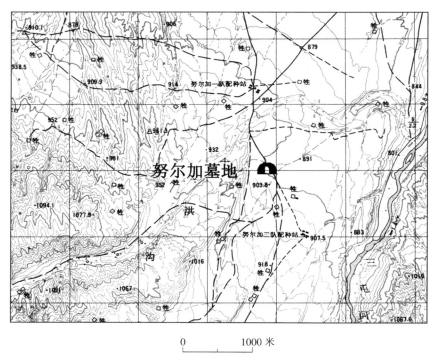

图一　昌吉市努尔加墓地位置图

二 墓地发现及其发掘

2011 年，昌吉市明确开始努尔加水库建设，新疆文物考古研究所专业人员在水库建设规划地域进行了调查，明确了水库建设区域将要涉及的古墓葬。

2012 年 6 月 26 日组织了近 30 名工人开始对努尔加水库建设区域涉及的古墓葬进行抢救性考古发掘，具体做法是使用控制方的办法，即在墓葬地表遗迹周边以正北方向布置控制方，在控制方范围内发掘清理，全面揭去封堆以及地面表层土，至原始地表，发现墓圹。在此过程中，注意观察发现墓葬原始地表上的遗迹现象。然后，清理墓圹，直至墓室底部。

8 月 3 日，发掘工作结束，清理墓葬 53 座（图二），出土文物 81 件（其中料珠 55 颗）。

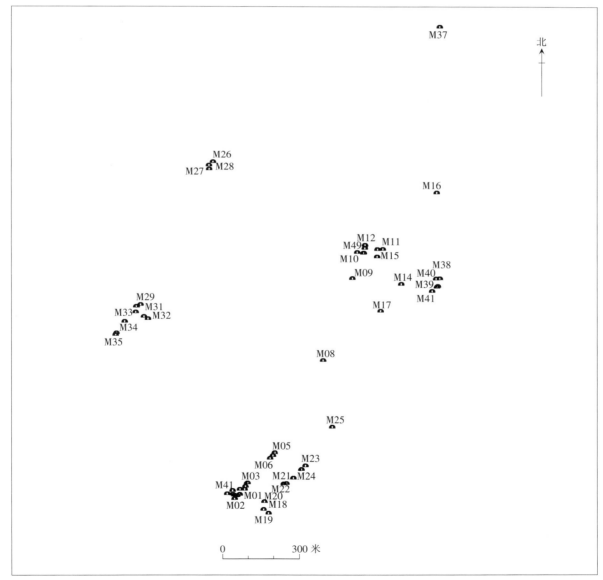

图二　努尔加墓地分布图

三　墓葬形制

墓葬地表多为卵石堆积的大致呈圆锥或圆台状的封堆，有的外面还有方形石围。封堆下有长方形墓口，填土多夹杂有石块；有的封堆下有双墓室；还有偏室墓，其中有北、南偏室，南、北壁双偏室墓；另有墓葬下半部为棚木封盖的墓室。下面对墓地中比较典型的 M3、M10、M11、M15、M29、M32、M33、M34 和 M35 的墓葬分别予以介绍。

M3 位于 M1 北 5 米、M2 西北 4 米处，封堆为低矮石堆，直径为 14 米，高于地表 0.7 米。清理后发现低矮石堆周边有卵石围砌的边长为 7~8 米的方形石围，中间石堆清理后发现有一直径 4 米的石圈，石圈中间见椭圆形竖穴土坑墓，墓室填卵石和黄土，墓室长 2.2 米，宽 1 米，深 0.9 米，方向 271 度。墓口往下挖 0.25 米深见第一层仰身直肢、头西脚东的一具成人骨架。墓底西侧见第二层成人骨架，骨架显示死者生前坐在墓底，上身被压向腿部，双臂向后，其他部分骨架混乱；上层人骨架右股骨旁出土残陶器一件（图三；图版六三，1；图版六六，2）。

M10 位于 M9 北侧 18 米处。封堆为卵石堆积低矮石堆，直径为 7 米，高于地表 0.25 米。清理封堆后，封堆下原始地表中央位置见圆角长方形的墓口，长 1.9 米，宽 0.8 米，墓室为竖穴土坑，深 1 米，墓口往下 0.75 米处见一层南北向平铺、径 0.05~0.10 米的原木，原木清理后，墓底两侧见两头垫四块石头的两根木头，直径为 0.15 米左右。墓底见一具仰身直肢的成人骨架，方向 285 度。人骨左侧出土箭囊一件（图四）。

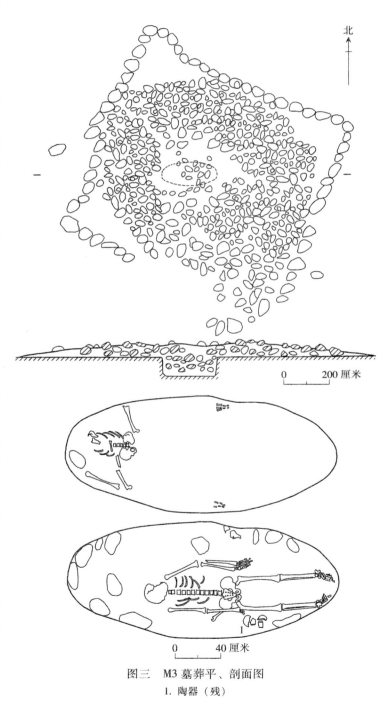

北

0　　　　200 厘米

0　　　40 厘米

图三　M3 墓葬平、剖面图
1. 陶器（残）

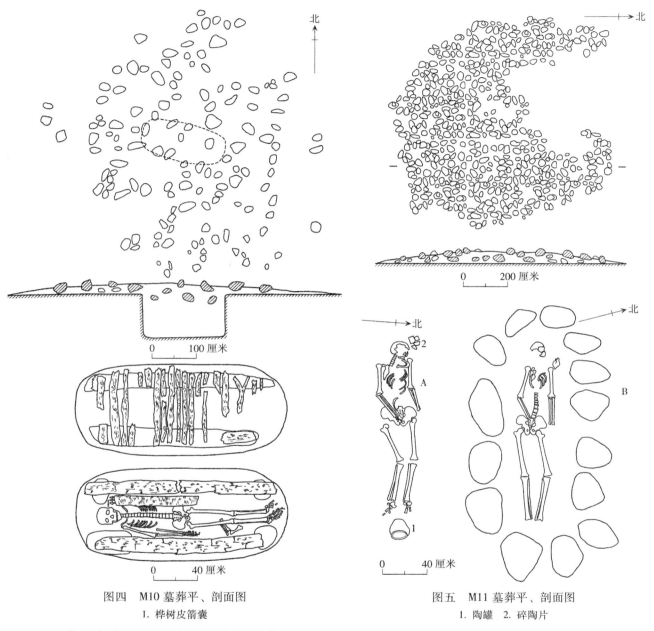

图四　M10 墓葬平、剖面图
1. 桦树皮箭囊

图五　M11 墓葬平、剖面图
1. 陶罐　2. 碎陶片

　　M11 位于努尔加河西岸二级台地、靠近三级台地处，三级台地边缘处的 M10 东侧，封堆为卵石堆积低矮石堆，直径为 12.2 米，高于地表 1.1 米。清理封堆后，封堆下原始地表中央偏北位置有一东西方向的椭圆形石圈，长 2.4 米，宽 1.5 米，内置一具成人尸骨，仰身直肢头西脚东；其南 0.5 米处有一具头西脚东的成人尸骨，仰身直肢，头部有碎陶片，脚部有一陶罐（图五）。

　　M15 位于 M11 南侧，封堆为卵石堆积低矮石堆，直径为 9.3 米，高于地表 0.42 米。清理封堆后，封堆下原始地表中央位置见圆角长方形的墓口，长 2.4 米，宽 0.76 米，墓室为竖穴土坑，深 1.6 米，北偏室，进深 0.85 米。仰身直肢成人骨架保存较好，头部右侧发现羊骨和单耳陶杯，埋葬时应随葬有连骨羊肉（图六）。

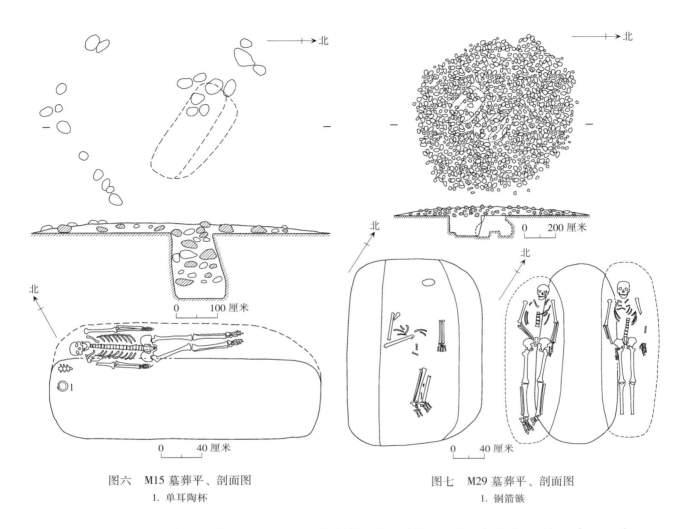

图六　M15 墓葬平、剖面图
1. 单耳陶杯

图七　M29 墓葬平、剖面图
1. 铜箭镞

　　M29 位于墓地三级台地西侧，M32 北。封堆为卵石堆积低矮石堆，直径为 12 米，高于地表 0.85 米。清理封堆后，封堆下缘周边显示出一石圈，石圈中部有一石堆，并发现并列两处墓口，东侧墓口长 2.16、宽 1.1、深 1.2 米，东西两侧各有一偏室，每一偏室葬有一具仰身直肢的尸骨；西侧墓口长 2.35、宽 1.6 米，墓室深 1 米，骨架已不完整，凌乱无序，中部见一铜镞（图七；图版六三，2；图版六四，1；图版六七，1）。

　　M32 位于墓地三级台地西侧，M29 南。封堆为卵石堆积低矮石堆，直径为 10.4 米，高于地表 0.4 米，封堆中间有两处明显的扰动痕迹，可能是取石所致。清理封堆后，原始地表中间暴露出较大石块围砌的石圈，中间有一具比较完整的羊骨架，羊首不见。清理后，暴露出墓口，长 2.4、宽 1.1、深 1.05 米，向下清理 0.7 米时，西北角发现一竖立的鹿石，暴露一端正面有一圆环，背面对应的位置上也有一大小相近的圆环，圆环下面凿有一圈椭圆形的小窝（图版六七，2）。紧靠墓室西壁有一头骨，清理至墓底，见一除头骨之外的完整成人骨架（图八；图版六五，1）。

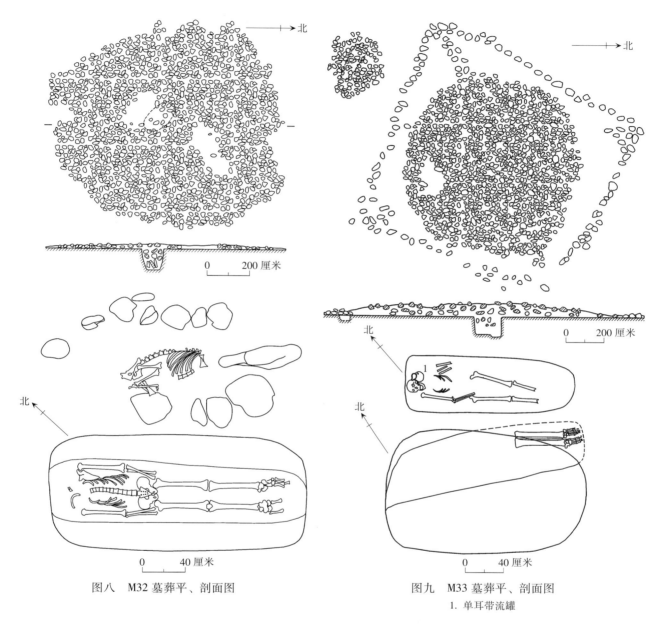

图八　M32 墓葬平、剖面图　　　　　　　　图九　M33 墓葬平、剖面图
　　　　　　　　　　　　　　　　　　　　　　　　　　1. 单耳带流罐

　　M33 位于墓地三级台地西侧，M32 西。封堆为卵石堆积低矮石堆，直径为 16.5 米，高于地表
1.05 米，局部有缺失。清理封堆后，发现封堆下有一石块围成、边长 11 米的方形石围，中间有径
9.6、高 0.85 米的石堆，西、北两角有卵石摆成、向内延伸的线条，东、南角不见。石围西角南有一
径 3、高 0.5 米的小石堆。中间封堆下原始地表发现长方形墓口，长 2.12、宽 1.36 米，墓室深 1.16
米，骨架仅剩小腿部，保留在原始位置，其余不见；西南角封堆下，见一长方形墓口，长 1.8、宽
0.84 米，墓室深 0.5 米，仰身直肢，头西脚东，骨架较完整，推测年龄约 20，男性，头部有一单耳
带流罐（图九；图版六四，2）。

　　M34 位于墓地三级台地西侧，M33 西南。封堆为卵石堆积低矮石堆，直径为 9.2 米，高于地表
0.85 米，封堆上卵石多被取走，剩下土石混合堆。清理封堆后，原始地表见四个墓口，编号为 A、

B、C、D，其中 A、B、C 集中于中间位置，A 墓室方向近东西向，B、C 墓室方向比较一致，都是近南北向，D 墓室偏于北隅。A 墓室长方形墓口长 2.24、宽 0.82 米，墓穴深 1.2 米，北偏室，仰身直肢成人骨架保存较完整，头颈处出土较多琉璃珠，右臂处出一铜镜，右肋见一骨扣，左臂出土一铜锥和一柄铜刀；B 墓室长方形墓口长 2.1、宽 0.8 米，墓穴深 1.05 米，仰身直肢骨成人架比较完整，手部有一柄铜刀和一块砺石，腿部有一柄铜刀；C 墓室长方形墓口长 1.9、宽 1.06 米，墓穴深 0.95 米，侧身屈肢成人骨架较完整，小腿骨内侧发现多枚骨镞；D 墓室长方形墓口长 2.2、宽 1.3 米，南偏室墓，深 1.2 米，仰身直肢成人骨架比较完整，左小臂和双脚缺失（图一〇、图一一）。

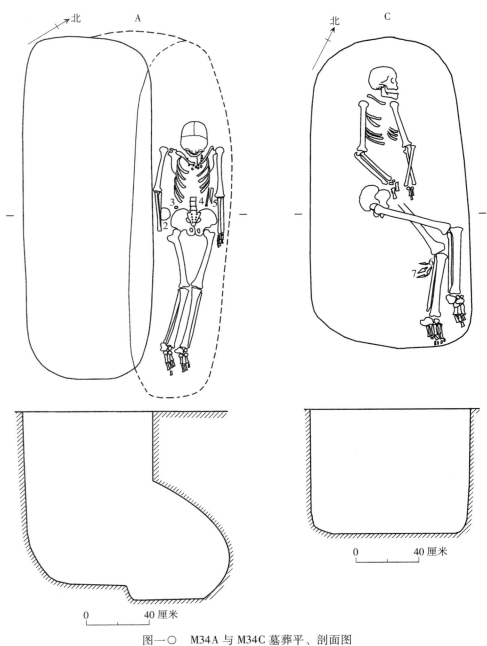

图一〇　M34A 与 M34C 墓葬平、剖面图
1. 琉璃珠　2. 铜镜　3. 骨扣　4. 铜锥　5. 铜刀　6. 铜箭镞　7. 骨箭镞

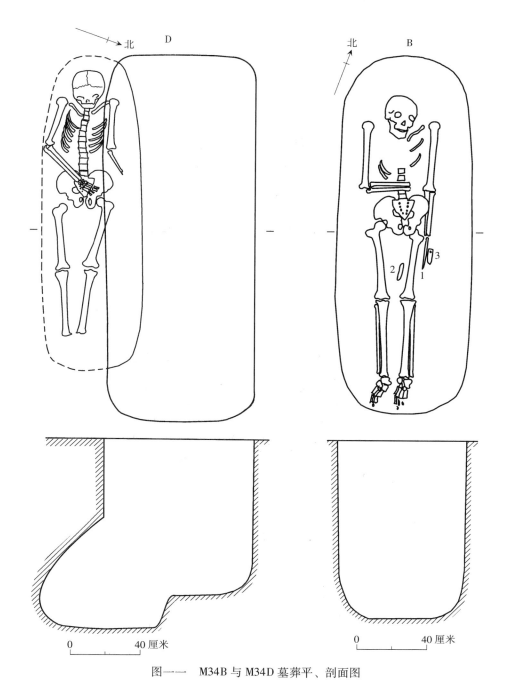

图一一　M34B 与 M34D 墓葬平、剖面图

　　M35 位于墓地三级台地西侧，M34 西南。封堆保存较差，仅剩不多卵石，形成不连续的石圈，直径为 5.4 米，高于地表 0.45 米。清理封堆后，发现有两处石圈围起的长方形墓口，方向一致，南北排列，A 墓口长 1.8、宽 0.8 米，墓穴深 1.02 米，墓底仰身直肢成人骨架左肩处有一陶钵，内有一柄铁刀，保存不好；B 墓口长 1.78、宽 0.7 米，墓穴深 0.65 米，墓底仰身直肢儿童骨架保存较好，头、左肩处有一单耳陶罐和一陶钵（图一二）。

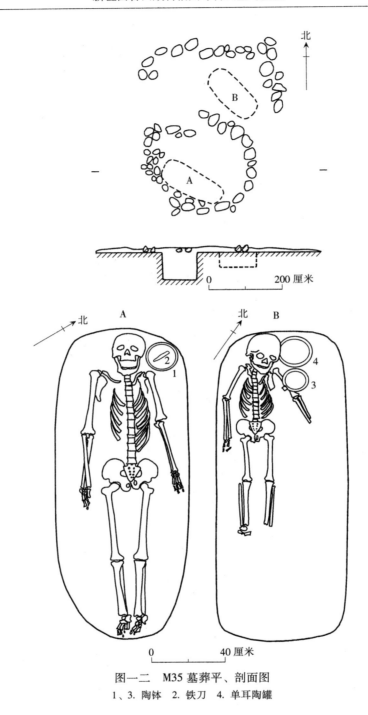

图一二　M35 墓葬平、剖面图
1、3. 陶钵　2. 铁刀　4. 单耳陶罐

四　出土文物

1. 陶器

　　墓地出土陶器不多，主要有罐、钵、杯等，制作稍显粗糙。罐：4 件，有敞口罐、单耳罐、单耳带流罐三种。

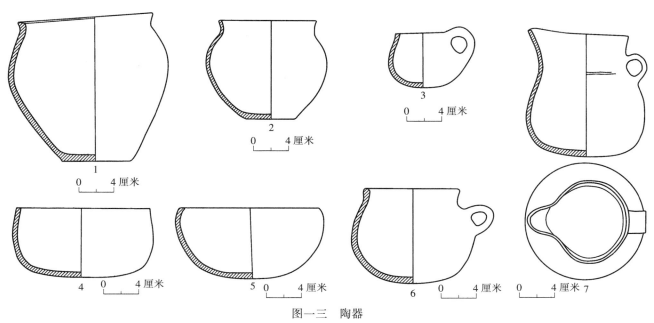

图一三　陶器

1、2. 陶罐（M11:1、M11:2）　3. 单耳陶杯（M15:1）　4、5. 陶钵（M35A:1、M35B:1）　6. 单耳陶罐（M35B:2）　7. 单耳带流罐（M33B:1）

　　敞口罐　2件。M11:1，夹砂红陶，手制，残，饰红陶衣，敞口尖唇，束颈溜肩，斜腹假圈足，器表满布烟炱。高 11.7、口径 10.8、底径 6 厘米（图一三，1；图版六八，3）。M11:2，夹砂灰陶，手制，敞口，内斜平沿，矮束颈，溜肩斜腹。高 17.5、口径 14.7、腹径 18.4、底径 8 厘米（图一三，2；图版六八，1）。

　　单耳罐　1件。标本 M35B:2，夹砂红陶，残，饰红陶衣，侈口圆唇，束颈，肩部条状耳，鼓腹圜底，器表满布烟炱。高 11.7、口径 10.7 厘米（图一三，6；图版六八，2）。

　　单耳带流罐　1件。标本 M33B:1，夹砂红陶，残，饰红陶衣，颈腹交接处刻划有一道横向弦纹。敞口，平沿，短流，高领，垂腹，圜底，颈肩耳，器表有烟炱。高 15.2 厘米，最大口径 9.2 厘米，最大腹径 13.8 厘米（图一三，7；图版六八，5）。

　　钵：3 件。

　　标本 M35A:1 残，夹砂红陶，口微敛，平唇，腹微鼓，圜底。器表有烟炱。高 8.1、口径 15.3、腹径 16.2 厘米（图一三，4；图版六九，1）。

　　标本 M35B:1 完整，夹砂红陶，饰红陶衣，敛口圆唇，鼓腹圜底。高 8.6、口径 16.5、腹径 17 厘米（图一三，5；图版六九，2）。

　　杯：1 件。标本 M15:1 残，单耳，夹砂红陶，饰红陶衣，敛口平唇，口沿耳，鼓腹圜底，器表有烟炱痕迹。高 6.6、口径 5.4 厘米。（图一三，3；图版六八，4）。

　　2. 铜器

　　墓地出土铜器不是很多，有刀、锥、镞、镜等。

　　铜刀：3 件。

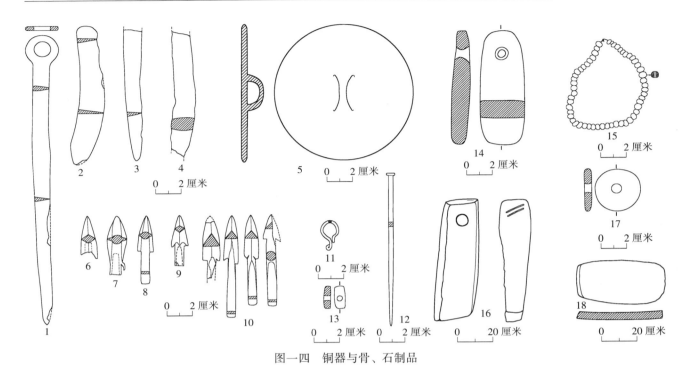

图一四　铜器与骨、石制品

1～3. 铜刀（M34B：1、M34B：2、M34A：5）　4. 铁刀（M35：2）　5. 铜镜（M34A：2）　6～9. 铜镞（M1：2、M29A：1、M29B：1、M34C：1）　10. 骨镞（M34C：2）　11. 铜耳环（M2：4）　12. 铜锥（M34A：4）　13. 骨扣（M34A：3）　14. 砺石（M34B：3）　15. 料珠（M34A：1）　16. 鹿石（M32：2）　17. 石纺轮（M2：1）　18. 石磨盘（M32：1）

标本 M34B：1，稍残，环首直柄，背微弓，弧刃尖锋，柄刃分界清楚。刃宽 1.1、柄宽 1.3、通长 23.4 厘米，单面铸造（图一四，1；图版六九，4）。

标本 M34B：2，稍残，圆首直柄，弧背弯刃，柄刃分界清楚。刃宽 2、柄宽 1.5、通长 11.1 厘米，单面铸造（图一四，2；图版六九，5）。

标本 M34A：5，刀身残段，背微弓，弧刃尖锋，刃宽 1.4、残长 10.6 厘米，单面铸造（图一四，3）。

镞：3 枚。

标本 M29A：1，完整，柳叶状，柱状脊，尾有銎孔，翼下有倒刺。长 4.7、宽 1.5 厘米，銎径 0.7 厘米，倒刺长 0.4 厘米，铸造（图一四，7；图版七〇，1）。

标本 M29B：1，完整，柳叶状，锥状脊，尾部有铤，通长 5.5、宽 1.2 厘米，铤长 4.5 厘米，铸造（图一四，8）。

标本 M34C：1，完整，四棱锥状，椎尖锐利，底面中央收束成管状銎。通长 4.1、宽 1.3 厘米，銎径 0.4 厘米，铸造（图一四，9；图版七〇，2）。

镜：1 面。

标本 M34A：2，完整，素面，桥形纽，直径 8.1、厚 0.3 厘米，纽长 2.2、高 1、宽 0.3 厘米，铸造（图一四，5；图版六九，3）。

铜锥：2 枚。

标本 M34A：4，完整，呈"丁"字形，顶部有扁圆帽，上半部为圆柱体，中下半部为四棱锥，通长 12.4、径 0.3 厘米，锻造（图一四，12；图版七〇，3）。

耳环：2 只。以铜丝弯成环状。

标本 M2∶4，完整，合拢处铜丝弯成小环，丝径 0.3 厘米，环径 1.35 厘米（图一四,11；图版七〇,4）。

3. 铁器

墓地出土铁器不是很多，而且朽坏严重。

标本 M35A∶2，铁刀残段，弓背弧刃。刃宽 1.6、通长 10 厘米，锻造（图一四，4）。

4. 骨器

出土骨器比较少，有镞、扣等。

镞：4 枚。三棱锥体，三棱向上收束成镞尖，向下渐开，翼尾锐利形成倒刺，中间延伸处扁长铤，琢磨精细。

标本 M34C∶2 完整，通长 9.2、宽 1.1 厘米，铤长 5 厘米。（图一四，10；图版七二，2）。

扣：扁长形，磨制精细，中部有钻孔。

标本 M34A∶3 完整，长 1.8、宽 0.9、孔径 0.4 厘米（图一四，13）。

5. 石器

墓地出土石器多为磨盘、环状石器、砺石、鹿石等。

磨盘：3 件。标本 M32∶1，长方形石板制成，边缘稍整齐，长 52、宽 22～27、厚 6 厘米，表面有使用痕迹（图一四，18；图版七一，3）。

砺石：1 件。标本 M34B∶3 完整，白色砂岩磨制而成，扁平圆角长方体，一头有对钻小孔。通长 9.2、宽 3.5、厚 1.4、孔径 0.6 厘米（图一四，14；图版七一，4）。

纺轮：1 件。标本 M2∶1，白色砾。岩磨制而成，中央对钻孔。径 3、厚 0.4、孔径 0.5 厘米（图一四，17；图版七一，5）。

鹿石：1 件。标本 M32∶2，通长 63、宽 22、厚 17 厘米，顶端正反面凿刻有径 7 厘米的圆环，侧面有三道斜槽（图一四，16；图版七〇，5；图版七一，1）。

盒状石器：1 件。标本 M3∶1，规整扁长方体，似眼镜盒，中央隆起，边缘打磨痕迹明显，长 18、宽 7、厚 3 厘米（图一五；图版七一，2）。

图一五　盒状石器

6. 其他

料珠：完整 55 颗。椭球形，中间穿孔，部分料珠表面有弦纹。

标本 M34A：1 珠径 0.8～1.2、孔径 0.2～0.25 厘米，似为琉璃制作（图一四，15；图版七二，3）。

箭囊：桦树皮缝制而成，缝线均匀细致。

标本 M10：1 残朽，长约 1.1、宽约 0.17 米（图一六；图版七二，1）。

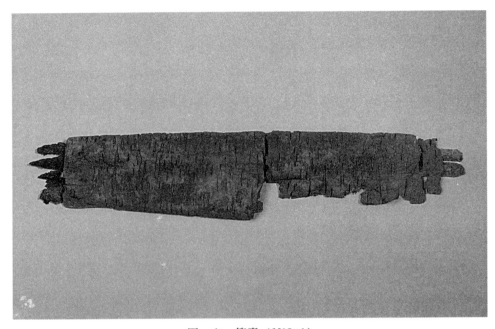

图一六　箭囊（M10：1）

五　结语

　　昌吉市位于天山北麓、准噶尔盆地南缘，东邻乌鲁木齐市，西接呼图壁县，南连和静县，北与和布克赛尔县、福海县接壤。地势狭长，南高北低，山区冰川丰富，是当地诸多河流的发源地。

　　由于地理环境的因素，这里曾经是古代丝绸之路北道重要路段，古人在这里留下了很多遗存。二十世纪七十年代以来，文物工作者在此进行过多次考古发掘，如木垒县四道沟遗址、奇台县五马场遗址、呼图壁涝坝湾子墓群、吉木萨尔县大龙口墓葬、阜康市南泉墓群等，对昌吉地区早期历史有了较多的了解。

　　努尔加墓地是昌吉市境内第一次考古发掘，墓地分布在努尔加河西岸的台地边缘，墓葬封堆多为岩石或卵石堆积而成低矮石堆，清理后封堆形制并不一致，有的有较大的石围。如 M3、M33；多数封堆下面，原始地表中央位置有比较清楚的墓口。

　　根据墓葬封堆以及墓穴结构，墓葬可以分为两类，一类墓葬封堆较大，直径 10 米以上，有石围或者石圈，墓穴较浅，随葬品少，不见铁器，如 M1、M3、M11、M33 等；另一类墓葬封堆较小，直径在 10 米以下，墓穴多为竖穴土坑，接近底部有棚木封盖，出土有铁器，并有陶罐、陶钵，如 M2、

M10、M15、M35 等。结合第一类墓葬出土陶器、铜器来看，时代应该属于青铜时代，第二类墓葬应该属于早期铁器时代。

　　M11、M32、M33 封堆中都发现有除羊首之外的羊骨架，有的在封堆中间，有的在封堆下，墓口中间，这些墓葬均属于青铜时代墓葬，表明当时可能有随葬羊的习俗，羊首可能作为葬仪的道具被使用。M32 墓穴中发现竖立有鹿石，这个现象在 2011 年布尔津县也拉曼墓群中也有发现[1]，鹿石在墓葬墓道中；1993 年在吉木萨尔大龙口墓地的发掘中也曾出土有鹿石，鹿石在墓葬封堆下墓口位置[2]。一般情况下，鹿石多数竖立在封堆附近，而这三处墓地鹿石不同位置的发现，是否说明了不同的葬俗，或者是偶尔为之，尚需更多的材料和进一步研究。

　　M34 较小的封堆下面有四座墓室，A 墓室打破了 B 墓室，埋葬时间晚于 B，但由于封堆已被取石扰乱，无法判断这些墓室是否在封堆之前埋葬，还是其他情形。从文化性质上看，都应属于早期铁器时代。

　　M3、M33 这样的墓葬墓穴较浅，地表石围、石圈、封堆修建整齐，M3 墓穴下层骨架表现出人殉的可能性，这些可以帮助我们判断，青铜时代生活在昌吉市努尔加河流域的古人葬仪的大致情形。

　　结合墓地出土文物以及所处环境，推测当时的经济方式可能以畜牧业为主，石磨盘较多出现，表明植物加工比较频繁，或者存在比较发达的种植业。

领　　队：张玉忠
发掘人员：于建军　尼加提　阿里甫　张　峰　董　佔　李增辉　巴依尔
整　　理：尼加提　阿里甫　于建军
摄　　影：刘玉生　于建军　阿里甫
绘　　图：阿里甫　李增辉　巴依尔　党志豪
执　　笔：于建军　阿里甫

注　释

[1] 2011 年布尔津县也拉曼考古发掘简报正在整理中，作者参加了发掘。
[2] 新疆文物考古研究所、昌吉回族自治州文管所、吉木萨尔县文物管理所：《吉木萨尔县大龙口墓葬》，《新疆文物》1994 年第 4 期。

呼图壁县石门子墓地发掘简报

新疆文物考古研究所

根据呼图壁县石门子水电工程建设规划，2008 年 7 月，在昌吉回族自治州文物局和呼图壁县文物局的配合下，新疆文物考古研究所对石门子水电工程施工区和水库淹没区内的石门子墓地进行了抢救性考古发掘，现将发掘情况报告如下。

一　墓地概况

石门子墓地位于呼图壁县雀尔沟镇雀尔沟村东南约 15 公里约天山山谷之中，南约百米是兵团 106 团煤矿驻地，西北约 15 公里是著名的康家石门子岩雕刻画（图一）。源于天山雪水的呼图壁河自

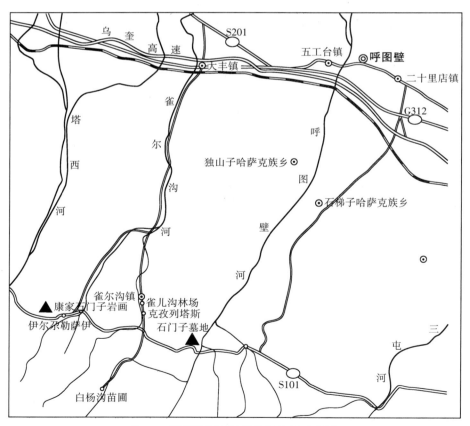

图一　呼图壁县石门子墓地位置示意图

南向北穿越石门子，是呼图壁农牧业发展的主要水资源之一。墓地所处的呼图壁河两岸，地势较为开阔平坦，牧草茂盛。据第三次全国文物普查昌吉州文物普查队调查，这处墓地共分布墓葬94座，主要分布在河谷西岸的一、二级台地上；河东岸墓葬分布较少。我们对水库淹没区和水电工程施工区分布的疑似古代墓葬的56座石堆和石圈进行了发掘。其中，在河西岸一级台地发掘40座（编号M1～M40），二级台地发掘11座（编号M51～M61）；在河东岸一级台地发掘5座（编号M41～M45）。墓葬多有卵石夹沙土的封堆，少量以卵石圈为标志。大多数个一组呈南北向排列。石堆直径多在5～10米左右，高度为0.5米上下；少数石堆的高度在1米以上，直径在20米左右，顶部均明显塌陷。经过发掘，封堆下有墓室、或见人骨、或有随葬品，可以确定为古代墓葬的为36座。其余20座揭去石堆或石圈内的填土即到生土层，不见墓室，也不见人骨和随葬品，是何现象，还有待认识。

二　墓葬分述

发掘的36座墓葬的形制和结构以竖穴土坑墓为主，还有石棺墓、石室墓和无墓室墓多种。多数墓葬都经盗扰，从保存较好的墓葬看，葬式主要是仰身直肢，头西脚东，个别为侧身屈肢，有的人骨的下肢呈直肢状、上躯零乱，或为迁葬；随葬品均较贫乏。

（一）竖穴土坑墓

共15座。墓室为长方形、椭圆形、或半圆形，均呈东西向。墓壁为戈壁砾石或黄土层，多不规整。墓室内大多填卵石夹土。大多被扰乱，在填土中即见人骨。保存完好的均为仰身直肢，头西脚东。有的是双人合葬，上下叠压。

M3　封堆直径11、高0.7米，顶部微凹陷。墓室位于封堆下方，墓室长2.56、宽1.1、深0.85米。墓向270度。葬2人，上下叠压，均在墓室南壁。距墓口深0.7米处葬一人，男性，40岁左右，仰身直肢，头西脚东，下肢胫腓骨交叉叠压。其左手下摆放着11枚铜镞和1枚骨镞，左臂下压1把兽首铜刀。墓底同一位置葬一人，男性，35岁左右，仰身直肢，头西脚东，右手旁随葬铜镞5枚、骨镞1枚，另有1件锥形骨器（图二、图三；图版七三，2、3）。

M22　封堆直径8、高0.6米。墓室位于封堆下方，墓室呈不规则形，长2、宽1.2、深0.3米，墓室内填石块夹土。墓向270度。葬一人，女性，中年，仰身直肢，头西脚东。头部北侧置1件单耳彩陶罐（图四、图五；图版七四，3）。

M34　封堆直径8.5、高0.6米。墓室位于封堆下方，近似圆形，直径2.8、深0.23米。墓向270度。墓室中部见凌乱的少量人体上下肢骨，骨骼东侧置1件陶釜，釜内盛羊骨和马骨；人骨西侧是1件单耳小陶罐。发掘时陶釜和陶罐均已破碎。这可能是一座二次葬（图六、图七；图版七四，4）。

M58　封堆直径4、高0.3米。墓室在封堆下方，长方形，东西长2.1、南北宽1.8、深0.8米。墓向290度。墓室内填土，石块少。葬2人，头西脚东，并列仰身直肢，偏南是约60岁的女性，偏北是一约1.5岁的儿童。在儿童的左臂旁随葬1个羊头和3节马齿。填土中见1个残铜镜块和1块金箔片（图一七）。

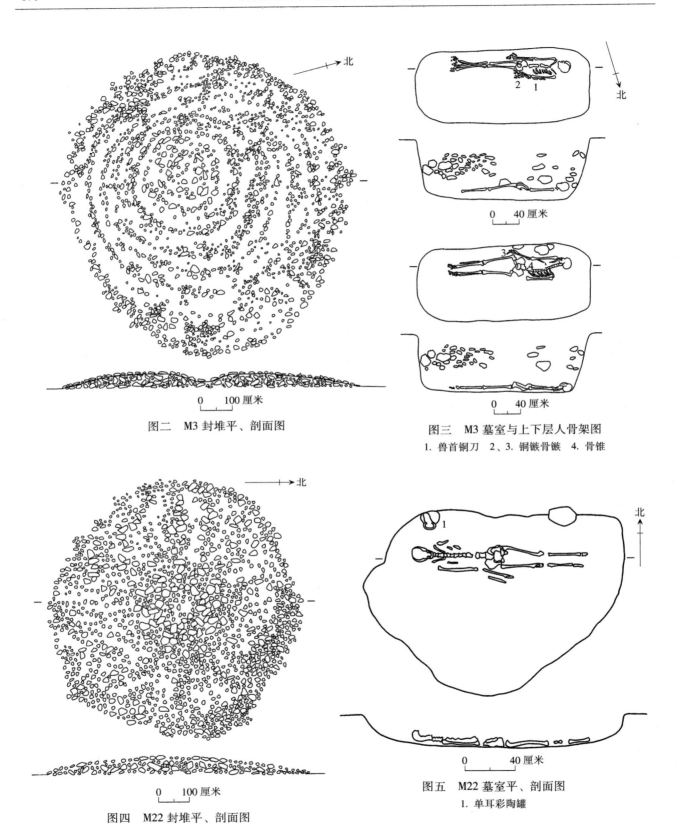

图二　M3 封堆平、剖面图

图三　M3 墓室与上下层人骨架图
1. 兽首铜刀　2、3. 铜镞骨镞　4. 骨锥

图四　M22 封堆平、剖面图

图五　M22 墓室平、剖面图
1. 单耳彩陶罐

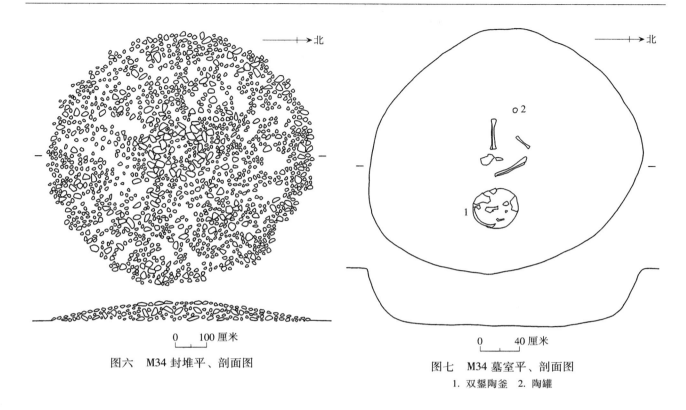

图六　M34 封堆平、剖面图

图七　M34 墓室平、剖面图
1. 双錾陶釜　2. 陶罐

（二）石棺墓

共 8 座。分别为 M1、M2、M4、M9、M17、M18、M45 和 M52。石棺呈不规则长方形，贴墓室四壁竖立数块片状石板围成石棺，有的仅在墓口呈斜坡状围一圈石板。墓底不铺石板，有的墓口盖石板。

M1　封堆呈椭圆形，最大直径 7.8、高 0.5 米。封堆中心石块较少，填土中见牛或马齿一节。墓室在封堆下方，椭圆形，长 1.86、宽 0.96、深 0.6 米。墓向 285 度。墓壁一周贴石板或垒卵石，构成石棺，石棺内也填石块夹沙土。墓底葬 2 人，南北并列，仰身直肢，头西脚东。北尸：中年男性，颅骨已残碎，上躯和下肢部分压在南尸身上。南尸：男性，50 岁左右，颈部位置见骨珠 3 粒（图八、图九；图版七三，1）。

M4　封堆直径 9、高 0.7 米。墓室在封堆下方，墓口填卵石。石棺，长 2.78、宽 1.3、深 0.9 米。墓向 275 度。石板贴墓壁，口盖石板，底不铺石板。葬 2 人，上下叠压，仰身直肢，头朝西。上层：男性、30 岁左右，头颅的位置在下层人体的腹部，无随葬品。下层人架：男性、30 岁左右。右髋骨下压环首铜刀和铜剑各 1 把；左髋骨上置弯状磨光砺石 1 件，左臂旁南北并列摆放着铜镞 15 枚、骨镞 5 枚。从石棺口中部缺一块盖板分析，上层人体是二次葬入的（图一〇、图一一；图版七四，1、2）。

M52　封堆直径 7、高 0.5 米。墓室在封堆下方。墓室口积卵石，卵石下压一人，仰身直肢，头西脚东，头骨不在原位，似青年女性，无随葬品。其下露出墓室口，南壁贴石板，墓室填土。石棺长 2.04、宽 0.84、深 0.34 米。墓向 280 度。墓底葬一人，仰身直肢，头西脚东，骨架保存完整，20 岁左右。在其左手下见 1 面圆形铜镜，颈部放 1 把兽首铁刀和尖状骨器（图一二、图一三；图版七五，2、3）。

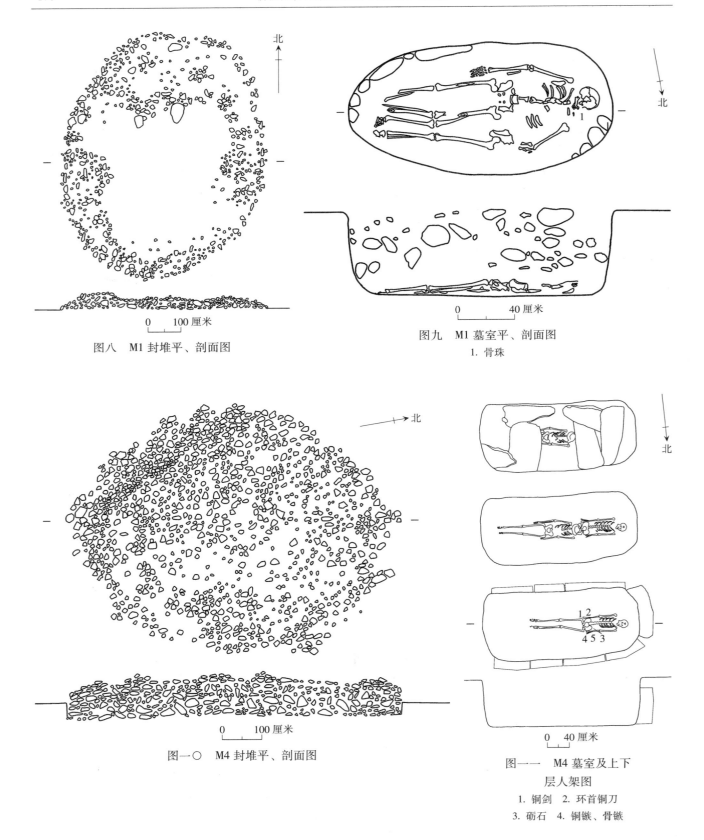

图八　M1 封堆平、剖面图

图九　M1 墓室平、剖面图
1. 骨珠

图一〇　M4 封堆平、剖面图

图一一　M4 墓室及上下
层人架图

1. 铜剑　2. 环首铜刀
3. 砺石　4. 铜镞、骨镞

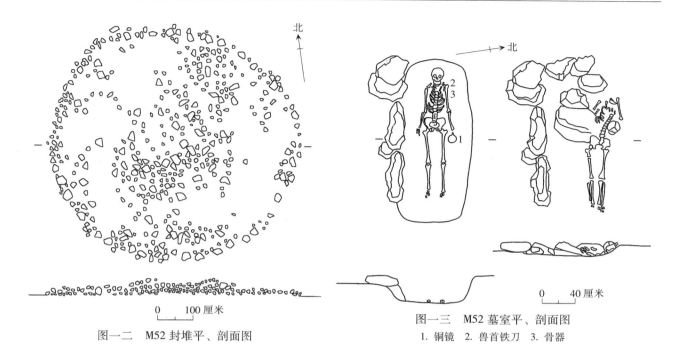

图一二　M52 封堆平、剖面图

图一三　M52 墓室平、剖面图
1. 铜镜　2. 兽首铁刀　3. 骨器

（三）石室墓

共 7 座。分别 M5、M15、M41、M43、M44、M55 和 M56。大多呈椭圆形，紧贴戈壁砾石墓壁用卵石垒砌墓室，墓底不铺卵石，墓室内也填大小卵石，人骨架就在卵石层下。

M44　封堆直径 7.2、高 0.4 米，封堆中心石块较少。墓室在封堆下，墓室呈不规则长圆形，四壁或贴石板，或垒砌卵石，构成石室，底不铺石。石室长 2.3、宽 1、深 0.7 米。墓向 280 度。墓底葬 2 人，均仰身直肢，头西脚东，北尸，男性，50 岁左右，南尸，女性，青年。北尸部分身躯压在南尸之上。填土中见一块夹砂红陶片（图一四、图一五；图版七五，1）。

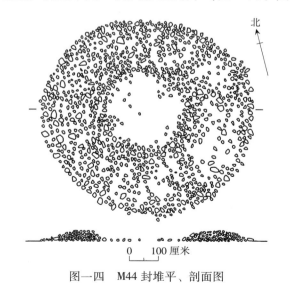

图一四　M44 封堆平、剖面图

图一五　M44 墓室平、剖面图

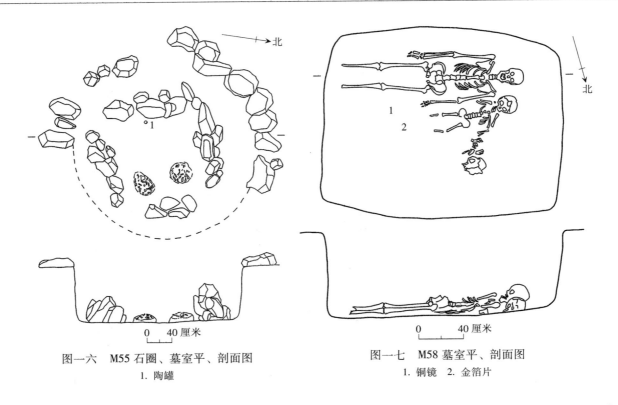

图一六　M55 石圈、墓室平、剖面图　　　　　图一七　M58 墓室平、剖面图
　　　　　1. 陶罐　　　　　　　　　　　　　　　　1. 铜镜　2. 金箔片

　　M55　地表为不规整的圆形石圈，稍高出地表，石圈直径 2.8 米。石圈内填土，石块少见。在填土深约 0.4 米处露出一个用卵石垒的不规整的方形石室。石室约 1.4 米见方，深约 0.4 米。墓向 266 度。在墓室东侧见人骨架，已朽酥，从清理痕迹看，为屈肢，墓室西侧置 1 件口沿已残的平底陶罐（图一六；图版七五，4）。

　　M56　在 M55 北侧，地表为椭圆形石圈，最大直径 3.5 米，石圈内填土，石块少见。石圈填土清至 0.6 米深处，中心露出卵石垒的石室。石室较规整，为长方形，东西长 1.4、南北宽 0.8、深 0.6 米。墓向 270 度。墓底葬一人，侧身屈肢，头颅不见，从牙齿看，为中年，性别不清。随葬有羊椎骨（图版七六，1）。

（四）无墓室墓

　　6 座。分别是 M6、M12、M23、M27、M33 和 M36。封堆底部不见墓室，在封堆底部或填土中见人骨或牲畜骨或铜马饰件、陶片等，这种现象可能二次葬的表现。

　　M6　封堆直径 21、高 1.4 米，顶部明显塌陷。封堆填石中有 1 块陶器口沿残片，底部不见墓室和人骨，只有一堆铜马具和一节残牛肢骨。经清理拼对，这堆马具中可辨认的器形有：鹿形铜钩饰、马衔镳、节约、铜扣、铜纽等数十件。

　　M27　封堆直径 9、高 0.5 米。封堆底部无墓室，在生土地表见散乱状的人骨，有颅骨、下颚骨、上下肢骨、肋骨等，骨骼不完整。经拼对，为 4 个体，中年 2 人，儿童 1。随葬品见砺石 1 件及陶片。

（五）无墓室封堆、石圈

20 座。一级台地和二级台地均有分布。封堆和石圈下无墓室，封堆中或石圈内也不见人骨和随葬品。在近年来天山至阿尔泰山区域发掘的汉代前后的墓葬中，这类现象多有所见。

三　随葬器物

石门子发掘的墓葬多被早期盗扰，随葬品均较贫乏。在保存完好的少数墓葬中出土有单耳彩陶罐、陶釜、单耳陶罐、兽首铜刀、铜剑、青铜镞、铜镜、鹿形铜带钩饰、铜马具、兽首铁刀、骨镞、骨锥、骨针、圆形石磨盘、砺石等文物，个别墓中随葬羊头或狗头、或马、牛骨、羊骨等。

（一）陶器

经拼对修复，完整器形 4 件，其中彩陶 1 件。

单耳彩陶罐　1 件。M22：1，夹细砂红陶，手制，表面浅砖红色。侈口方唇，鼓腹，圜底，宽带耳位于上腹部。沿下一周倒三角实心黑彩，腹部和耳上均为不规则的带状折线黑彩。表面少许剥落，附着大量烟炱。通高 16、口径 8.6、腹径 14.4、壁厚 0.4 厘米，耳高 3.6、宽 1.7 厘米（图一八，2；图版七七，1）。

双錾釜　1 件。M34：1，夹粗砂灰陶，手制，表面深灰色。直口微侈，方唇，腹微鼓，平底。口部和腹部均微呈扁圆形，鸡冠状双錾位于上腹部，对称分布于长径两端。表面部分剥落，附着大量烟炱。通高 26.7、口径 23.4、腹径 29.6、壁厚 0.9、錾长 6.5、厚 2 厘米（图一八，1；图版七七，2）。

单耳罐　1 件。M34：2，夹细砂红陶，手制，表面砖红色。直口微侈，平唇，上腹微鼓，平底，宽带耳在沿下。通高 11.2、口径 6、腹径 9.5、壁厚 0.5、耳高 3.7、宽 1.6 厘米（图一八，3；图版七七，3）。

陶纺轮　1 件。M9：1，略残损，夹细砂红陶，整体圆柱形，直径 3.7、厚 1.7 厘米，中部有孔，直径 0.7 厘米（图一九，2；图版八四，2）。

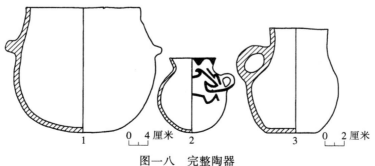

图一八　完整陶器

1. 双錾釜（M34：1）　2. 单耳彩陶罐（M22：1）　3. 单耳罐（M34：2）

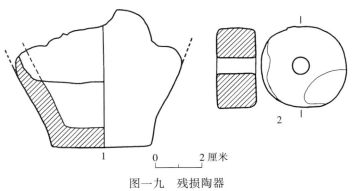

图一九　残损陶器

1. 缸形陶罐（M55∶1）　2. 陶纺轮（M9∶1）

缸形陶罐　1件。M55∶1，残存陶器底部及下腹部，夹粗砂红褐陶，小平底，下腹微收。残高6、壁厚0.8、底面直径4.3、厚0.9厘米（图一九，1；图版七七，4）。

陶器口沿残片 M15∶1，夹粗砂红褐陶，直口微敛，高10、宽6.5、厚1厘米，表面有烟炱（图二〇，3）。

陶器口沿残片 M6∶1，夹细砂红褐陶，直口圆唇，高6.7、宽6.7、厚0.5厘米（图二〇，2）。

陶器口沿残片 M33∶1，夹细砂褐陶，微侈口，高4.8、宽9.3、厚0.5至0.6厘米（图二〇，1）。

陶片标本　4件。M23∶1（图二一）。

陶器耳部，夹细砂红陶，宽带耳，高6.3、宽2.3、厚1.3厘米。

陶器口沿残片，高13、宽21、厚0.8厘米。

陶片标本　8件。M23∶1（图二二）。

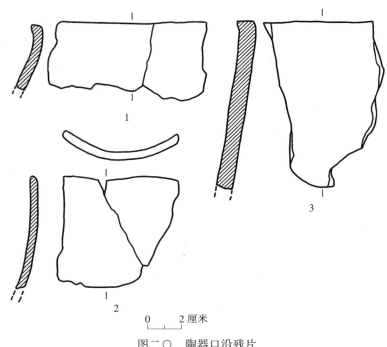

图二〇　陶器口沿残片

1. 陶器口沿（M33∶1）　2.（M6∶1）　3.（M15∶1）

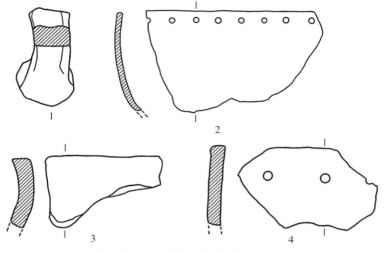

图二一 陶片（均为 M23：1）

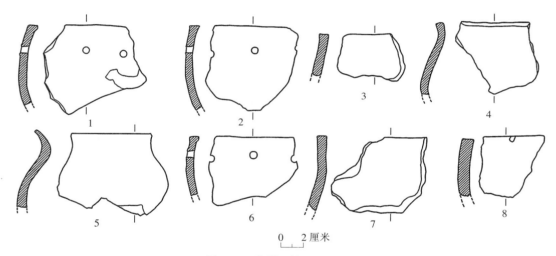

0 2厘米

图二二 陶器口沿（M23：1）

1. 陶器口沿残片，夹细砂灰褐陶，敛口方圆唇，口沿内侧微凸，高 8.3、宽 8、厚 0.7 厘米，沿下有戳刺的孔，孔径 0.6 厘米。表面有烟炱。

2. 陶器口沿残片，夹细砂灰褐陶，敛口平唇，口沿内侧微凸，表面有烟炱。高 8.8、宽 7.7、厚 0.6 厘米。沿下有戳刺的孔，孔径 0.6 厘米。

3. 陶器口沿残片，夹细砂灰褐陶，直口微敛，平唇，表面有烟炱。高 4.4、宽 5.8、厚 0.8 厘米。

4. 陶器口沿残片，夹细砂灰褐陶，侈口方唇，高 6.7、宽 6.5、厚 0.6 厘米。

5. 陶器口沿残片，夹细砂灰陶，侈口尖圆唇，腹微鼓，高 7.6、宽 9.5、厚 0.7 厘米。

6. 陶器口沿残片，夹细砂灰褐陶，敛口平唇，高 6.4、宽 7.6、厚 0.6 厘米，沿下有戳刺的孔，孔径 0.6 厘米。

7. 陶器口沿残片，夹细砂红褐陶，直口平唇，表面有烟炱。高 7、宽 8.1、厚 0.8 厘米。

8. 陶器口沿残片，夹细砂灰褐陶，直口微敛，平唇，表面有烟炱。高 5.8、宽 5.6、厚 1 厘米。

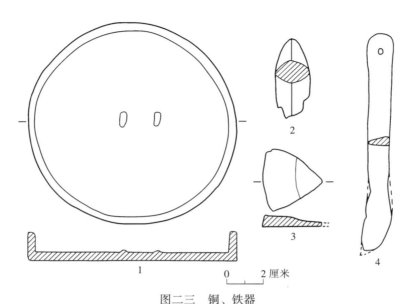

图二三 铜、铁器

1. 圆形带纽镜（M52:1） 2. 铜铤铁镞（M51:1） 3. 残铜镜（M58:1） 4. 铁刀（M17:1）

（二）铜器

可确认器形的有 55 件，器形有剑、刀、镜、镞、马具等。

短剑 1 件。M4:1，长 27.5 厘米。蘑菇形剑首，宽 3.5、高 1.2 厘米。剑首下方的剑柄正面有一排三件等腰三角形凹槽，此纹饰均高 0.7、宽 0.5 厘米。剑柄长 6.9、宽 2、厚 0.75 厘米。剑格菱形，长 2.3 厘米。剑身锋利，长 17.1、宽 2.4、厚 0.7 厘米（图二八，1；图版七八，4）。

环首刀 1 件。M4:2 残长 21.2 厘米。环首菱形，长 2、宽 2.5 厘米，中间有孔，孔径 0.8 厘米。刀身微弯，刀尖残损，残长 19.2、宽 1.4、厚 0.5 厘米（图二八，3；图版七八，5）。

兽形首刀 1 件。M3:1，似为浮雕的蜷曲雪豹形象，雪豹的鼻孔和眼睛均为圆形，耳部明显，后蹄翻转至头部下方。整体造型简洁，鼻孔的比例略大，有向风格化发展的趋势。总长 25.8 厘米。刀首长 3.8、宽 2.4 厘米，刀身微弯，长 22、宽 1.5、厚 0.5 厘米（图二八，2；图版七七，5；图版七八，1）。

圆形带纽镜 1 件。M52:1，直径 11.3、镜面厚 0.5 厘米。卷沿，沿高 1.4 厘米。背面桥型纽残损（图二三，1；图版八三，4）。

残铜镜 1 件。M58:1，残长 3.2、宽 3.5 厘米，铜镜边缘略厚，厚 0.7、中间厚 0.3 厘米（图二三，3；图版八三，5）。

铜镞 共 31 件。

标本 M3:2，1 组，其中铜镞 11 件、骨镞 1 件（图版七九，1、2、3；图版八〇，5）。

管銎镞 1 件。长 4.9、宽 1.6 厘米，柳叶形，管銎最宽处外径 0.8 厘米（图二四，5）。

三翼扁铤镞 5 件。长 5、宽 1 厘米（图二四，4）。

双棱双翼镞 2 件。扁铤。长 5、宽 1.7 厘米（图二四，3）。

双棱双翼镞 1 件。双棱略短，扁铤。长 6、宽 1.2 厘米（图二四，2）。

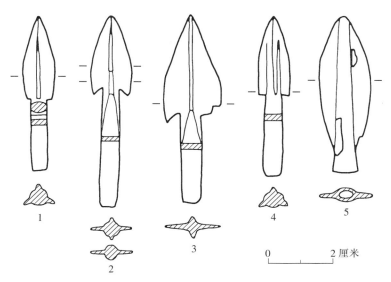

图二四　铜镞　（M3：2）

三棱镞　2件。扁铤。长4.9、宽1厘米（图二四，1）。

标本M3：3，1组5件。其中，管銎铜镞3件，均为双翼，长4.3至4.5厘米。其中1件似矛头，管銎至中部止，内残留有木杆；另一件的管銎下部有孔。三翼的2件，扁铤上有木杆残留痕迹，长4至4.6厘米（图二六；图版七九，5、6）。

标本M4：4，1组15件。其中，管銎镞3件，均为双翼，有1件一棱带尾，长4至4.5厘米。双翼的1件，扁铤，残留木杆痕迹，长5.7厘米。双棱双翼的9件，双棱均略短于双翼，长4.5至5厘米。三棱三翼的2件，扁铤，上残留木杆痕迹，长5至6厘米（图二五，2~10；图版七九，4：图版八〇，1、2）。

标本M15：1，1件。三棱铜镞有铤，铤部为三个长条形铜片。长4.2、宽1厘米（图二五，1）。

鹿形带钩饰　1件。M6：1，透雕，仰首，鹿嘴向前，耳朵朝后，鹿角微残，线条流畅向后伸展，眼鼻处微透雕，前蹄后曲叠在前伸的后蹄之上，躯干和臀部以一道浅槽为界，尾巴短小。躯干背面有一蘑菇形纽，应是扣于带扣之纽。通体厚0.3厘米，总长8.3、高6厘米（图二七，2；图版八一，4、5）。

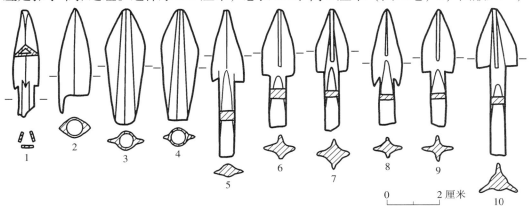

图二五　铜镞
1. 铜镞（M15：1）　2~10.（M4：4）

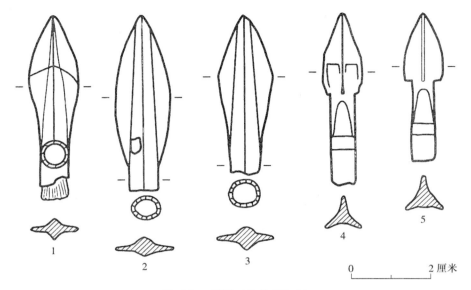

图二六　铜镞（均为 M3:3）

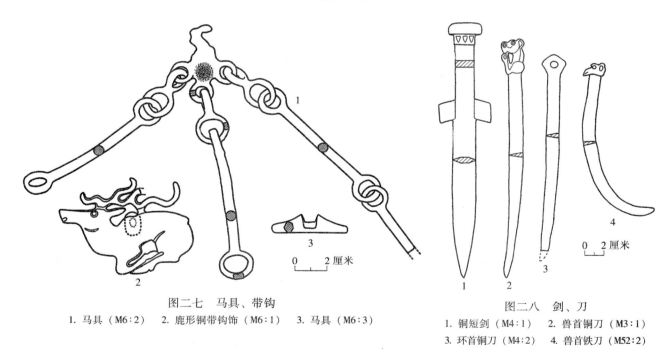

图二七　马具、带钩

1. 马具（M6:2）　2. 鹿形铜带钩饰（M6:1）　3. 马具（M6:3）

图二八　剑、刀

1. 铜短剑（M4:1）　2. 兽首铜刀（M3:1）
3. 环首铜刀（M4:2）　4. 兽首铁刀（M52:2）

带扣　2 件。M6:7，双环形，一环方形，一环长圆形，长圆形环外侧中部微突。长 2.4、宽 3.2、厚 0.6 厘米（图二九，4；图版八三，3）。

铜纽　10 件。M6:8，均正面圆形，微呈蘑菇状，较大的直径 2 厘米，较小的直径 1.1 厘米，背面均有圆柱形纽，纽端长方形，较大的长 2.8、宽 1.3、厚 0.4 厘米，较小的长 1.2、宽 0.8、厚 0.3 厘米（图二九，5、6；图版八三，1）。

马具　3 件。

标本 M6:3，大小形状相同，长 4.8、高 1.2、宽 0.9 厘米。截面六边形，中部有长 1、宽 0.9 厘米的凹陷（图二七，3；图版八二，3）。

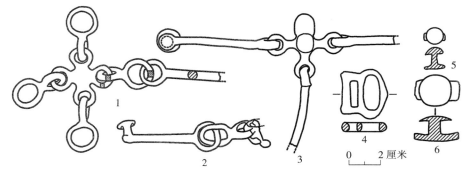

图二九　马具、带扣

1. 铜节约（M6:4）　2. 马具（M6:5）　3. 节约（M6:6）　4. 铜带扣（M6:7）　5~6. 铜纽（M6:8）

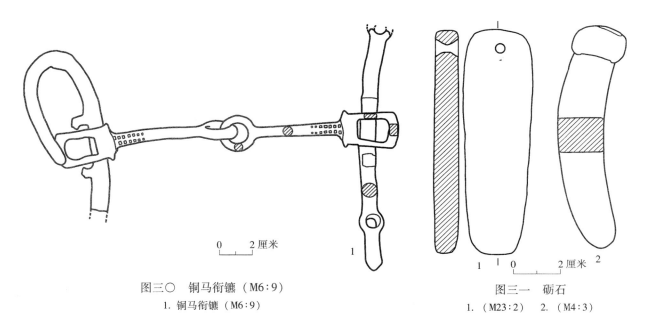

图三〇　铜马衔镳（M6:9）　　　　　　　　图三一　砺石

1. 铜马衔镳（M6:9）　　　　　　　　　　　1.（M23:2）　2.（M4:3）

标本 M6:5，整件套环相连，中间呈柱状，一端残损，另一端有蘑菇形纽（图二九，2）。

标本 M6:2，十字花状，中心微鼓，中心外四部分，一端呈钩形，其他三处均有一环，并各与一"8"字形套环的一环相扣连，"8"字形套环的另一环亦扣连一环，此环连接一柱状铜条，另一端还有一环（图二七，1；图版八二，2）。

节约　2 件。

标本 M6:6，十字花形，一端呈圆角方形，其他三处各有一环，并与一环相扣连，此环连接一柱状铜条，另一端为蘑菇形纽（图二九，3；图版八二，5）。

标本 M6:4，十字花形，中心微鼓，中心外四部分各有一环，并各与一"8"字形套环的一环相扣连，其中一个"8"字形套环外还扣连一环，此环连接一柱状铜条，另一端残损（图二九，1；图版八二，4）。

马衔镳　1 件。M6:9，马蹄形马衔，马衔外环内侧均有两排从大到小的纽钉，通长 21 厘米。马镳条柱形，两端有孔，中部为方形环，残长 15 厘米（图三〇，1；图版八三，2）。

（三）铁器

3 件。有刀和镞。

兽首刀　1 件。M52：2，似为一鹰形格里芬头部，喙部微向下弯，鹰眼透雕成圆形，耳部为长圆形的凹陷。造型简单，有风格化倾向。总长 17.3 厘米。刀首铜质，长 1.5、宽 2.4 厘米，刀身铁质，弧背弧刃，刀身长 15.8、宽 1.4、厚 0.4 厘米（图二八，4；图版七八，2、3）。

铁刀　1 件。M17：1，残长 11.6、厚 0.5 厘米。柄端有孔，孔径 0.35 厘米（图二三，4；图版八四，3）。

铜铤铁镞　1 件。M51：1，双翼，铤为铜质，残长 4.4 厘米，宽 1.9 厘米（图二三，2）。

（四）石器

砺石　2 件。M23：2，长条形，长 9.9、宽 2.9、厚 1.1 厘米。一端略宽，一端略窄。较宽的一端有对钻的孔，孔径 0.4 厘米（图三一，1；图版八一，3）。M4：3，截面长方形，一端有铜帽，铜帽顶端中部有孔，另一端圆滑。长 8.9、宽 2、厚 1.5 厘米（图三一，2；图版八一，2）。

磨盘　2 件。出自封堆填土中，砂岩。圆形，中穿一孔，似为一套，一件较完整。M8：1，直径 33、孔径 3.5、厚 8 厘米。另一件断裂为两块，磨蚀严重（图版八四，1）。

（五）骨器

共 14 件。有镞、锥、针、珠等。

镞　7 件。

标本 M3：2，1 件。双翼，有铤。长 8.9、宽 1.5、厚 0.7 厘米（图三二，6；图版八〇，5）。

标本 M3：3，1 件。为单棱双翼，扁铤，长 5.5 厘米（图三二，7；图版八〇，4）。

标本 M4：5，1 组 5 件。单棱双翼的 3 件，扁铤，长 8.2 至 13 厘米。双棱单翼的 1 件，扁铤，长 6.5 厘米。管銎镞 1 件，三棱，其中一棱有尾，长 5 厘米（图三二，1～5；图版八〇，3）。

锥　1 件。M3：4，长 19 厘米，一端较宽，有孔，孔径 0.5 厘米，另一端较尖（图三三，1；图版八一，1）。

针　1 件。M52：1，残长 7.1 厘米，一端残损，一端略尖，最粗处直径 0.5 厘米（图三三，4）。

骨珠　4 件。M1：1，2 件残，2 件呈算盘珠状，中部穿孔，孔径 0.3 至 0.4 厘米（图三三，3）。

骨器　1 件。M3：5，长 2.7、宽 2.6、厚 1 厘米。表面微鼓，上有斜线状刻划纹。一侧边较圆滑，一侧边较直（图三三，2）。

四　结语

呼图壁县石门子发掘的这批墓葬的基本特点是：地表均有封堆或石圈标志，墓室形制以竖穴土

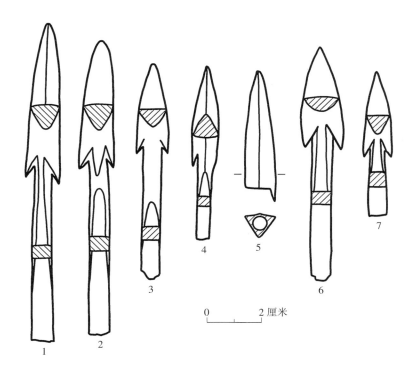

图三二　骨镞

1～5.（M4∶5）　6.（M3∶2）　7.（M3∶3）

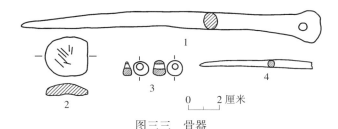

图三三　骨器

1. 骨锥（M3∶4）　2. 骨器（M3∶5）　3. 骨珠（M1∶1）　4. 骨针（M52∶1）

坑、竖穴石棺和竖穴石室并存，还有一些不见墓室，在封堆底部葬人。葬式以仰身直肢葬为主，个别为侧身屈肢葬。墓葬的数量不大，墓葬形制多样，埋葬现象较为复杂，文物特点比较鲜明。墓葬形制与文物特征均表现了与欧亚草原考古文化及邻近地区相关遗存的联系或影响。

石门子墓葬的地表特征——石堆或石圈，竖穴土坑、石棺或石室墓室的结构、形状以及单耳彩陶罐的形制和纹样均与邻近的乌鲁木齐市大西沟萨恩萨伊墓地中期墓葬相近[1]；平底单耳陶杯是西邻的石河子南山古墓的典型器形[2]。出土铜器中的铜剑、兽形首铜刀、兽形铜首铁刀、环首铜刀、马衔镳，以及单棱双翼扁铤镞、双棱双翼管銎镞、三棱三翼扁铤铜镞、骨镞等，在公元前7～前3世纪的欧亚草原地区，特别是米努辛斯克盆地和伊犁河流域都曾普遍流行[3]，在新疆塔城和伊犁地区都有发现[4]；透雕鹿形铜带钩在新疆考古中少见，它与铜马衔镳、铜节约等马具共存，其风格与兽形首铜刀、铁刀一致。据此推断，位于河岸一级台地上的竖穴土坑墓、石室和石棺墓的年代应在相当于中原王朝的春秋战国时期。

位于河岸二级台地上的个别墓葬，如 M55 和 M56，两座墓葬相邻，均为石圈石室墓，葬式为屈肢葬，M55 出土一件缸形陶罐，葬俗及随葬陶器的器形均与其他墓葬有别，而与近年来在伊犁河谷的尼勒克县、特克斯县、霍城县，以及塔城等地发掘的一批被学术界视为安德罗诺沃青铜时代考古文化的遗存关系密切。尼勒克唐巴拉萨伊墓地和特克斯县阔克苏西 2 号墓地的安德罗诺沃墓葬是与早期铁器时代的塞克或乌孙墓葬分布在同一墓地，并见打破关系[5]。在尼勒克县群科克墓地还曾发现塞克墓葬与安德罗诺沃遗址的叠压打破关系。类似的安德罗诺沃典型器物缸形陶罐，在邻近的玛纳斯县也有发现[6]。呼图壁石门子墓地，安德罗诺沃文化墓葬也与早期铁器时代墓葬分布在同一墓地，这类现象的陆续发现和资料的不断积累，是分析和认识新疆地区安德罗诺沃文化的源流与发展的重要资料。

这批墓葬中，M52 在封堆之下、墓口填石层上葬一人，墓室内又葬一人，在以往的发掘中还很少见；有 20 座石堆或石圈下不见墓室、人骨及随葬品，这种现象在天山以北地区虽不鲜见，但数量占发掘墓葬总数的三分之一，比例之高，在其他墓地却不多见。这些石堆和石圈是何现象，是否祭祀遗迹？在今后的发掘和研究中值得关注。

墓葬的随葬品贫乏，陶器很少，个别墓中随葬羊头、狗头及牛、马骨，未经扰乱的 M3 和 M4 两座墓中随葬兽形首铜刀、铜剑和铜镞、骨镞，M6 封堆底部出土的一批铜马具等，都是与畜牧狩猎生活关系密切的生产生活用具。墓地所在的山谷，水丰草茂，迄今仍是牧羊人放牧所在。从地理环境和随葬文物分析，这批墓葬主人的经济生活方式应该是以畜牧狩猎为主。

据西北大学人类学实验室测量分析[7]，呼图壁石门子先民很可能属于欧亚大人种。由于颅骨破损无法修复，很多测量性指标无法获得，小人种类型有待进一步确认，从 M4 较短的颅型看，可能与中亚—两河类型人群有更密切的关系。在口腔卫生方面，死者患牙周炎，未见龋齿，可能与他们的饮食结构中食用较多动物性食物有关。从中也可推测石门子古代居民生计方式应该是以畜牧为主。

墓葬中出土的青铜刀、剑、镞、马具等金属器文物，经北京科技大学冶金与材料史研究所检测分析，既有锡青铜、还有铜砷合金、铜锡砷三元合金；而马具均为铸造形成，铜镞中既有铸造成形的，也有热锻或冷锻技术，表现了这批铜器复杂的工艺水平[8]。新疆天山以北至阿尔泰山区，地处欧亚草原文化区的中间地段，石门子墓地的发现，对于探索和研究天山以北地区与欧亚草原相关考古学文化的关系，都是一批新资料。

发掘：张玉忠　文　康　艾克拜尔　张凤祝　于英俊
绘图：外　力　叶　青
摄影：刘玉生　张玉忠
执笔：张玉忠　文　康　张　元　叶　青

注　释

[1] 新疆文物考古研究所、乌鲁木齐市文物管理所：《新疆乌鲁木齐萨尔萨伊墓地发掘简报》，《文物》2012 年第 5 期。
[2] 新疆文物考古研究所等：《新疆石河子南山古墓葬》，《文物》1999 年第 8 期。
[3] 李刚：《中国北方青铜器的欧亚草原文化因素》，文物出版社，2011 年。

［4］王林山主编：《草原天马游牧人——伊犁哈萨克州文物古迹之旅》，伊犁人民出版社，2008 年；王林山主编：《伊犁河谷考古文集》，新疆大学出版社，2012 年。

［5］新疆文物考古研究所：《新疆伊犁尼勒克唐巴拉萨伊墓地发掘简报》，《文物》2012 年第 5 期；新疆文物考古研究所：《新疆特克斯县阔克苏西 2 号墓群的发掘》，《考古》2012 年第 9 期。

［6］实物存玛纳斯县博物馆。

［7］曹浩然、陈靓：《新疆呼图壁县石门子墓地人骨研究报告》，《新疆文物》2013 年第 2 期。

［8］分析检测报告待刊。

呼图壁县石门子墓葬登记表

（单位：米）

墓号	封堆		墓葬形制		方向（度）	人骨			随葬品	备注
	高度	石堆（石圈）直径（长×宽）	形制	尺寸（长×宽－深）		数目	葬式．性别．年龄			
M1	0.2	7.8×6	石棺	1.86×0.96－0.6	285	2	仰身直肢、男、中年		骨珠	
2	0.7	9	石棺	3.96×1.9－0.6	290	1	仰身直肢		无	扰乱
3	0.7	11	竖穴土坑	2.56×1.1－0.85	270	2	仰身直肢、男、中年		铜刀、铜镞、骨镞	
4	0.7	7	石棺	2.78×1.3－09	275	2	仰身直肢，男、中年		铜剑、铜刀、砺石、铜镞、骨镞	
5	0.9	22×15	石室	3.36×2.8－0.9	300	1	二次葬、男、中年		夹砂红陶片	扰乱
6	1.4	21	无墓室				无		铜马具、牛骨、陶片	
7	0.5	外圈8.5、内圈5	竖穴土坑	2.24×1.1－0.6	287	2	下肢直肢状		无	扰乱
8	0.75	12	竖穴土坑	2.6×1.3－0.85	300	1	仰身直肢、女、中年		封堆出石磨盘2	
9	0.5	8	石棺	2.3×1.6－0.76	290	2	下肢直肢状、男、中年、1女		陶纺轮	扰乱
10	0.3	3	无墓室				无		无	
11	0.3	3	无墓室				无		无	
12	0.2	石圈2.8×2.8	无墓室			1	填土中见股骨一节		无	
13	0.2	石圈3	竖穴土坑	2×1.1－0.6	280		肢骨、肋骨4节		无	扰乱
14	0.3	石圈3.5×3	无墓室				无		无	

墓号	封堆		墓葬形制		方向（度）	人骨		随葬品	备注
	高度	石堆（石圈）直径（长×宽）	形制	尺寸（长×宽－深）		数目	葬式.性别.年龄		
15	1.3	17.5	石室	3.04×2.72－1.6	330	3	填土中见3个颅骨、少量肢骨	铜镞、残陶片	扰乱
16	1.1	16.5	竖穴土坑	4.3×3－0.64	270	2	仰身直肢1、女、中年，男1、残	陶片、金箔残片、羊骨	扰乱
17	1	18.5	石棺	4×2.4－0.8	250	1	残存颅骨、肢骨	铁刀、陶片	扰乱
18	1.8	16	石棺	3.8×2.8－2.2	293	1	颅骨、肢骨残片	无	扰乱
19	0.7	11	竖穴土坑	2.42×1.1－1.4	290	1	仰身直肢、男、中年	陶纺轮	
20	0.6	5	无墓室				无	无	
21	0.2	石圈2	无墓室				无	无	
22	0.6	8	竖穴土坑	2×1.2－0.3	270	1	仰身直肢、女、中年	单耳彩陶罐	
23	0.2	3.4	无墓室				无	残陶器、砺石、牛距骨	
24	0.3	7	竖穴土坑	1.8×0.8－0.6	300		残存下肢骨	填土中见陶片	扰乱
25	0.2	2	无墓室				无	无	
26	0.2	石圈2×2	无墓室				无	无	
27	0.5	9	无墓室			4	封堆底部残颅骨、肢骨、下颚，儿童1中年2	砺石、彩陶片	二次葬
28	0.2	2	无墓室				无	无	
29	0.2	1.5	无墓室				无	无	
30	0.2	1.2	无墓室				无	无	
31	0.2	2.6	无墓室				无	无	
32	0.25	1.8	无墓室				无	无	
33	0.4	4.1	无墓室				无	陶器口沿	
34	0.6	3	竖穴土坑	2.8×2.6－0.23	270	1	残存肢骨	鋬耳陶釜、单耳陶罐、羊骨	扰乱
35	0.5	6	竖穴土坑	2.6×1.34－0.8	290	1	仰身直肢、女、中年	无	
36	0.4	5	无墓室			1	封堆中见人指骨	牛肢骨	
37	0.4	2	无墓室				无	无	

墓号	封堆		墓葬形制		方向（度）	人骨			随葬品	备注
	高度	石堆（石圈）直径（长×宽）	形制	尺寸（长×宽－深）		数目	葬式.性别.年龄			
38	0.4	2.5	无墓室				无		无	
39	0.4	3	无墓室				无		无	
40	0.3	5	无墓室				无		无	
41	0.5	10	石室	2.3×1.1－0.9	270	1	残存肢骨等		无	扰乱
42	0.35	8	竖穴土坑	2.1×0.9－1	280	2	残存肢骨等		牛距骨	扰乱
43	0.3	7.3	石室	2.46×0.9－0.46	300	1	残存肢骨、下颚等		无	扰乱
44	0.4	7.2	石室	2.3×1－0.7	280	2	仰身直肢、男、老年，女、青年		陶片	
45	0.3	7	石棺	1.5×0.6－0.5	312	1	残存肢骨		无	扰乱
51	0.5	5.2	竖穴土坑	2×1.14－1.7	270	1	残存肢骨、儿童		牛距骨、铁镞	二次葬
52	0.5	7	石室	2.04×0.84－0.34		2	仰身直肢、女		铜镜、兽首铁刀、骨器	
53	0.6	8.2		2.2×0.96－0.5	265	2	上层：仰身直肢、女、老年，下层：肢骨颅骨			
54	0.6	石圈4.5	无墓室			1	封堆见残肋骨		无	
55	0.2	2.8	石室	1.4×1.4	266	1	侧身屈肢		陶罐	
56	0.5	石圈3.5×2.5	石室	1.4×0.8－0.6	270	1	侧身屈肢、女、中年		无	
57	0.4	3×2.2	竖穴土坑	2.1×0.9－1.1	340	1	仰身直肢、男、中年		狗头	
58	0.3	4	竖穴土坑	2.1×1.8－0.8	290	2	仰身直肢、女、老年儿童1		铜镜、金箔片、羊头	
59	0.2	石圈3.5	无				无		无	
60	0.2	石圈3	无				无		无	
61	0.3	4×4	无				无		无	

呼图壁县苇子沟煤矿墓地发掘报告

新疆文物考古研究所

　　受自治区文物局的委托，我所派出专业人员于 2011 年 4 月下旬，会同呼图壁县文物局，对中煤集团苇子沟煤矿即将要施工建设范围内的 3 座墓葬进行了抢救性清理。现将考古发掘情况报告如下。

一　墓地概况

　　依据 2010 年现场的调查，墓地位于呼图壁县西北 75 公里天山山脉深处一条南北走向、地名为苇子沟的东侧台地上，地势由南向北倾斜，地表生长有茂盛的草原植被。海拔高程 1381 米。在即将要施工范围内有 3 座墓葬，必须作清理发掘，并上报自治区文物局。按照自治区文物局批准的方案，对该 3 座墓葬进行了发掘，墓葬封堆均为低矮略高于地表的石堆（图一、图二）。

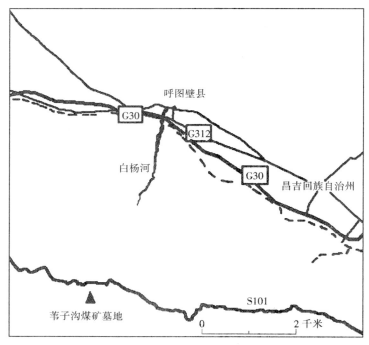 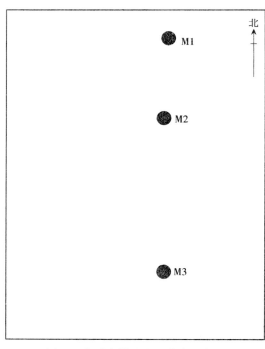

图一　呼图壁县苇子沟煤矿墓地位置图　　　　　　图二　苇子沟煤矿墓地分布示意图

二　墓葬特征

M1 位于 M2 的北边 15 米，为石堆墓（图三）。其中石围石堆墓揭去封堆后为圆角长方形土坑竖穴墓室，墓向 270 度，长 2.5、宽 1.3、深 1.8 米，土坑内填较大的石块和戈壁土。墓室底部见一头向西，仰身直肢骨架，头部南侧随葬一组陶器，为罐、钵、杯等，还随葬有羊骶骨、铁刀、铁锥。头部随葬金耳环一对，颈下见长条形金箔片，右腰部见一方形钻孔骨器，右手处随葬一蘑菇状骨器。因该墓墓室内非常潮湿，人的骨骼保存得非常不好，已经酥粉，年龄 50 岁左右，女性（图四；图版八五，1）。

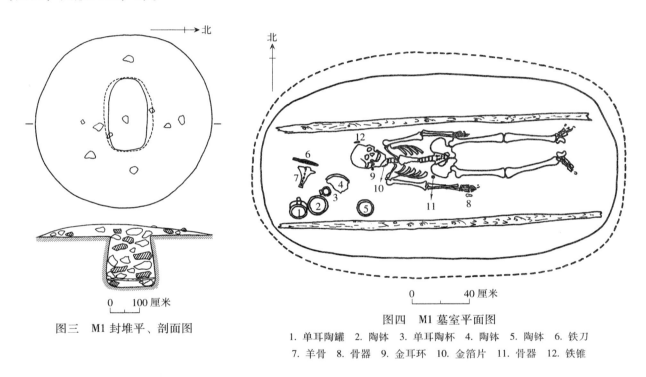

图三　M1 封堆平、剖面图

图四　M1 墓室平面图

1. 单耳陶罐　2. 陶钵　3. 单耳陶杯　4. 陶钵　5. 陶钵　6. 铁刀
7. 羊骨　8. 骨器　9. 金耳环　10. 金箔片　11. 骨器　12. 铁锥

M2 位于 M1 南 15 米处，为石堆墓；地表封堆稍微隆起于地表（图五）。墓室为圆角长方形竖穴土坑，墓向 270 度，墓室长 3.8、宽 1.5、深 3.1 米，墓室内填大砾石，填土中见有零星的人骨。墓底散见一些不在解剖位置上的骨殖。墓室靠西一侧见一残破的陶钵。从墓室里及填土中凌乱的人骨来看，该墓应该被盗扰过。

M3 位于 M2 南 35 米，也为石堆墓，揭去封堆后见圆角长方形墓口。墓室为圆角长方形竖穴土坑，墓向 275 度，墓室长 4.6、宽 1.3、深 2.2 米（图六）。墓室内填大量的砾石，在填土中见人头骨及一些人肢骨。墓室底部见一用直径 10 厘米左右的松木搭建的木椁，木椁内人骨已被扰动，股骨反向散落在墓室北壁下，胫骨腓骨在解剖位置上，没有扰动，据此判断，应该是头西脚东仰身直肢的埋葬习俗，为一年龄在 40 岁左右的男性。因墓室内非常潮湿，骨架酥粉严重。墓底西部见 2 件残破的夹砂陶钵（图七；图版八五，2）。

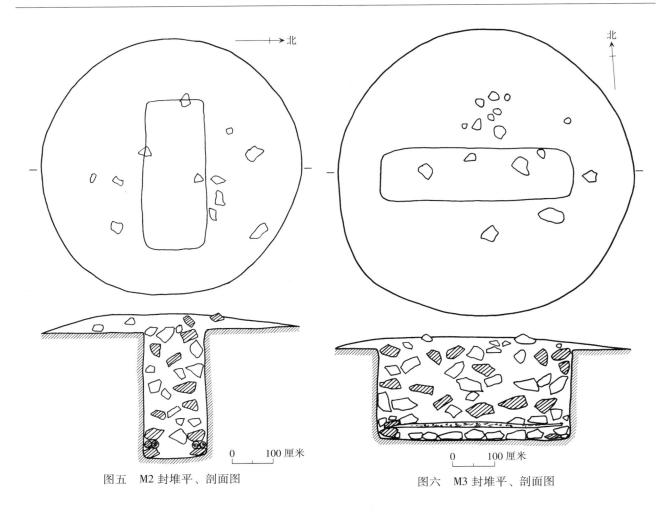

图五　M2 封堆平、剖面图　　　　　　　　图六　M3 封堆平、剖面图

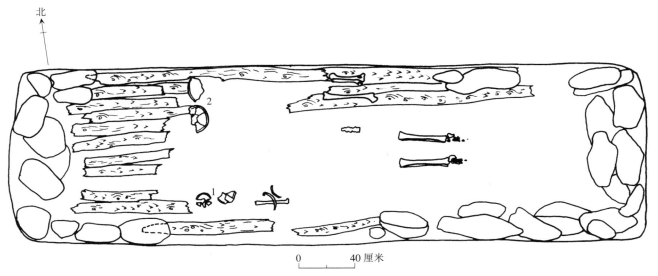

图七　M3 墓室平面图
1. 陶钵（残）　2. 陶钵（残）

三　出土文物

出土文物标本共计15件。有陶器、铁器、金器及骨器等。

1. 陶器　8件，器形为罐、钵、杯等。

11CHWM1：1单耳罐，夹砂灰陶，手制，稍残，敞口，圆唇，高领，鼓腹，颈腹耳，小平底，腹近颈部有一圈刻划弦纹，耳及与耳对称的颈部刻划一道竖线纹，器表局部有烟炱痕。高13.4厘米，口径8.8厘米，底径4厘米（图八，1；图版八六，1）。

11CHWM1：2陶钵，夹砂灰陶，手制，直口，圆唇，鼓腹，小平底，底稍残，器表打磨光滑。高9厘米，口径13.8厘米，底径4厘米（图八，2；图版八六，3）。

11CHWM1：3单耳杯，细泥灰陶，手制，敞口，高领，垂腹，平底，颈腹耳，器表打磨光滑局部有烟炱痕，口沿稍残。高7.8厘米，口径5.5厘米，底径3.7厘米（图八，3；图版八六，2）。

11CHWM1：4陶钵，夹砂红陶，手制，残，敛口，斜平沿，鼓腹，环底，器表有烟炱痕。高8.6厘米，口径16.6厘米（图版八六，4）。

11CHWM1：5陶钵，夹砂灰陶，手制，残，敛口，平沿，圜底。高5.2厘米，口径11.6厘米（图八，4；图版八六，5）。

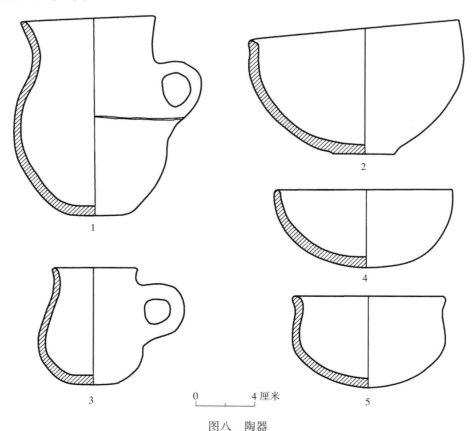

0 　　　4厘米

图八　陶器

1. 单耳陶罐（11CHWM1：1）　　2、4、5.（11CHWM1：2、11CHWM1：5、11CHWM1：3：2）　　3. 单耳陶杯（11CHWM1：3）

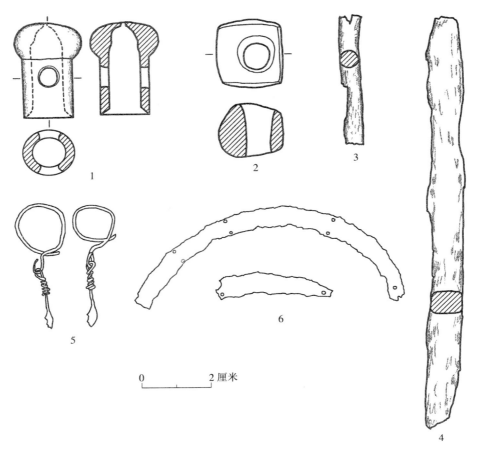

图九　骨器、铁器与金器

1CHWM1：8　2.11CHWM1：11　3.11CHWM1：12　4.11CHWM1：6　5.11CHWM1：9　6.11CHWM1：10

　　11CHWM2：1 陶钵，夹砂灰陶，手制，微敛口，平沿，浅腹，圜底。高5.5厘米，口径16.6厘米（图版八七，1）。

　　11CHWM3：1 陶钵，夹砂红陶，残，手制，口微敛，圆唇，鼓腹，环底，器表有烟炱痕。高7.8厘米，口径18.6厘米（图版八七，2）。

　　11CHWM3：2 陶钵，夹砂灰陶，手制，残，器表有红陶衣，敞口，圆唇，稍束颈，鼓腹，圜底。高6.2厘米，口径10厘米（图八，5；图版八六，6）。

　　2. 骨器　2件，均为饰件。

　　11CHWM1：8 骨饰件，兽骨一段，中空，呈蘑菇状，表面打磨得很光滑，柄中部两侧各钻一孔，孔径0.57厘米。全高2.75厘米，柄高1.7厘米，柄直径1.57厘米，柄孔径0.97厘米（图九，1；图版八七，6）。

　　11CHWM1：11 骨饰件，兽骨一段，近似圆柱状，表面打磨，有对钻孔。饰件长2厘米、宽1.9厘米、厚1.5厘米。孔径0.77~0.9厘米（图九，2；图版八七，5）。

　　3. 铁器　2件。

　　11CHWM1：6 铁刀，残，锻制，锈蚀严重。残长12.2厘米，宽1厘米（图九，4）。

11CHWM1：12 铁锥，残，锻制，锈蚀严重。残长 3.8 厘米，径 0.52 厘米（图九，3）。

4. 金器 3 件，耳环、金箔。

11CHWM1：9 金耳环一对，均为金丝绕成，"S" 状，下穿一金丝，一端缠绕，另一端捶击成水滴状。长 3.6~3.7 厘米（图九，5；图版八七，3）。

11CHWM1：10 长条形金箔片，打制，断成两段，呈半月状，两侧见 3 组对称的小孔。残长 12.6 厘米，最宽 0.57 厘米（图九，6；图版八七，4）。

关于墓葬的年代，根据发掘和参考以往在周边地区考古发掘与其年代相同墓葬出土的文物标本以及相同的葬式葬俗，其时代应在汉至魏晋前后。该墓地考古发掘资料对于研究天山北坡草原地区古代游牧文化与研究苇子沟周围的岩画具有重要的参考价值。

发掘：张铁男　阿里甫江　张孝德　阿合提
摄影：阿里甫江　张铁男
绘图：阿里甫江
摄影：刘玉生
执笔：阿里甫江　张铁男

木垒县干沟墓地出土人骨研究报告

付昶　吴勇　王博

为配合自治区"定居兴牧"工程，2011 年 5 月新疆文物考古研究所对坐落在距木垒县城约十四公里的照壁山乡河坝沿子村干沟口的六十余座墓葬进行了抢救性发掘。考古人员在发掘中除发现春秋战国、汉、唐等朝代的文物外，还在该古墓地发现了距今 3000 多年前的含有细石器的人类居住遗址。

在墓葬中采集了两个头骨，分别出土于 M43 和 M44，两个头骨的保存状况都较好。M44 为竖穴土坑墓。墓内葬 1 人，葬式为仰身直肢一次葬。出土时其头前放置 1 羊腿骨，左手旁保存有可能是箭杆的少量红色凹痕，胫骨上有皮毛制品，旁边有少量铁锈块，身下有少量桦树皮。经考古人员初步推断，时代在距今 2700 ~ 3000 年之间。M43 为竖穴偏室墓。偏室内葬 1 人，葬式为仰身直肢一次葬。竖穴内殉葬有 1 匹马，随葬有铁马镫、铁马衔和铁刀等器物，初步推断时代在唐代前后[1]。下面就对两个头骨的性别、年龄进行鉴定，同时进行形态观察、测量以及人种特征等方面的分析。

一　性别

考古人员在现场判定 M44 和 M43 墓主均为男性。其性别特征具体如下：两个头骨中 M44，骨质粗壮，男性特征比较明显，而 M43 则有些特征像男性，个别特征有点像女性。根据 Acsadi 和 Nemeskeri（1970）制定的性别鉴定评分标准[2]，两个头骨的得分分别如下：

表一　　　　　　　　　　　　　　　　　头骨上的性别特征得分

墓号	枕外隆突	乳突		眶上缘		眉弓/眉间	颌突	得分
		左	右	左	右			
M43	4	3	3	3	3	3	2	3
M44	4	4	3	3	4	5	4	3.9

注：从 1 分到 5 分，男性倾向增强

M44 各个性别特征都显示出明显的男性倾向，其上项线非常显著，呈宽 0.65 ~ 1cm 的 M 形的带状隆起，因此处于其中部的枕外隆突自然也比较明显。其乳突粗壮。眶上缘左边厚度一般，但右边厚度值可达 4 分。眉弓突起十分显著，颌突明显、颏形为方形（图一，1）。因而 M44 可以肯定地判定为男性。相比 M44，M43 的男性特征则在一些部位比较明显，一些部位则比较模糊。其男性特征最为明显的部位是枕外隆突,从侧面看枕外隆突比较突出,不过其上项线不明显。M43 的眉弓虽较 M44 的突起程度较弱,但也比较明显。眶上缘厚度中等。乳突不粗壮、长度中等。男性倾向最弱的是颏突,颏突不呈明显的方形,有点像女性的尖圆形(图一,2)。由于眉弓、眶上缘和乳突三项均居中,颏突得分较低,此个体的性别特征总体判断得分为 3 分,还是归为男性。

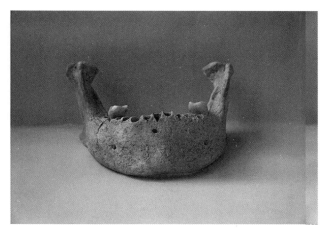

图一　木垒县干沟墓地出土下颌骨

1. M44 下颌骨　　2. M43 下颌骨

二　年龄

两个头骨明显都已发育完整,基底缝均完全愈合。从颅骨骨缝的愈合状况和牙齿的磨损程度看,M44 的年龄明显比 M43 大一些。根据 Meindl 和 Lovejoy（1985）制定的颅骨骨缝愈合程度评分系统[3],此两头骨得分如下:

表二　　　　　　　　　　　　　　　　头骨骨缝愈合程度得分

墓号	人字缝中点	人字点	顶孔间点	矢状缝前段	前囟点	冠状缝中点	翼点	蝶额缝中点	蝶颞缝下点	蝶颞缝上点
M43	0	0	2	1	0	1	0	0	0	0
M44	2	2	3	2	1	2	1	3	0	0

注:0 分为骨缝未开始愈合;0 分到 3 分愈合程度增加;3 分为骨缝完全愈合。

M43 颅骨顶部骨缝(表格中前 7 个部位)愈合程度得分值总和为 4 分,落入 S2,年龄范围为 23~45 岁;其颅骨侧前部骨缝(表格中后 5 个部位)愈合程度得分值总和为 1 分,落入 S1,年龄范围为 20~42 岁。吴汝康等在《人体测量手册》(1984)中列出的骨缝愈合年龄范围:基底缝 20~25 岁,矢状缝 22~35 岁,冠状缝 24~41 岁,人字缝 26~47 岁。同时书中 Ashley – Montagu 的颅骨主要骨缝愈合年龄示意图表明:矢状缝后段的愈合年龄在 22~35 岁,顶孔段 20~28 岁,顶段 22~35 岁,前囟段 22~36 岁;冠状缝前囟段 24~37 岁,中段 24~38 岁,后段 26~41 岁;人字缝前段 26~42 岁,中段 26~42 岁,后段 26~47 岁。由于此个体矢状缝已开始愈合但顶孔段都未完全愈合,因此判断其年龄在 20 ~ 28 岁之间，为青年人[4]。

M44 颅骨顶部骨缝（表格中前 7 个部位）愈合程度得分值总和为 13 分，落入 S4，年龄范围为 31 ~ 61 岁；其颅骨侧前部骨缝（表格中后 5 个部位）愈合程度得分值总和为 6 分，落入 S4，年龄范围为 30 ~ 54 岁。此个体矢状缝顶孔段完全愈合，其他段也接近完全愈合状态，冠状缝和人字缝都有明显的愈合痕迹，但冠状缝前囟段和中段均未完全愈合，人字缝前段和中段也未完全愈合，因此根据上面吴汝康等制定的标准判断其年龄在 28 ~ 36 岁之间，为壮年人。

三　牙齿

牙齿是人体中最为坚固的一个部分，包含有十分丰富的体质信息。其不仅能提供有关口腔卫生和年龄的相关信息，而且也可以帮助了解个体的遗传特征、饮食结构和营养状况。由于此墓地出土人骨样品量少，仅研究牙齿磨损程度及年龄判断，同时也进行了牙齿病理分析。

1. 牙齿磨损

根据 Smith，B. H.（1984）制定的牙齿磨损程度 8 级标准[5]，此两个体的牙齿磨损程度分别如下：

表三　　　　　　　　　　　　　　　　**M43 和 M44 牙齿磨损程度得分**

	I1	I2	C	P1	P2	M1	M2	M3	I1	I2	C	P1	P2	M1	M2	M3
	左上								右上							
M43		2.5	3	2	2	3	2	–			3.5	3	3	4	3	–
M44				4	4	4	3	3		5	5	4	4	4	3	–
	左下								右下							
M43						3	2							3.5		–
M44	6	5	5	4	4	4	3	3	6	5	5	4	4	4	3	2.5

注：从 1 分到 8 分磨损程度增加；表格中空白的为牙齿因死后脱落缺失；"－"表示此牙齿未萌出。

M43 的磨损程度较轻微，其保存下来的 14 颗牙齿的平均磨损程度仅为 2.8 级。M44 的磨损程度显然比 M43 重一些，其保存下来的 28 颗牙齿平均磨损程度为 4.1 级。

根据 Miles（1963）制定的由牙齿磨损程度鉴定年龄标准[6]，M43 的平均年龄可能在 21.57 岁左右。其第三臼齿仅一颗萌出，为左下 M_3，其余均未萌出也显示出其处于刚成年不久阶段。M44 的第三臼齿除右上 M^3 未萌出之外，其余均已萌出且咬合面均有一定程度的磨损，根据标准推算，其平均年龄可能在 27.45 岁左右。根据 Brothwell（1981）制定的由牙齿磨损程度鉴定年龄段标准[7]，M43 的年龄范围落在 17 ~ 25 岁之间，M44 的年龄范围落在 25 ~ 35 岁之间。因此 M43 和 M44 利用牙齿磨损程度和利用头骨骨缝愈合程度鉴定年龄的结论基本一致。

2. 牙齿病理

此两个个体的牙齿病理较少。仅 M43 右上 M^1 罹患龋齿，且是磨牙咬合面龋，浅龋。

M44 下颌骨存在舌侧外生骨疣（LME），但仅有轻微的骨质突出，根据凯特（Pechenkina：2002）

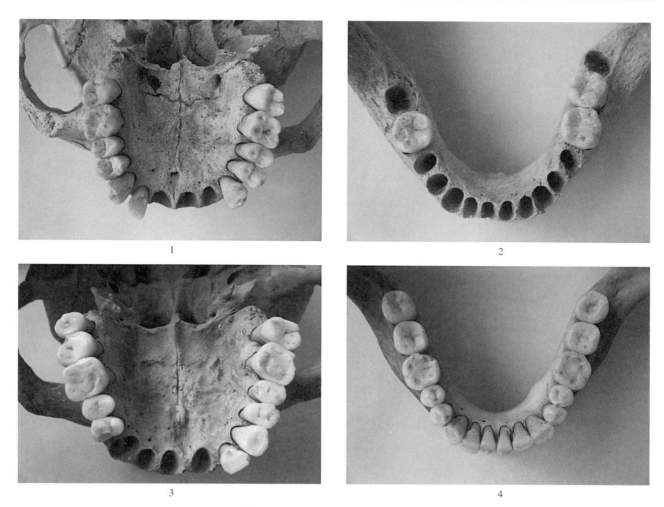

图二　M43 和 M44 的上、下颌牙齿
1、2. M43　3、4. M44

的标准划分[8]，其严重程度仅为稍显。

　　M44 牙齿上牙垢较多，唇侧牙垢有左下齿 I_1、I_2、C、PM_1，左上齿 PM^1、M^2。舌侧牙垢有左下 I_2、PM_2、M_2、右下 C、PM_1、PM_2、M_2、M_3，左上 PM^1、PM^2、M^1、M^2，右上 I^2、C、PM^1、M^1、M^2。齿间牙垢有左上 PM^1、M^1，右上 I^2。按照《Standards》（Buikstra：1994）上的牙垢观察标准[9]，严重程度均为 1 级。

　　这里需要注意一个有趣的现象，就是表 3 中 M44 的臼齿（特别是 M1）和前臼齿的磨损程度明显低于其前面的门齿和犬齿，而 M43 的臼齿 M1 的磨损程度则和前部牙齿一致甚至稍高一些。M43 的牙齿磨损状况比较趋向于正常，而 M44 则怀疑可能存在前部牙齿使用频繁甚至用其前部牙齿作为工具而造成的前部牙齿磨损严重。

四　头骨上的非测量性形态特征

　　非测量性状是难以用测量值的大小来表示的项目，因此又被称为观察项目，这些特征只能按照国际通用的观察标准，用形容词描述的方式来加以区别。通常非测量性状的观察又可分为连续性形态特征的观察与非连续性形态特征的观察两种，前者是指具有多个分级或分型的非测量性状，后者是针对其中某些性状不具有多级分类的条件，只适合用"存在"或者"缺失"来表示，亦称"头骨小变异"。

1. 非连续性形态特征

根据《Standards》（Buikstra：1994）列出的观察标准，两个头骨上存在的非连续性形态特征见表四。

表四					M43 和 M44 头骨上的遗传特征
	M43		M44		注　释
	左	右	左	右	
额中缝	0		0		0 = 不存在；1 = 部分存在；2 = 完全存在；9 = 缺失或无法看见
眶上切迹	1	1	1	1	0 = 不存在；1 = 存在，< 1/2 被骨针闭合；2 = 存在，> 1/2 被骨针闭合；3 = 存在，闭合程度不知；4 = 多个切迹；9 = 缺失或无法看见
眶上孔	0	0	0	0	0 = 不存在；1 = 存在；2 = 多个孔；9 = 缺失或无法看见
眶下缝	2	2	2	2	0 = 不存在；1 = 部分存在；2 = 完全存在；9 = 缺失或无法看见
眶下孔	0	0	2	0	0 = 不存在；1 = 一个孔被骨刺部分分隔；2 = 两个孔；3 = 多于两个孔；9 = 缺失或无法看见
颧面孔	3ª	2	4	3	0 = 不存在；1 = 一个大孔；2 = 一个大孔加一个小孔；3 = 两个大孔；4 = 2 个大孔加一个小孔；5 = 一个小孔；6 = 多个小孔；9 = 缺失或无法看见
顶骨孔	1	0	1	1	0 = 不存在；1 = 存在，在顶骨上；2 = 存在，在矢状缝上；9 = 缺失或无法看见
翼上骨	0	1	0	0	0 = 不存在；1 = 存在；9 = 缺失或无法看见
冠状缝间骨	0	0	0	0	0 = 不存在；1 = 存在；9 = 缺失或无法看见
前囟骨	0		0		0 = 不存在；1 = 存在；9 = 缺失或无法看见
矢状缝间骨	0		0		0 = 不存在；1 = 存在；9 = 缺失或无法看见
人字点骨	0		0		0 = 不存在；1 = 存在；9 = 缺失或无法看见
人字缝间骨	0	0	0	0	0 = 不存在；1 = 存在；9 = 缺失或无法看见
星点骨	0	0	1	1	0 = 不存在；1 = 存在；9 = 缺失或无法看见
枕乳突缝间骨	0	0	1	0	0 = 不存在；1 = 存在；9 = 缺失或无法看见
顶切迹骨	0	0	1	1	0 = 不存在；1 = 存在；9 = 缺失或无法看见
印加骨	0		0		0 = 不存在；1 = 一个完整的；2 = 分成两块的；3 = 分成三块的；4 = 部分存在；9 = 缺失或无法看见
髁管	1	1	0	0	0 = 不显著；1 = 显著；9 = 缺失或无法看见
分割的舌下神经管	0	0	3	0	0 = 不存在；1 = 在表面部分分割；2 = 在管内部分分割；3 = 在表面完全分割开的；4 = 在管内完全分割开的；9 = 缺失或无法看见

续表

	M43		M44		注　释
	左	右	左	右	
上矢状窦的折向	9		9		1 = 右；2 = 左；3 = 左右分叉；9 = 缺失或无法看见
不完全的卵圆孔	1	1	0	0	0 = 不存在；1 = 部分成孔；2 = 完全不成孔形；9 = 缺失或无法看见
不完全的棘孔	0	0	0	0	0 = 不存在；1 = 部分成孔；2 = 完全不成孔形；9 = 缺失或无法看见
翼棘桥	0	1	2	1	0 = 不存在；1 = 仅有骨刺；2 = 部分成桥形；3 = 桥形完成；9 = 缺失或无法看见
翼蝶桥	0	0	0	0	0 = 不存在；1 = 仅有骨刺；2 = 部分成桥形；3 = 桥形完成；9 = 缺失或无法看见
鼓室开裂	0	0	0	0	0 = 不存在；1 = 有裂孔；2 = 完全开裂；9 = 缺失或无法看见
耳道外生骨疣	1	2	2	9	0 = 不存在；1 = <1/3 耳道闭合；2 = 1/3~2/3 耳道闭合；3 = >2/3 耳道闭合；9 = 缺失或无法看见
乳突孔　位置	1	4	4	4	0 = 不存在；1 = 在颞骨上；2 = 在骨缝上；3 = 在枕骨上；4 = 骨缝和颞骨上都有；5 = 枕骨和颞骨上都有；9 = 缺失或无法看见
乳突孔　数量	1	2	2	3	0 = 不存在；1 = 1；2 = 2；3 = 多于2个；9 = 缺失或无法看见
颏孔	1	1	1	1	0 = 不存在；1 = 1；2 = 2；3 = 多于2个；9 = 缺失或无法看见
下颌圆枕	0	0	1	1	0 = 不存在；1 = 可以触到但不明显；2 = 稍显，高 2~5mm；3 = 显著，高度 > 5mm；9 = 缺失或无法看见
下颌舌骨桥　位置	0	0	0	0	0 = 不存在；1 = 近下颌孔；2 = 在下颌舌骨沟中部；3 = 有裂孔；4 = 无裂孔；9 = 缺失或无法看见
下颌舌骨桥　程度	0	0	0	0	0 = 不存在；1 = 部分成桥形；2 = 完全成桥形；9 = 缺失或无法看见

2. 连续性形态特征

根据吴汝康等在《人体测量手册》（1984）制定的头骨观察标准[10]，此两头骨的连续性形态特征如下：

M43 颅骨为卵圆形，无额中缝，颅顶形状为圆穹式，在前囟点处有少量矢状脊，无缝间骨，矢状缝前段和顶孔段为微波型，顶段和后段为深波型，颅侧壁为弧形外凸；眉间突度稍显，眉弓范围等于 1/2，眉弓凸度稍显；鼻骨轮廓和鼻根点凹陷均为 2 级，鼻骨中部缩狭，鼻额缝和额颌缝形状为弧形上凸；眶形为椭圆形，眶口形状为敞开形，眶口前倾；梨状孔形状为梨形，梨状孔下缘呈钝型，鼻前棘稍显；颧骨缘结节弱；犬齿窝凹陷中等；枕外隆突中等，乳突中等；左翼区为 H 型，右翼区为 X 型；左上外侧门齿为非铲形。

M43 眉间突度稍显、眉弓凸度稍显、鼻根点凹陷和鼻梁冠状隆起均为 2 级、眶腔呈敞开形、鼻前棘稍显、犬齿窝不深等均倾向于蒙古人种特征。

M44 颅骨为卵圆形，无额中缝，颅顶形状为圆穹式，矢状脊存在于 1/3 矢状缝，无缝间骨，矢状缝前段、顶段和后段均为深波型，仅顶孔段为锯齿形，颅侧壁为弧形外凸；眉间突度特显，眉弓范围大于 1/2，眉弓凸度粗壮；鼻骨轮廓为 3 级，鼻根点凹陷为 4 级，鼻骨中部缩狭，鼻额缝和额颌缝形状为弧形上凸；眶形为椭圆形，眶口形状为敞开形，眶口前倾；梨状孔形状为梨形，梨状孔下缘呈钝型，鼻前棘稍显；颧骨缘结节弱；左犬齿窝凹陷浅，右中等；枕外隆突显著，乳突大；左右翼区均为 H 型；上门齿缺失。

　　M44 眉间突度特显、眉弓凸度粗壮、鼻根点凹陷 4 级、鼻梁冠状隆起 3 级、眶口前倾等较趋向欧罗巴人种特征。而其眶腔呈敞开形、鼻前棘稍显、犬齿窝不深等较倾向于蒙古人种特征。

五　头骨测量和人种特征

1. 头骨测量数据

　　M43 和 M44 的颅骨测量主要依据吴汝康等、邵象清和韩康信的有关著述[11]。表五为具体测量数据，表六和表七为指数计算。

表五　　　　　　　　　　　　　　　颅骨测量项目数据

（单位：毫米、度）

马丁号	项目		M43	M44	马丁号	项目		M43	M44
1	颅最大长（g - op）		173	173.4	2	颅长（g - i）		167	167
8	颅宽（eu - eu）		142	144.6	72	总面角（n - pr - FH）		85	88
5	颅底长（enba - n）		103.5	96.5	73	鼻面角（n - ns - FH）		94	96
40	面底长（pr - enba）		96.5	95.3	74	齿槽面角（ns - pr - FH）		62	70
9	额最小宽（ft - ft）		97.5	88	32	额侧面角（m - g - FH）		77	72
10	额最大宽（co - co）		124	119.6		额侧面角（m - n - FH）		81	78
11	耳点间宽（au - au）		130.7	124.8		前囟角（b - g - FH）		43	48
12	星点间宽（ast - ast）		105	115		前囟角（n - b - FH）		46	51
17	颅高（ba - b）		130.5	125.2	75	鼻梁侧面角（n - rhi - FH）		66.5	64
18	颅高（ba - v）		130.3	125		额角（m - g - op）		78	71
21	耳上颅高		112	111.3	77	鼻颧角（fmo - n - fmo）		142	144
	耳上颅高（b）		112.5	111.5		颧上颌角（zm₁ - ss - zm₁）		141	132
47	全面高（n - gn）		114	116.2		颧上颌角（zm - ss - zm）		137	128
48	上面高（n - sd）		69.15	68.5		颧颌间点高（zm - ss - zm）		19	22.45
	上面高（n - pr）		65.25	63.75	75（1）	鼻骨角		15	23
45	颧宽（zy - zy）		140	138.75	57（1）	鼻孔高		9	32.2
55	鼻高（n - ns）		50.75	48	57（2）	鼻骨上宽		9.85	11.2
54	鼻宽		25.15	23.3	57（3）	鼻骨下宽		16.5	17
52	眶高	左	35.5	31		鼻骨长（n - rhi）	左	残	24.3
		右	36.55	31			右	20.5	26.35
51	眶宽（mf - ec）	左	42.55	41		颧骨高	左	44	47.3
		右	45	40.25		（MH. zm - fmo）	右	45.5	44.75

马丁号	项目		M43	M44	马丁号	项目		M43	M44
51a	眶宽（d－ec）	左	39	35		颧骨宽（MB'. zm－rim. orb.）	左	21.75	25.8
		右	39.15	38			右	24.25	26.3
60	上齿槽弓长		53.3	52.5		鼻骨最大高		5.75	8
61	上齿槽弓宽（ecm－ecm）		61.35	63.55		鼻尖高（SR）		23	20.65
50	眶间宽（mf－mf）		18	17.2		眶中宽（O_3）		60.35	52.4
	鼻梁至眶间宽的矢高		6.35	8.55		中部面宽（$zm_1－zm_1$）		95	97.55
57	鼻骨最小宽（SC）		7.5	8.55		颧上颌高（$zm_1－ss－zm_1$）		17	21.8
	鼻骨最小高（SS）		3.35	6	49a	眶间宽（d－d）（DC）		20.5	18.45
43	上部面宽（fmt－fmt）		104	103.45		鼻梁至眶间宽矢高（DS）		12.45	15
43（1）	两眶内宽（fmo－fmo）		96.4	95.2	46	中部面宽（zm－zm）		96	92.45
	鼻根点至两眶内宽矢高		16.5	15.6		颧上颌高（sub. zm－sd）		28	29.3

表六   **M43 颅骨测量指数分析**

项目	数据	类型	项目	数据	类型
颅指数 8：1	82	圆颅型	颧颌突指数 43_1：46	100.42	
颅长高指数 17：1	75.43	高颅型	颅长耳高指数 21：1	64.74	高颅型
颅宽耳高指数 21：8	78.87	低颅型	鼻根指数 SS：SC	44.67	
颅宽高指数 17：8	91.9	低颅型	上面扁平指数	17.12	扁平中等
鼻指数 54：55	49.56	中鼻型	中面扁平指数	19.79	中面扁平
颅面宽指数 45：8	98.59		垂直颅面指数 48：17	52.99	
全面指数 47：45	81.43	阔面型	上面指数 48：45	49.39	阔上面型
中面指数 48：46	72		眶间宽指数 DS：DC	60.73	
额宽指数 9：8	68.66	中额型	眶指数 I'52：51 左	83.43	中眶型
面突指数 40：5	93.24	平颌型	齿槽弓指数 61：6	115.1	短颌型

表七   **M44 颅骨测量指数分析**

项目	数据	类型	项目	数据	类型
颅指数 8：1	83.39	圆颅型	颧颌突指数 43_1：46	102.97	
颅长高指数 17：1	72.2	正颅型	颅长耳高指数 21：1	64.19	高颅型
颅宽耳高指数 21：8	76.97	低颅型	鼻根指数 SS：SC	70.18	
颅宽高指数 17：8	86.58	低颅型	上面扁平指数	16.39	扁平中等
鼻指数 54：55	48.54	中鼻型	中面扁平指数	24.28	扁平中等
颅面宽指数 45：8	95.95		垂直颅面指数 48：17	54.71	
全面指数 47：45	83.75	阔面型	上面指数 48：45	49.37	阔上面型

项目	数据	类型	项目	数据	类型
中面指数 48：46	74.09		眶间宽指数 DS：DC	81.3	
额宽指数 9：8	60.86	狭额型	眶指数 I'52：51 左	75.61	低眶型
面突指数 40：5	98.76	中颌型	齿槽弓指数 61：60	121.05	短颌型

2. 人种分析

将这两个颅骨的颅面测量数据与欧罗巴、蒙古和尼格罗三大人种的颅面测量特征进行比较。M43 颅骨，鼻指数 49.56，中等，落入蒙古人种的变异范围；鼻尖指数 38.11，中等，落入蒙古人种的变异范围；鼻根指数 44.67，中等，落入蒙古人种和尼格罗人种的变异范围；齿槽面角 62°，低，落入尼格罗人种变异范围；鼻颧角 142°，面部突出程度中等，落入尼格罗人种变异范围；上面高 69.15，中等，落入欧罗巴人种和尼格罗人种的变异范围；颧宽 140，高，落入蒙古人种的变异范围；眶高 35.50，高，落入蒙古人种的变异范围；齿槽弓指数 115.10，中等，落入蒙古人种和尼格罗人种的变异范围；垂直颅面指数 52.99，中等，落入三大人种的变异范围。

通过以上 10 项测量特征的比较，M43 颅骨有 7 项落入蒙古人种的变异范围，2 项落入欧罗巴人种的变异范围，6 项落入尼格罗人种的变异范围。测量结果与前述连续性形态特征的观察结果一致，M43 个体明显趋向蒙古人种类型特征。基本特征：圆颅、中鼻、阔面、中额、上面扁平中等、中面扁平明显、中眶、短颌、鼻尖高中等。

再将 M43 的数据与亚洲东部蒙古人种各地区类型的主要颅、面测量特征组间 18 个项目的变异范围进行比较。M43 与北蒙古人种组间差异的比较，有 8 项落入其变异范围，1 项趋向于其变异值；与东北蒙古人种组间差异的比较，有 8 项落入其变异范围；与东蒙古人种组间差异的比较，有 7 项落入其变异范围；与南蒙古人种组间差异的比较，有 10 项落入其变异范围。

由此看来，M43 个体颅长、颅宽、颅指数、上面高、上面指数、鼻颧角、总面角、眶指数、鼻指数和鼻骨角等 10 项均落入南蒙古人种的变异范围。因此 M43 在颅、面体质特征上更趋向于南蒙古人种类型。

M44 颅骨，鼻指数 48.54，中等，落入蒙古人种和欧罗巴人种的变异范围；鼻尖指数 39.41，中等，落入欧罗巴人种的变异范围；鼻根指数 70.18，高，趋向欧罗巴人种的变异范围；齿槽面角 70°，低，落入尼格罗人种变异范围；鼻颧角 144°，高，趋向蒙古人种的变异范围；上面高 68.5，中等，落入欧罗巴人种和尼格罗人种的变异范围；颧宽 138.75，高，落入蒙古人种和欧罗巴人种的变异范围；眶高 31，低，落入尼格罗人种的变异范围；齿槽弓指数 121.05，宽，趋向蒙古人种的变异范围；垂直颅面指数 54.71，高，落入蒙古人种的变异范围。

通过以上 10 项测量特征的比较，M44 颅骨有 5 项落入蒙古人种的变异范围，5 项落入欧罗巴人种的变异范围，3 项落入尼格罗人种的变异范围。此个体在连续性形态特征的观察上较倾向欧罗巴人种类型，而在测量项目上处于蒙古人种类型和欧罗巴人种类型的中间形态。基本特征：圆颅、中鼻、阔面、狭额、上面扁平中等、低眶、短颌、鼻尖高中等。

3. 与相关材料对比

M44 与 M43 尽管出土位置相近，但根据考古人员的研究，年代差异很大，人种特征研究上显示他们之间的个体差异也较大。M43 在观察项目上和测量项目上蒙古人种特征都比较明显。M44 在观察项目上欧罗巴人种特征较明显，但在测量项目上处于蒙古人种和欧罗巴人种类型的中间形态。这种情况在处于早期铁器时代的萨恩萨依墓地也有出现，如 M9 和 M50，特别是 M9 的情况更为类似[12]。与同为早期铁器时代的玛纳斯黑梁湾墓地出土的 2005MDHM2A[13] 和昌吉庙尔沟古墓出土的 08CMM1A[14] 相比，M44 和昌吉 08CMM1A 个体的欧罗巴人种特征要明显一些，而玛那斯 2005MDHM2A 则和 M43 相似，蒙古人种特征更为明显一些。昌吉 08CMM1A 个体的特征是特长颅型、阔额、特阔面、上面突出、低眶、阔鼻、高鼻尖，在颅型和上面突出程度上与 M44 有差异，鼻骨更窄小更高，更具有欧罗巴人种的特征。玛纳斯 2005MDHM2A 个体的特征是圆颅、狭鼻、中额、上面扁平、中眶、短颌、鼻尖高中等。与 M43 相比，其鼻指数低、鼻根指数高、上面高、扁平程度明显，属于北蒙古人种类型。另外，M44 的鼻根指数很大，这种情况在新疆地区也比较常见，且萨恩萨依墓地的 M9、M50 和昌吉 08CMM1A 个体的情况更为突出，其中萨恩萨依墓地的 M50 鼻根指数数值超过 80。

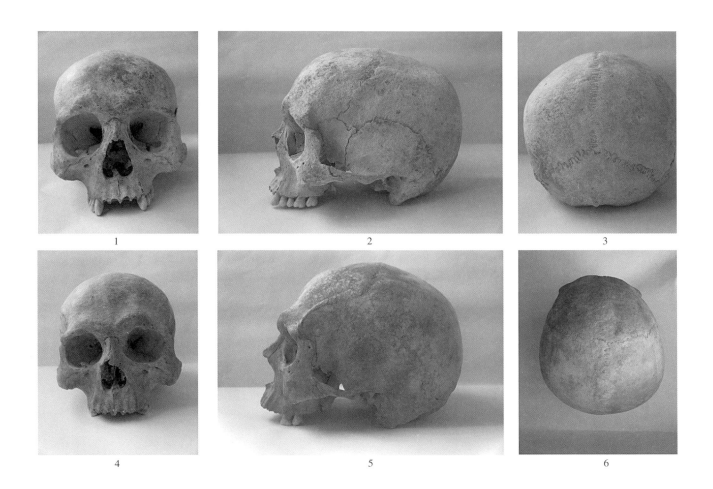

1   2   3

4   5   6

注　释

[1] 新疆文物考古研究所：《木垒县干沟墓地考古发掘报告》，《新疆文物》2011 年第 2 期。

[2] Buikstra，Jane and Ubelaker，Douglas（eds.）. Standards for Data Collection from Human Skeletal Remains：Proceedings of a Seminar at The Field Museum of Natural History organized by Jonathan Hass.［M］. Arkansas Archaeological Survey Research Series，Vol. 44，Arkansas Archaeological Survey，Fayetville，Arkansas. 1994：36.

[3] 同［2］。

[4] 吴汝康、吴新智、张振标：《人体测量方法》，北京：科学出版社，1984 年。

[5] Smith H. Patterns of molar wear in hunter‑gatherers and agriculturalist［J］Am. J. Phys. Anthropol.，1984，63：39‑56.

[6] Miles，A. *Dentition in the estimation of age.* Journal of Dental Research 1963 42：255‑263.

[7] Brothwell，D. R. *Digging up Bones.* 3rd ed. Cornell University Press，Ithaca. 1981.

[8] Pechenkina E.，Benfer R.. The role of occlusal stress and gingival infection in the formation of exostoses on mandible and maxilla from Neolithic China［J］. HOMO 2002 Vol. 53/2：112‑130.

[9] 同［2］。

[10] 同［4］。

[11] 韩康信、潘其凤：《新疆昭苏土墩墓古人类学材料的研究》，《考古学报》1987 年第 4 期。

[12] 付昶、王博：《乌鲁木齐萨恩萨依墓地出土人牙齿及骨损伤的研究》，《吐鲁番研究》。

[13] 付昶、王博：《玛纳斯黑梁湾墓地出土颅骨的人种学研究》，《新疆文物》。

[14] 付昶、王玲俊、王博：《昌吉庙尔沟古墓及出土颅骨的人种学研究》，《新疆文物》。

呼图壁县石门子墓地出土人骨研究报告

曹浩然　　陈靓

石门水库位于呼图壁县城西南约 80 公里的天山山谷之中。2008 年 7 月，新疆文物考古研究所对呼图壁县石门子水电工程施工区和淹没区的 36 座古代墓葬进行了抢救性考古发掘。位于河岸一级台地上的竖穴土坑墓、石室和石棺墓的年代大致相当于中原的春秋—战国时期（距今 2700～2200 年之间）；位于河岸二级台地上的个别石室墓的年代早到距今 3000 年以前。从地理环境和随葬器物分析，这是一份古代游牧民族的遗存[1]。石门子墓地头骨标本为研究新疆北部青铜—早期铁器时代古代居民的种族特征、生存状况提供了一份新的资料。

一　骨骼保存状况

石门子墓地采集的人骨不多，保存状况较差。经西北大学文化遗产学院考古人类学实验室整理的人骨标本共计 4 例个体。

M4：采集到残破颅骨和完整的左、右侧髋骨。颅骨保留双侧顶骨、额骨、部分枕骨、左侧颞骨鳞部、左、右侧上颌骨。下颌断为三段，可复原。牙齿除左侧 I_1，左右侧 I^1、I^2、上颌左 C 死后脱落外，其余牙齿均附着于齿槽窝内。上、下颌第三臼齿未萌出。

右侧髋骨耳状面后部、髂后上棘上部残损。左侧髋骨髂前上棘部分残损，耻骨支移行部腹侧面有破损。

M52：颅骨残破，其中额骨与双侧顶骨构成残片中最大的一片。左、右侧颞鳞、枕骨大孔及其周缘附近残缺、保留右侧上颌骨。下颌骨下缘已酥粉，并断为两段。下颌牙齿均在，右侧 M_3 已萌出，齿根未闭合，左侧 M_3 未萌出，齿槽中可见。下颌骨右侧 P_1、P_2 散落。采集到散落的上颌右侧 P^1、P^2。

M58：1，仅存左右髋骨和下端残损的骶骨。左右髋骨坐骨结节处残破。右侧髋骨耳状面上方残破，坐骨棘残破。髂骨翼中部通透性酥粉，右侧髂翼亦开始酥粉。骶骨下部残破，右侧第二骶孔残损，左侧第三骶孔残破，骶骨岬完好。

M58：2，颅骨残片若干。包括额骨、左顶骨、右顶骨、枕骨、左侧颞鳞、左右上颌骨残段、完整下颌骨。牙齿可见双侧 DM_1、DM_2，其中 M_1 未出龈，齿槽中可见。由于 DI_1 脱落，可见右侧 I_1 于齿槽中，未发育成熟。上颌可见双侧 DM^1。另保留有右侧髂骨一块。

二　骨骼的性别与年龄

采集的 4 例人骨中，男性 1 例，女性 2 例，儿童 1 例。性别、年龄的判断标准参照吴汝康[2]、邵象清[3]及朱泓[4]在相关著述中的论述。

M4：颅骨眉弓中等，眶上缘厚钝，边侧较锐薄。鼻根点凹陷较深，牙齿较大，乳突中等，下颌骨下颌角较小，小于 120°。颏部方形，齿弓宽阔而圆。额骨额鳞下部平直，上部向后上弯曲。颅骨膨隆显著。髋骨上耻骨支移行部呈三角形，耻骨结节距联合面较近较圆钝，耻骨下角较小。坐骨耻骨支粗壮，外翻不明显，耻骨联合较高，闭孔较大，近卵圆形，内角较钝。坐骨大切迹窄而深，无耳前沟，髂翼较高而陡直，骨盆腔较高较小。虽然该个体颅骨上体现出部分属于女性的性别特征，但是从髋骨上的性别特征看，具有较为明显的男性标志。

M4 的年龄特征从耻骨联合面上的隆嵴看，仅剩痕迹。联合面背侧缘已经形成，腹侧缘正在形成，联合面凸出。磨耗程度第四期，年龄在 24～26 岁。下颌左右第一臼齿齿尖大部分磨去，齿质点暴露，磨耗等级Ⅲ级，齿龄在 30 岁左右，从牙齿磨耗程度判断年龄略大于耻骨联合面磨耗。

M52：颅骨整体较小较轻，骨壁较薄，眉间突度不显，眉弓发育较弱，额部平直。鼻根点凹陷较浅。眼眶从残存的上段走势看较圆，眶上缘锐薄。牙齿较小，颧弓纤细，乳突较小。下颌体与下颌联合较低，颏部较圆，头骨的性别特征显示为一例女性特征明显的个体。

M52 的年龄标志主要依据牙齿磨耗的程度判断，她的下颌第一臼齿齿尖磨平，咬合面中央凹陷，磨耗等级Ⅱ级。右侧 M_3 尚未萌出。下颌门齿齿冠切缘釉质磨平，磨耗等级Ⅰ级，年龄在 20 岁左右。

M58:1，头骨残片上性别特征不明显。骨盆整体较轻，骨盆入口横径大于纵径，骨盆腔浅而宽。耻骨结节锐利，靠近耻骨联合。耻骨弓夹角较大，坐骨耻骨支外翻明显，耻骨联合低。坐骨大切迹宽，深浅中等。髂骨上部略向外张开，髂翼较薄，未见耳前沟。骶骨较宽，上部曲度较小。骶骨岬不显著。骶骨底部第一骶椎上关节面小。耻骨联合面下端之耻骨下支内侧缘有一锐薄的骨嵴。耻骨支移行部呈方形。似为一女性个体。整个骨盆均出现骨质酥松现象。联合面稀疏多孔，背侧缘向后扩张显著。年龄在 60 岁左右。

M58:2，前囟未完全愈合。下颌右侧 DM_2 已出龈，未出齐齿列。双侧 DM_1，左侧 DM_2 都已出齐齿列，上颌双侧 DM^1 出齐齿列，齿根未完全闭合，其余牙齿未见。年龄在 1.5 岁。

三　骨骼上的病理现象

1. 口腔疾病

M4 下颌右侧 C、P_1 齿根暴露约 1/2，患轻度牙周病。人类的上、下颌一般牙量与骨量相当，但 M4 下颌骨牙量超过骨量。右侧 I_1 向前倾斜，右侧 I_2 略向后倾斜。右侧 I_1 部分齿冠遮挡住右侧 I_2。左侧 I_2 略向后倾斜（图一）。下颌齿列稍显不齐。上颌右侧犬齿向前倾斜，使其齿根暴露较多。

M52 下颌左 I_1、I_2、C 齿冠中部有矢状裂缝，并伴有表面釉质损伤，可能与生前受伤有关，如跌

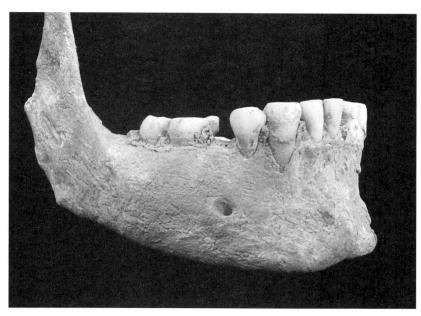

图一　M4 前牙齿列不齐

倒、器物砍砸等。

　　4 例个体虽然属于不同年龄、不同性别，但是无一例罹患龋齿病。

2. 功能压力

　　M4 左侧髋骨髂前上棘处有两处骨赘，呈扁平锐状向前突出，可能与骨盆腔较小，承重的"功能压力"有关[5]。

　　M58：1 左、右髋骨髂后下棘处有骨赘，骨赘由耳状面后缘向后延伸，可能是为了适应"久坐久卧"的功能压力有关（图二）。

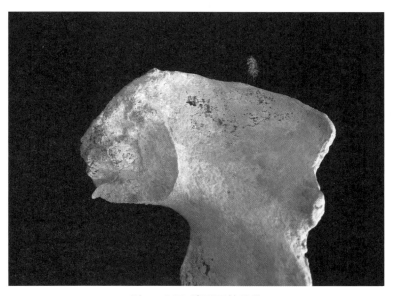

图二　M58 髂后下棘骨赘

3. 老年性退行性变化

标本 M58：1 耻骨联合面腹侧缘有很多凸起的骨赘，呈焦渣状（图三）。耻骨联合面异常平坦，似刀切状。表面有层钙化的光滑面。密集分布粟粒样小孔（图四）。这些都可能与年老后久坐不动或长期卧床不活动而发生的退行性变化有关。

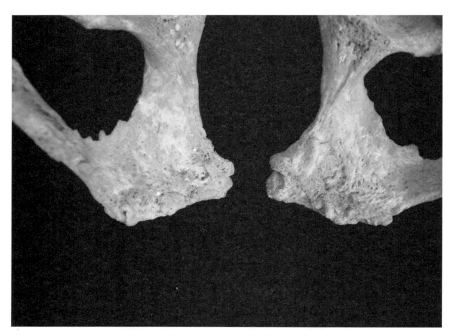

图三　M58 腹侧缘骨赘

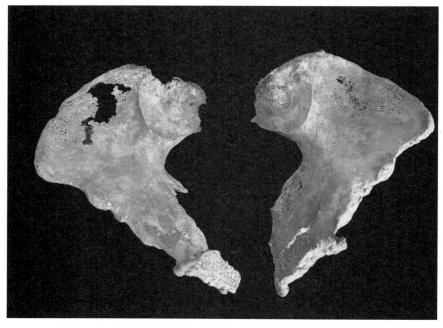

图四　M58 平坦的耻骨联合面

4. "眼窝筛"

又称眶顶板筛孔样病变（cribra orbitalia），是一种发生于眼眶顶板靠前部的多孔状病变，可能和低水平营养以及不良卫生状况诱发的缺铁性贫血有关[6]。M52 双侧眼眶上顶板前部出现密集分布细小筛孔（图五）。

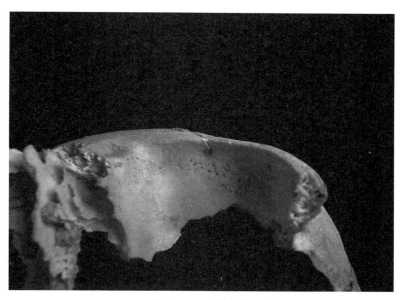

图五　M52 眼窝筛

四　头骨非测量性形态特征

采集的 4 例人骨中，只有 M4 和 M52 可进行头骨非测量性形态特征观察，记述如下：

M4：颅形卵圆形，眉弓突度中等，眉间突度中等，眉弓范围等于整个眶上缘 1/2。前额平直。颅顶缝前囟段深波形，顶段、顶孔段、后段为微波形。乳突中等，枕外隆突中等。犬齿窝深，鼻根凹陷深，鼻梁直型，鼻骨 I 型。颧骨上颌骨下缘缺乏明显的转折。顶孔左右全。矢状嵴弱，无额中缝，下颌颏形方形，颏隆突发达。下颌角区直形，颏孔位置在 P_2 位，无下颌圆枕，属于非"摇椅"型下颌。

M52：颅形卵圆形，眉弓突度弱，眉弓范围小于整个眶上缘 1/2，前额中等倾斜，颅顶缝前囟段、顶段、顶孔段是锯齿形，后段为深波形。乳突小，眶形圆形。犬齿窝显著，鼻根凹陷浅，鼻梁凹凸型，鼻骨 II 型。颧骨上颌骨下缘缺乏明显的转折。顶孔左右全。矢状嵴弱，无额中缝，颏形圆形，颏孔位置在 P_1P_2 位，无下颌圆枕。

五　测量项目及种族特征分析

由于 M4 和 M52 头骨保存状况较差，仅有少数项目可以测量。以下从很少的测量数据结合非测量性形态观察来分析石门子古代居民的人种特征。

　　M4：颅长（1）为171毫米，颅宽（8）为140毫米，颅指数（8:1）为81.87，属于短颅型。鼻最小宽（SC）为9毫米，鼻最小宽高（SS）为4.7毫米，鼻根指数（SC:SS）为54.44，赤道人种的鼻根指数在20～45之间，蒙古人种的鼻根指数在31～49之间，欧亚人种的鼻根指数在46～53之间，M4的数值落入欧亚人种的范围内。鼻颧角为144度，赤道人种的鼻颧角值在140～142度之间，亚美人种在145～149度之间，欧亚人种约135度左右，M4的鼻颧角值接近亚美人种，表明其上面部在水平方向上扁平程度中等。从观察项目看，M4犬齿窝较深，颧骨比较低、窄，颧骨上颌骨下缘较圆钝。鼻根点凹陷深，鼻梁高且直。无下颌圆枕、矢状嵴。下颌颏隆突发达，这些特征都表明该个体很可能为欧亚人种，也不排除含有某些短颅的北亚蒙古人种因素的混杂（图六—图九）。

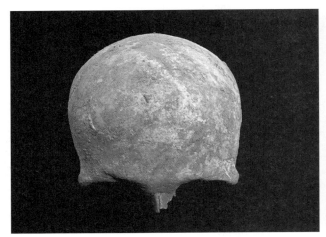

图六　M4正面观

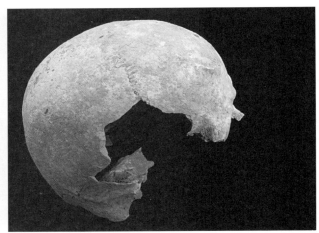

图七　M4侧面观

图八　M4后面观

图九　M4顶面观

　　M52为一女性，犬齿窝显著，颧骨较低而窄，颧骨下颌骨转角圆钝。鼻梁较高较直，无下颌圆枕和矢状嵴。鼻颧角较小，测量为140，接近欧亚人种鼻颧角的测量值，表现出部分的欧罗巴人种特征，但是其较弱的眉弓和眉间突度，较浅的鼻根凹陷又具有蒙古人种的因素，可能为一例欧罗巴人种与蒙古人种的过渡类型——南西伯利亚类型个体（图一〇—图一三）。

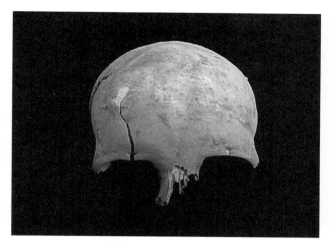

图一〇　M52 正面观

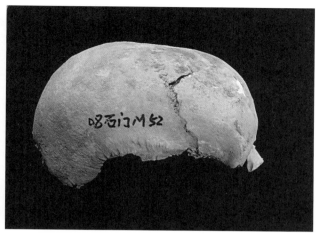

图一一　M52 侧面观

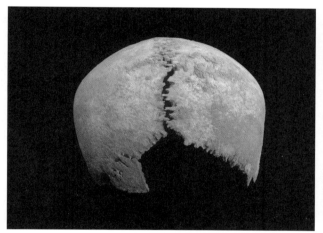

图一二　M52 后面观

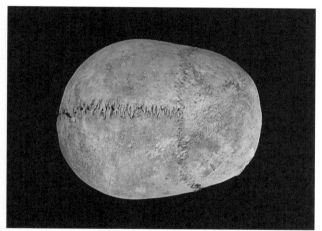

图一三　M52 顶面观

六　小结

根据上述分析，呼图壁县石门子墓地采集的人骨可以得出以下几点初步的结论：

1. 从现有材料看，呼图壁石门子先民很可能属于欧亚大人种以及与蒙古人种的混合类型。由于颅骨破损无法修复，很多测量性指标无法获得，小人种类型有待进一步确认，从 M4 较短的颅型看，可能与中亚—两河类型的人群有更密切的关系。

2. 在口腔卫生方面，患牙周炎，但是未见龋齿，这可能与他们的饮食结构中食用较多动物性食物，较少食用含淀粉多的植物性食物有关。从中可以推测石门子古代居民生计方式应该是以畜牧为主。

3. "眼窝筛"的出现可能和低水平营养以及不良卫生状况诱发的缺铁性贫血有关。M4 和 M52 均死于青年，说明石门子先民的生存条件充满艰辛。但是 M58：1 的年龄达到 60 岁左右，也反映出该地区生活的先民有一定的生存保障。

4. M58：1 耻骨联合面和耳状面的退行性变化说明了年老后久坐不动或长期卧床不活动。该个体的存活为我们描述出石门子先民相互照顾、分享劳动成果的生活场景。

附记：本研究成果受到 2013 年国家社科基金"青铜—早期铁器时代西北地区居民牙齿骨骼病理研究"项目经费的资助。

注　释

[1] 新疆文物考古研究所：《呼图壁县石门子墓地发掘简报》，《新疆文物》2013 年第 2 期。

[2] 吴汝康等：《人体测量方法》，科学出版社，1984 年。

[3] 邵象清：《人体测量手册》，上海辞书出版社，1985 年。

[4] 朱泓：《体质人类学》，高等教育出版社，2004 年。

[5] 李法军：《中国北方地区古代人骨上所见骨骼病理与创伤的统计分析》，《考古与文物》增刊（先秦考古）2002 年，第 361～366 页、第 375 页。

[6] Steinbock，R. T.（1976）：Palepathological Diagnosis and Interpretation，Charles c Thomas . Publisher，Springfield. Ⅱ - linois. U S A；铃木隆雄：《骨から見た日本人—古病理学が語る歴史》，东京：株式会社论讲谈社，1998 年。

1. 房址全景

木垒县干沟遗址

1. 东剖面

2. 灶

干沟遗址

1. 南区石墙

2. 灰坑（H2）

干沟遗址

1. 铜泡（T6③：1）

2. 附加堆纹（H2：22）

3. 高领罐（T5④：3）

4. 器耳（T3③：1）

5. 束颈罐（T8③：7）

干沟遗址出土铜器、陶器

2. 石杵（T5④：10）

1. 骨器（H3：1）　　　　　　3. 砍砸器（北区C：30）

4. 石球（T5④：9）

干沟遗址出土骨器、石器

1. 大石片（北区C：4）

2. 刮削器（南区C：21）

3. 石核石器（T5④：9）

4. 石核（北区C：35）

5. 小石片（北区C：24）

6. 小石片（北区C：31）

干沟遗址出土石器

1. 发掘墓葬全景

2. M53地表封堆

木垒县干沟墓地

1. M05墓室

2. M06墓室

干沟墓地

1. M23墓室

2. M25墓室

3. M31墓室

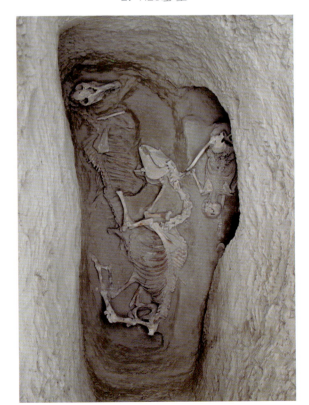

4. M32墓室

干沟墓地

1. M35墓室

2. M42墓室

干沟墓地

1. M43墓室

2. M43铜带扣出土情况

干沟墓地

1. M44墓室

2. M53墓室

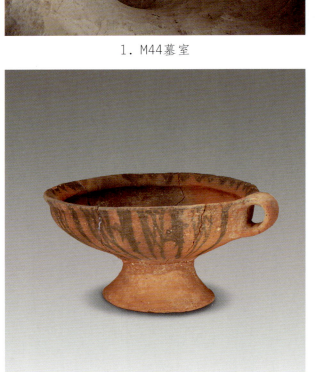

3. 单耳彩陶豆（M31：2）

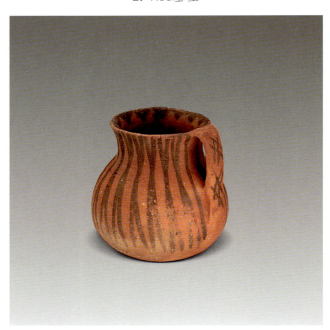

4. 单耳彩陶罐（M31：1）

干沟墓地出土陶器

1. 单耳彩陶罐（M53：1）

2. 马鞍形石磨盘（M06：2）

3. 石斧（M32：10）

4. 铁马镫（M43：14）

干沟墓地出土陶器、石器及铁器

1. 铁刀（M44：1）

2. 铁镞（M42：2）

3. 铜带具（M43）

干沟墓地及出土铁器、铜器

1. 二工河水库墓地全景

吉木萨尔县二工河水库墓地

图版一六

1. M17地表封堆

2. M2墓室

二工河水库墓地

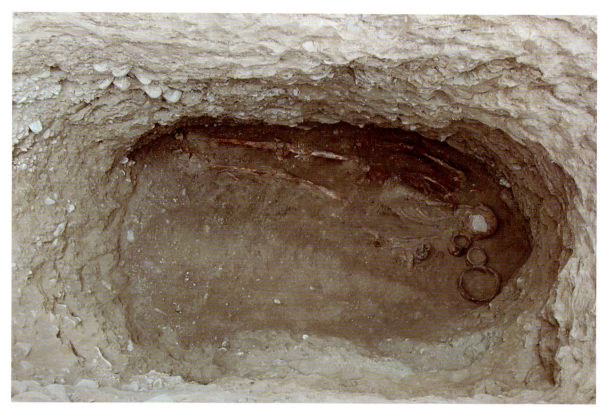

1. M3墓室

2. M6墓室

二工河水库墓地

1. M7墓室

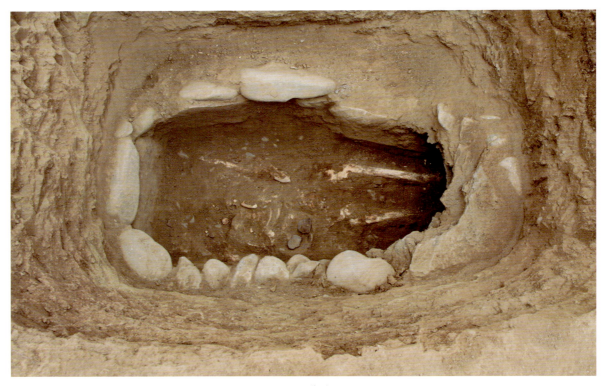

2. M8墓室

二工河水库墓地

1. M14墓室

2. M18墓室

二工河水库墓地

1. M24墓室

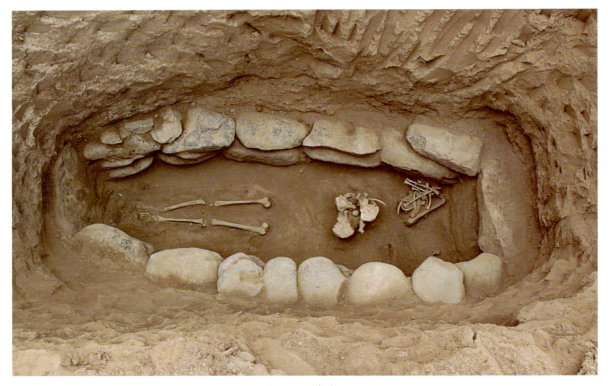

2. M27墓室

二工河水库墓地

1. M29墓室

2. 陶杯（M1∶1）

3. 陶钵（M3∶1）

4. M陶钵（M3∶2）

5. 陶罐（M3∶3）

二工河水库墓地及出土陶器

1. 陶杯（M3：4）

2. 陶瓶（M6：1）

3. 陶杯（M6：2）

4. 陶钵（M6：3）

5. 陶杯（M10：1）

6. 陶罐（M24：1）

7. 陶杯（M24：2）

二工河水库墓地出土陶器

1. 铜耳环（M2：1）

2. 铜耳环（M16：2）

3. 铜带扣（M19：1）

4. 铜饰（M37：2）

5. 铜饰（M19：7）

二工河水库墓地出土铜器

1. 铜饰（M40：1）

2. 铜饰（M43：1）

3. 铜戒指（M43：2）

4. 铜饰（M44：1）

二工河水库墓地出土铜器

1. 弓弭（M17：1）

2. 弓弭（M33：1）

3. 骨饰（M17：3）

4. 骨器（M19：3）

二工河水库墓地出土骨器

1. 铁马镫（M19：6）

2. 眉笔（M27：1）

3. 珠子（M32：1）

二工河水库墓地出土铁器、石器

1. 双耳罐（M2：1）

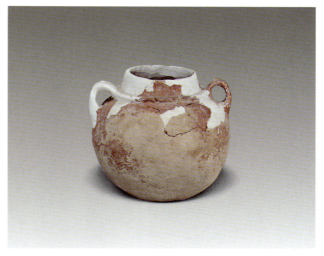

2. 双耳罐（M5：2）

3. 双耳罐（M6：1）

4. 陶杯（M2：3）

5. 单耳罐（M6：2）

6. 陶壶（M5：3）

吉木萨尔县大龙口古墓葬出土陶器

1. 单耳罐（M5：4）

2. 单耳罐（M5：5）

3. 陶钵（M4：4）

4. 铁刀（M5：6）

大龙口古墓葬出土陶器、铁器

1. 蚀花料珠（M5：7）

2. 银耳环（M5：9）

3. 三棱铜镞（墓地采集）

4. 双翼铜镞（墓地采集）

大龙口古墓葬出土石器、银器及铜器

1. 墓地局部

2. M2墓口填石与双耳罐

阜康市白杨河墓地

1. M2墓室

2. M16墓道及墓室

3. M19墓道及墓室

白杨河墓地

1. M21墓室

2. M22地表（北向南）

白杨河墓地

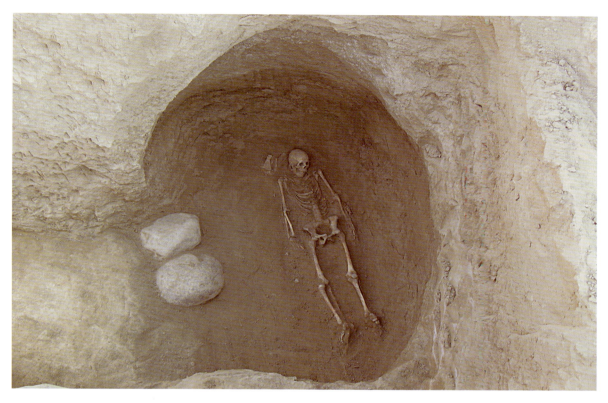

1. M22人骨

2. M23偏室封石

白杨河墓地

1. M25墓室

2. M30偏室封石

3. M35地表石围

4. M30墓室

白杨河墓地

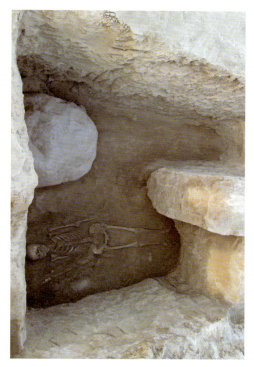

1. M35墓室

2. M37-1

3. M37-2

白杨河墓地

1. M45墓室

2. M46墓室

白杨河墓地

1. M47墓室

2. M4墓室

白杨河墓地

1. 双耳罐（M2：1）

2. 双耳罐（M11：1）

3. 陶杯（M45：1）

4. 陶钵（M27：3）

5. 单耳带流罐（M2：2）

6. 单耳罐（M2：3）

白杨河墓地出土陶器

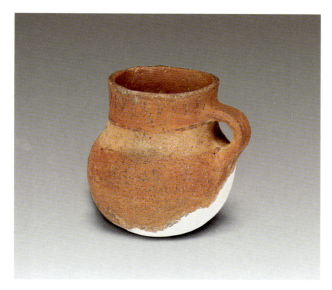

1. 单耳罐（M45：3）

2. 单耳罐（M46：1）

3. 筒形杯（M46：2）

4. 单耳罐（M45：2）

5. 铜带扣（M36：4-1）

白杨河墓地出土陶器、铜器

1. 铜戒指（M36：6）

2. 铜手镯（M36：7）

3. 铜刀柄（M37：4）

4. 银耳饰（M4：1）

5. 弓弰残片（M25：1）

6. 铁镞（M36：1-1）

白杨河墓地出土铜器、银器、骨器及铁器

1. 墓地全景

阜康市臭煤沟墓地

1. M2上层人骨

2. M3人骨

臭煤沟墓地

1. M3下层人骨

2. M4人骨

臭煤沟墓地

1. M5石棺盖板

2. M5墓室

3. M6人骨

臭煤沟墓地

1. M10墓室

2. M11墓室

臭煤沟墓地

1. M13墓室

2. M14墓室

臭煤沟墓地

1. M16墓室

2. M21墓室

臭煤沟墓地

1. 陶壶（M1：01）

2. 双耳陶罐（M5：03）

3. 单耳陶罐（M21：03）

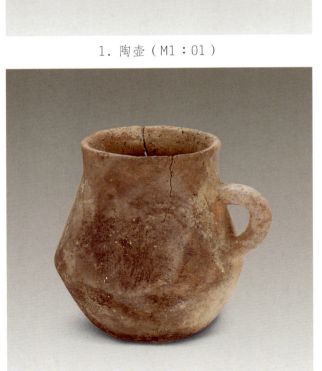

4. 单耳陶罐（M4：01）

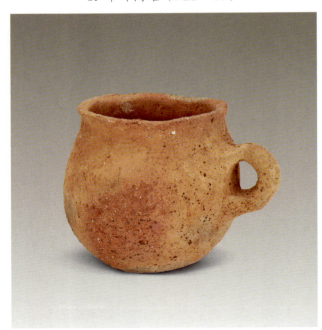

5. 单耳陶罐（M4：02）

臭煤沟墓地出土陶器

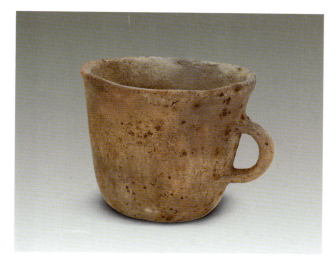

1. 单耳陶杯（M5：01）

2. 陶钵（M11：01）

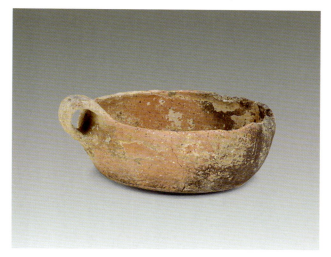

3. 单耳陶杯（M21：05）

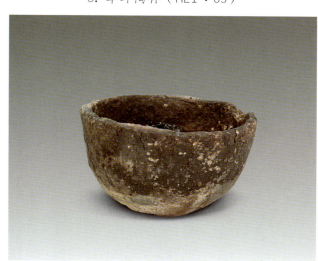

4. 陶钵（M21：6）

5. 大角羊铜饰（M15：4：1）

臭煤沟墓地出土陶器、铜器

1. 铁剑（M13∶05）

2. M1头骨

臭煤沟墓地出土铁器、人骨

1. 墓地全景

大黄山一分厂墓地

1. 墓葬地表封堆

2. M4墓口随葬陶器

大黄山一分厂墓地

1. 墓室

2. M6墓室

大黄山一分厂墓地及出土陶器

1. M6殉葬马骨

2. 双耳罐（M4：1）

阜康市大黄山一分厂墓地

1. 双耳罐（M5：1）

2. 双耳罐（M6：1）

3. 骨纺轮（M2：1）

大黄山一分厂墓地出土陶器、骨器

1. M4封堆

2. M1遭破坏的石棺及人骨

阜康市三工乡古墓葬

1. M5墓室

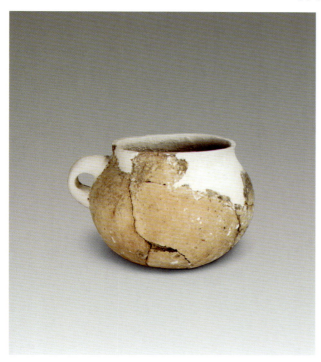

2. 单耳罐（M7：1）

3. 单耳罐（M7：2）

三工乡古墓葬及出土陶器

1. 铜镞 (M5:1)

2. 铜饰 (M1:1)

3. 骨珠 (M1:2)

4. 石磨盘 (98FSC:1)

5. 铁杵 (M4:1)

三工乡古墓葬出土铜器、骨器、石器及铁器

1. 单耳罐（93FFGC：013）

2. 单耳罐（93FFGC：010）

3. 单耳罐（93FFGC：009）

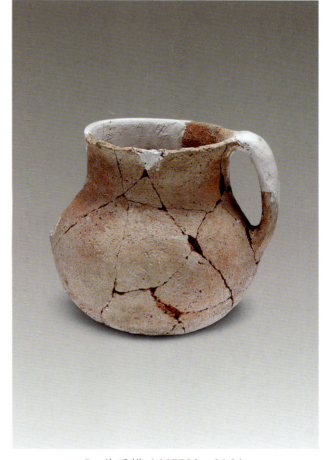

4. 鋬耳罐（93FFGC：023）

5. 单耳罐（93FFGC：012）

阜康市阜北农场基建队古遗存点采集陶器

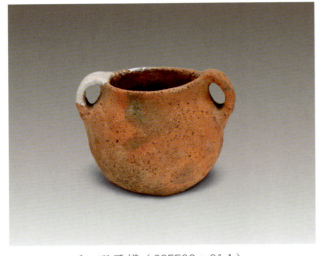

1. 双耳罐（93FFGC：014）

2. 双耳罐（93FFGC：016）

3. 圈足豆（93FFGC：024）

4. 陶壶（93FFGC：021）

5. 残铜饰（93FFGC：030）

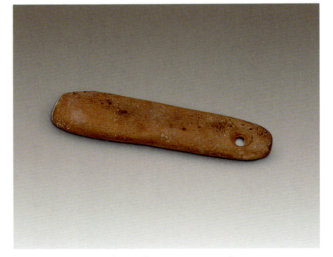

6. 砺石（93FFGC：005）

阜北农场基建队古遗存点采集陶器、铜器及石器

1. 砺石（93FFGC：004）

2. 纺轮（93FFGC：003）

3. 纺轮（93FFGC：002）

4. 纺轮（93FFGC：001）

5. 纺轮（93FFGC：026）

6. 陶饼（93FFGC：027）

阜北农场基建队古遗存点采集石器、陶器

1. 天池东岳庙全景

2. 石碑

3. 天池东岳庙出土筒瓦

4. 天池东岳庙出土砖

阜康市天池博克达山庙遗址及出土遗物

1. M3封堆下石围、石圈

2. M29封堆下石圈

昌吉市努尔加墓地

1. M29墓口

2. M33封堆下石围、石圈

努尔加墓地

1. M32墓口羊骨

2. M10墓室棚木

努尔加墓地

1. M10墓室

2. M3下层骨架

努尔加墓地

1. M29双偏室墓

2. M32墓室中的鹿石

努尔加墓地

1. 陶罐（M11：2）

2. 单耳陶罐（M35B：2）

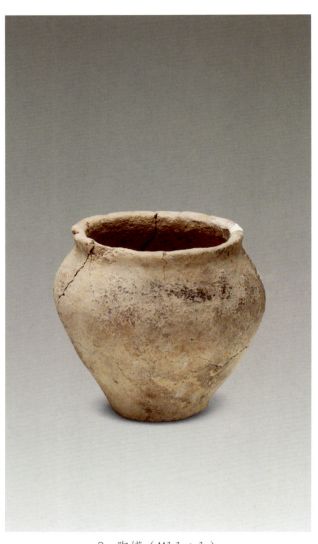

3. 陶罐（M11：1）

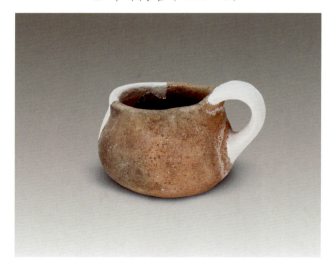

4. 单耳陶杯（M15：1）

5. 单耳带流罐（M33：1）

努尔加墓地出土陶器

1. 陶钵（M35A：1）

2. 陶钵（M35B：1）

3. 铜镜（M34A：2）

4. 铜刀（M34B：1）

5. 铜刀（M34B：2）

努尔加墓地出土陶器、铜器

1. 铜镞（M29A：1）

2. 铜镞（M35C：1）

3. 铜锥（M34A：4）

4. 铜耳环（M2：4）

5. 鹿石正面（M32：2）

努尔加墓地出土铜器、石器

1. 鹿石侧面（M3：2）

2. 盒状石器（M3：1）

3. 石磨盘（M32：1）

4. 砺石（M34B：3）

5. 石纺轮（M2：1）

努尔加墓地出土石器

1. 箭囊（M10：1）

2. 骨镞（M34C：2）

3. 料珠（M34A：1）

努尔加墓地出土箭囊、骨镞及料珠

1. M1墓葬照

2. M3上层骨架

3. M3下层人骨架

石门子墓地

1. M4封堆

2. M4上下层人骨架

3. M22墓葬

4. M34墓葬照

石门子墓地

1. M44墓葬照

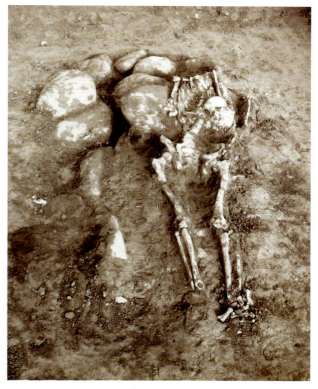

2. M52圭堆底部人骨架

3. M52墓室人骨架

4. ⌄55墓葬照

石门子墓地

1. M56石室人骨

2. M58墓葬照

石门子墓地

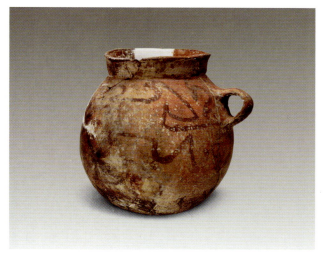

1. 单耳彩陶罐（M22：1）

2. 扳耳陶釜（M34：1）

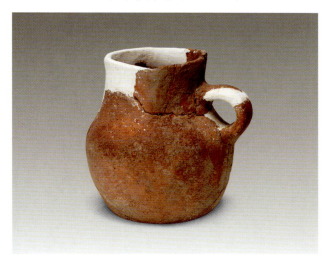

3. 单耳陶罐（M34：2）

4. 缸形陶罐（M55：1）

5. 兽形首铜刀（M3：1）

石门子墓地出土陶器、铜器

1. 铜刀兽首（M3：1）

2. 铁刀铜兽首（M52：2）

3. 兽首铜刀（M52：2）

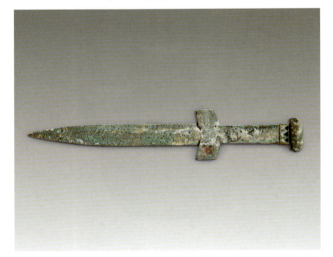

4. 铜剑（M4：1）

5. 环首铜刀（M4：2）

石门子墓地出土铜器、铁器

1. 管銎镞（M3：2）

2. 三翼镞（M3：2）

3. 双棱双翼镞（M3：2）

4. 双棱双翼镞（M4：4）

5. 管銎镞（M3：3）

6. 三棱镞（M3：3）

石门子墓地出土铜镞

1. 管銎镞（M4：4）

2. 三棱三翼镞（M4：4）

4. 骨镞（M3：3）

5. 骨镞（M3：2）

3. 骨镞（M4：5）

石门子墓地出土铜镞、骨镞

1. 骨锥（M3 4）

2. 砺石（M4∶3）

3. 砺石（M23∶2）

4. 鹿形铜带钩（正面）（M6∶1）

5. 鹿形铜带钩（背面）（M6∶1）

石门子墓地出土骨器、石器及铜器

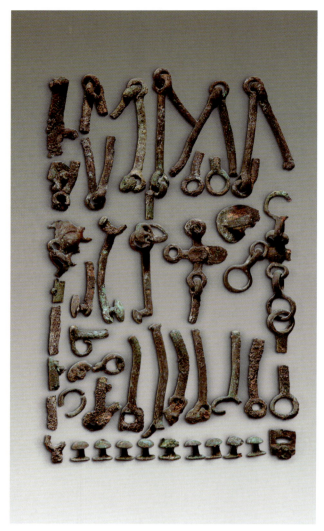

1. 残铜马具（M6）

2. 节约（M6：2）

3. 马具（M6：3）

4. 节约（M6：4）

5. 节约（M6：6）

石门子墓地出土铜车马器

1. 铜扣（M6：8）

2. 铜马衔镳（M6：9）

3. 铜带扣（M6：7）

48. 圆形带钮铜镜（M52：1）

49. 铜镜残片（M58：1）

石门子墓地出二铜器

1. 石磨盘（M8：1）

2. 陶纺轮（M9：1）

3. 穿孔铁刀（M17：1）

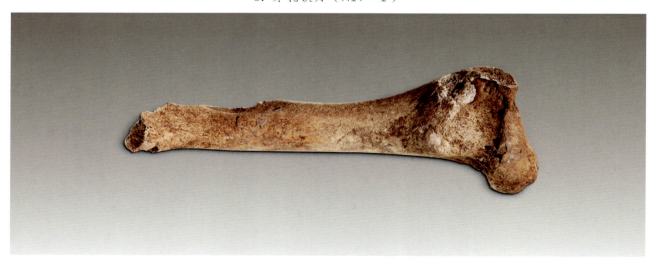

4. 牛肢骨（M6）

石门子墓地出土石器、陶器、铁器及牛肢骨

1. M1墓室及骨架

2. M3墓室

呼图壁县苇子沟煤矿墓地

1. 单耳罐（M1：1）　　　　2. 单耳杯（M1：3）

3. 陶钵（M1：2）　　　　4. 陶钵（M1：4）

5. 陶钵（M1：5）　　　　6. 陶钵（M3：2）

苇子沟煤矿墓地出土陶器

1. 陶钵（M2：1）

2. 陶钵（M3：1）

3. 金耳环（M1：9）

4. 金箔（M1：10）

5. 骨饰件（M1：11）

6. 骨饰件（M1：8）

苇子沟煤矿墓地出土陶器、金器及骨器